KB150829

표지그림 • Giorgio de Chirico, 'La Nostalgia dell'Infinito', 1921

트립 투 이탈리아 1

일러두기

- 영화 제목은 국내에서 통용되는 관례를 따르는 것을 원칙으로 했다.
- 외국의 인명, 지명 표기는 일반적인 관례를 따랐다.
- 이탈리아어 표기도 관례를 따르는 것을 원칙으로 했다.

트립 투 이탈리아 1

알려진 도시와 영화

한창호 지음

볼피

차례

이탈리아라는 별자리를 그리는 방법

"이제 로마 체류에 관해 설명하기가 점점 힘들어진다. 먼 바다로 나
갈수록 점점 수심이 깊어지는 것을 알게 되는 법이다."

—요한 볼프강 폰 괴테, 〈이탈리아 기행〉

약 7년간의 이탈리아 체류를 마치고 한국에 왔을 때, 나는 금방
기행문 한 권 정도는 쓸 수 있을 줄 알았다. 이탈리아의 매력과 이
탈리아에서 들여오고 싶은 것 몇 개만 소개하면 될 것 같았다. 불
과 몇 달 머물고도 열정적으로 써낸 다른 작가들의 여러 기행문을
읽으며, 이 작업은 좀 천천히 해도 되겠다는 여유까지 생겼다. 내
가 가진 게 넉넉하다고 판단했다. 하지만 실상은 그렇지 못했다.
시간이 지나자 괴테의 금언이 발목을 잡았다. 수심이 깊어진 것을
알았는지는 모르겠지만, 나는 이탈리아에 관해서는 어떤 말도 쉽
게 하지 못하는 '생각의 감옥'에 갇히고 말았다. 괴테는 여행을 갔

다 온 지 30년 뒤, 기행문을 책으로 출간했다(1816년). 대가도 그렇게 조심했는데, 내가 뭘 안단 말인가? 경솔하게 굴지 말고, 이 작업은 일단 접어두자며 물러섰다.

이탈리아 기행에 대해 슬슬 용기가 생긴 것은 발터 벤야민을 다시 읽으면서였다. 귀국 당시에 '도서출판 길'에서 벤야민 전집이 나오고 있었고, 나는 감사하는 마음으로 조금씩 읽기 시작했다. 그의 책 가운데 개인적으로 끌렸던 것은 〈모스크바 일기〉였다. 벤야민은 1926년 겨울에 한 달 정도 모스크바에 머물며 일종의 기행문을 썼다. 한 달 체류하고 기행문을 쓴다? 벤야민도 경솔하네, 하면서 가볍게 책을 들었다. 표면적으로 벤야민은 볼셰비키 연극인들을 둘러보기 위해 모스크바에 갔다. 그런데 벤야민의 팬들은 잘 아는 사실인데, 사실 그는 '짝사랑'의 대상인 볼셰비키 연극인 아샤 라치스(Asja Lacis)를 만나기 위해 추운 겨울에 그 여행길에 올랐다.

그때 벤야민은 34살이었다. 아이가 아니라는 뜻이다. 그런데 벤야민은 2년 전인 1924년 이탈리아의 카프리에서 딸이 있는 여성 라치스를 만나 헤어나지 못하는 사랑에 빠진다. 하지만 아쉽게도, 아니 불쌍하게도 벤야민은 라치스의 사랑은 단 한 번도 받아내지 못한다. 일방적인 짝사랑이었다. 그런데도 벤야민에게 카프리와 나폴리는 사랑의 성지로 남았다. 이탈리아라는 땅은 이상하게도 이렇게 에로스와는 천연성을 갖는다. 그 사랑을 되살리려고 벤야민은 모스크바에 갔지만, 슬픔만 가득 안고 돌아오게 된다. 라치스의 사랑을 잃었다고 생각한 벤야민이 혼자 울고 있는 자기 모습을 일기에 써놓은 부분은 그 어떤 멜로드라마 영화보다 더 슬펐다.

그래, 벤야민처럼 한 번 써보자, 이렇게 마음먹었다. 무슨 숨겨둔 사랑 이야기를 쓰겠다는 게 아니다. 벤야민처럼, 도시의 유적지, 관광지 소개가 아니라, 그곳에서 느낀 나의 감정, 나의 기억들을 반추해보기로 했다. 벤야민의 실연의 고백인 〈모스크바 일기〉를 읽고 나면, 덧붙여 볼셰비키 러시아의 열정과 불안까지 고스란히 기억에 남는 데, 그런 글쓰기를 염두에 뒀다. 단, 개인적인 넋두리를 경계하여, 나와 비슷한 생각을 했던 사람들, 예술인들, 특히 영화감독들의 시선에 나의 시선을 겹쳐 놓았다. 말하자면 '영화로 읽는 이탈리아 기행'을 염두에 두고 이 글을 썼다. 고전 영화들, 현대의 걸작 영화들 힘을 많이 빌렸다. 이를테면 윌리엄 와일러 감독은 고전 '로마의 휴일'에서 로마를 어떻게 봤을까? 누군가에겐 우연한 사랑의 성지로서의 로마('진실의 입' 앞의 로맨스)가, 또 다른 이에겐 신분 격차의 통념이 굳건한 전통적인 도시로서의 로마(마지막 이별 장면)가 오래 기억에 남았을 것이다. 이렇게 영화의 역사에 남는, 혹은 남을 작품들을 주로 선택했고, 이런 영화들을 통해 이탈리아의 도시들을 다시 들여다보았다.

나의 이탈리아 기행에는 나를 안내해줄 선도자가 필요했다. 가장 먼저는 당연히 괴테다. 지금도 괴테의 〈이탈리아 기행〉은 18세기 신고전주의 시대 이탈리아를 이해하는 데 필독서이다. 그리스의 예술혼이 살아 있는 이탈리아의 문학과 미술 그리고 건축에 대한 괴테의 사랑은 잘 알려진 대로다. 그런데 나뿐만 아니라 많은 독자의 가슴에 그것보다 더욱 깊게 남은 것은 아마도 이탈리아 사람들의 본성에 대한 괴테의 부러움일 것이다. 괴테는 이탈리아의 금언을 인용하며, 그것을 '무위의 달콤함'(Dolce far niente)이라고 불렀다. 곧 아무것도 하지 않는 데서 느껴지는 달콤한 여유 같은 것이다. 나도 그것을 배우려고 했는데, 괴테가 부러워한 긴 호흡을 잘 따라가고 있는지는 의문이다.

작가 토마스 만의 도움도 컸다. 그는 〈베네치아에서의 죽음〉이라는 단편을 통해, 특별한 도시에 대한 특별한 사랑을 표현하기도 했다. 하지만 나에게 토마스 만이 일깨워준 것은 이탈리아 사람의 인격, 개성이었다. 이를테면 〈마의 산〉의 냉소적인 이탈리아 남자 세템브리니(Settembrini)는 이탈리아의 전형적인 지식인 캐릭터였다. 폭넓은 교양, 현실 세계를 경멸하는 거만한 데카당스, 세상의 본질을 꿰뚫어 보는 날카로운 시선 등은 세템브리니의 특징이자, 마키아벨리의 계열에 속하는 이탈리아 지식인의 전형 가운데 하나였다. 이탈리아에서 번뜩이는 지성을 보여주는 사람을 만나면, 나는 세템브리니를 생각했다.

프리드리히 니체의 안내도 빼놓을 수 없다. 니체 자신이 이탈리아 가운데 제노바와 토리노를 특히 좋아했고, 그곳에서 일정 기간 살았다. 니체는 제노바의 바다를 미친 듯 걸으며 걸작 〈차라투스트라는 이렇게 말했다〉를 썼고, 토리노의 광장에서 매 맞는 말을 끌어안고 울며 쓰러진 뒤, 그 유명한 '미친 철학자'가 됐다. 니체 말년의 걸작들을 쏟아낸 토리노는 광기와 연결된 철학의 세상을 여는 작은 문이 될 것이다.

이탈리아를 특별히 사랑한 두 작가의 도움도 받았다. 윌리엄 셰익스피어와 헨리 제임스이다. 두 작가 모두 이탈리아를 배경으로 여러 작품을 남겼다. 그래서 이 책은 그런 작품을 영화화한 도시를 특별히 소개한다. '셰익스피어의 이탈리아', '헨리 제임스의 이탈리아'라는 장을 통해서다.

그리고 마지막으로 움베르토 에코의 도움을 많이 받았다. 대중미디어에 등장하는 표면적인 이탈리아가 아니라, 이탈리아의 속내를 알고 싶다면, 에코만한 안내자가 없다. 에코라고 모든 문제에 정통할 수는 없지만, 왠지 그의 설명을 들으면, 신뢰가 가고, 내가 진실에 가까이 가 있다는 믿음이 생긴다. '열린책들'에서 출간한 '에코 마니아 컬렉션'은 이탈리아 사회를 읽는 믿음직한 나침반 역할을 한다.

이런 상상적인 동반자들을 의식하며, 나는 이탈리아 배경의 영화들을 하나씩 끄집어냈다. 가능한 우리에게 소개된 수작들 가운데 작품을 선택했다. 그런 영화들에 등장하는 도시들의 특성은 모두 큰 별자리를 그리기 위한 작은 별들이 될 것이다. 그 별들로 우리 모두 자기만의 특징적인 별자리를 그리면, 그것이 이탈리아의 다양한 모습이 된다. 그런 멋진 성좌를 그리는 데 이 책이 작은 역할을 했으면 하는 게 나의 욕심이다.

그러고 보니, 괴테의 기간에는 미치지 못하지만, 나도 이탈리아로 떠난 지 거의 25년이 지나서, 나만의 이탈리아 기행을 겨우 내놓게 됐다. 먼저 유명 도시들, 알려진 도시들이 배경인 〈트립 투 이탈리아 1〉을, 곧이어 숨어있는 도시들, 알려지지 않은 도시들이 배경인 〈트립 투 이탈리아 2〉를 발간한다. 깊이도 잘 모르면서 이런 책을 내는 것 같아 두렵기도 하지만, 이탈리아에 관심 있는 독자들에게 도움이 됐으면 하는 바람뿐이다.

한강이 보이는 김포 운양에서

2023년 3월 10일 한창호

1. 로마

외국인의 눈에 비친 로마

윌리엄 와일러, 〈로마의 휴일〉, 1953
우디 앨런, 〈로마 위드 러브〉, 2012
마이클 레만, 〈허드슨 호크〉, 1991
스티븐 소더버그, 〈오션스 트웰브〉, 2004
피터 그리너웨이, 〈건축가의 배〉, 1987

마법의 도시, 꿈과 현실 사이

이탈리아라는 땅에는 탈출의 유혹이 있다. 현재의 모든 옥죄는 조건에서 벗어나고픈 욕망의 끝에는 종종 이탈리아가 등장한다. 이상한 일이다. 그곳에도 분명 문명이라는 것이, 말하자면 억압이라는 것이 존재하고, 게다가 이탈리아는 문명을 대표하는 서방 7개국(G7)의 회원국인데도 말이다. 그런데 우리는 여전히 이탈리아에서의 삶이 뭔가 다를 것이란 기대를 한다. 사실 나도 그랬다. 그 다름에의 기대와 상상이 7년간의 이탈리아 체류를 버티게 했는지도 모르겠다.

탈출을 부추기는 땅

과거로 약간 멀리 가면 문호 괴테도 그랬다. 〈젊은 베르테르의 슬픔〉이라는 베스트셀러 작가이자, 바이마르 공국의 촉망 받는 공직자로서 인생의 절정에 있을 때인 1786년, 괴테는 훌쩍 도망가듯 이탈리아로 떠났다. 37살 때였다. 그는 모든 것을 내려놓고, 무조건 쉬고 싶어 했다. 괴테가 기행문의 걸작인 〈이탈리아 기행〉에서 강조한 것은 이탈리아의 '무위'였다. 나태에 가까울 정도로 아무엇도 하지 않는 느린 삶에서 괴테는 해방감을 느꼈고, 또 기꺼이 즐겼다. 그런데 이탈리아 사람들이 나태하긴 해도, 아무것도 안 할 리가 없다. 그들에겐 일상일 텐데, 외부인에겐 나태처럼 보일 것이다. 그런 점이 이탈리아의 매력 같다. 남들처럼 역시 그들도 아등바등 살지만, 왠지 여유 있어 보이는 것 말이다. 안드레아 피를로의 축구 스타일 같은 것이다. 사실은 남들보다 더 많이 뛰지만, 항상 여유 있어 보이고, 무엇보다도 스타일에 멋이 있다.

영화 제목처럼 일은 제쳐둔 채 '먹고 기도하고 사랑'만 할 것 같은 사람들이 사는 곳인데, 여전히 지금도 세계의 주요 국가로서 기능하는 것이 어쩌면 이탈리아의 수수께끼다. 그 매력을 영화가 그냥 지나칠 리 없다. 일상의 숙제를 하지 않아도 되고, 맛있는 음식과 와인을 즐기며, 아름다운 사람들과 사랑을, 그것도 불가능할 것 같은 사랑을 경험해보라고 유혹하며 이탈리아를 끌어들인다. 윌리엄 와일러의 고전 〈로마의 휴일〉(1953)이 발표된 뒤부터 우디 앨런의 〈로마 위드 러브〉(2012)에 이르기까지, '사랑의 땅'으로서의 이탈리아의 '신화'는 끊이지 않고 반복된다. 그 중심에는 역시 이탈리아의 수도인 로마가 있고, 그 신화를 퍼뜨린 데는 〈로마의 휴일〉이 결정적인 역할을 했다.

로마의 신화, 〈로마의 휴일〉

"마르구타 거리 51번지(via Margutta 51)"

브래들리 기자(그레고리 펙)가 수면제 때문에 잠에 취한 공주(오드리 헵번)를 태우고 택시기사에게 말한 주소다. 브래들리의 집은 여기 있는데, 이젠 〈로마의 휴일〉의 팬이라면 필수 방문지가 됐다. 마르구타 거리는 로마의 중심지인 스페인광장에서 걸어갈 수 있는 곳에 있다. 공주가 다음날 걸어서 스페인광장에 도착하고, 계단에서 아이스크림을 먹는 장면이 기억날 것이다. 후배 영화인들도 이 거리를 비추며 〈로마의 휴일〉에 오마주를 표현하곤 했다. 우디 앨런은 〈로마 위드 러브〉에서, 그리고 마이클 윈터바텀은 〈트립 투 이탈리아〉(2014)에서 마르구타 거리를 다시 방문한다. 〈로마 위드 러브〉에선 건축가로 출연한 알렉 볼드윈이 젊은 시절을 추억하며 걷는 거리이고, 또 〈트립 투 이탈리아〉에선 주인공 일행이 그레고리 펙과 오드리 햅번의 대사를 흉내 내며 걷는 곳이 마르구타 거리이다. 돌길과 돌집의 질감 때문인지, 시간을 이겨낸 견고함이 느껴지는 오래되고 고급스러운 거리로, 한때 페데리코 펠리니와 줄리에타 마지나 부부가 살아서 더욱 유명한 곳이기도 하다. 지금도 로마 사람들에게 인기 있는 주거지이다.

여기서 하룻밤을 지낸 공주는 아침에 일어나자마자 밖으로 나선다. 로마의 여느 여름답게, 하늘은 높고 태양은 뜨거운 날씨다. 좁은 골목을 따라 걸으며, 싱싱한 과일들, 아름다운 꽃들을 구경하던 공주는 길거리 가게에서 더운 날씨에 어울리는 신발을 하나 산다(이탈리아는 구두의 나라이기도 하다). 샌들 같은 가벼운 신발을 신고, 로마의 태양을 즐기던 공주 앞에 갑자기 나타난 장관이 트레비분수다. 실제로 트레비분수는 골목 속에 숨어 있듯 존재한다. 좁은 골목길 사이에 그렇게 큰 조각 분수가 있을지 예상하기 어렵기 때문이다. 이런 느닷없는 느낌은 페데리코 펠리니의 〈달콤한 인생〉

(1960)에서 더욱 증폭되어 반복되기도 했다. 윌리엄 와일러가 심리 묘사의 장인인 게, 생이 용솟음치는 분수를 본 뒤, 공주가 브래들리 기자를 다시 만나 사랑을 나누는 것으로 이야기는 짜여있다. 이후에 전개되는 스페인광장에서의 아이스크림 먹는 장면, 이탈리아의 상징인 작은 베스파를 타고 로마 대로를 달리는 장면, '진실의 입' 앞에서 브래들리 기자가 공주의 마음을 훔치는 장면, 테베레강의 파티에서 두 사람이 힘을 합쳐 공주의 경호원들과 싸우는 장면 등, 이루 셀 수 없이 많은 유명한 장면들이 〈로마의 휴일〉을 신화의 지위로 끌어올렸다.

〈로마의 휴일〉은 세계의 연인들에게 잊을 수 없는 기억을 남겼는데, 한 가지 아쉬운 것은 이런 동화 같은 사랑 이야기가 전개될 때, 로마인들은 거의 배제된 점이다. 〈로마의 휴일〉은 유럽 어느 왕국의 공주와 미국인 기자의 사랑 이야기다. 이탈리아 사람들은 대개 단역에 한정돼 있다. 기억나는 현지인이라곤 도입부의 쪼잔한 택시기사, 공주의 머리를 깎아주는 순진한 미용사 정도일 것 같다. 말하자면, 로마 배경의 로맨스 영화일 경우, 그것이 이탈리아 영화가 아닐 때는 외국인(주로 미국인)의 사랑의 대상은 거의 외국인(주로 미국인)으로 한정돼 있다. 영국영화인 〈트립 투 이탈리아〉의 주인공 남자들의 주장에 따르면, 이탈리아에서 여행자들은 대개 자국인을 만나 사랑을 경험한다. 〈트립 투 이탈리아〉에서도 롭(롭 브라이든)은 제노바 근처에서 영국인 여성을 만나 짧은 사랑을 나눈다. 다시 말해 이탈리아인들은 대개 사랑의 배경으로 등장하는 데 그친다. 보기에 따라서는 이탈리아인은 '그들'의 사랑을 위해 소비되는 느낌마저 든다. 특히 할리우드의 로맨틱 코미디인 경우, 이런 경향은 〈먹고 기도하고 사랑하라〉(2010)처럼 거의 변하지 않고 있다.

〈로마 위드 러브〉, 이탈리아의 상투성을 코미디로 격상

이런 점에서 〈로마 위드 러브〉는 좀 특별하다. 여행자와 현지인들이 서로 섞인다. 우디 앨런은 네 개의 에피소드로 이야기를 구성했다. 이 가운데 두 개는 미국인 중심으로, 나머지 두 개는 이탈리아인 중심으로 전개한다. 아무래도 우디 앨런 자신이 등장하는 첫 번째 에피소드가 영화의 중심에 놓여 있다. 우디 앨런의 딸 헤일리(앨리슨 필)가 이탈리아 청년 미켈란젤로(플라비오 파렌티)에게 길을 묻다 사랑에 빠지는 이야기다. 여기에는 보기에 따라서는 미국인들보다는 이탈리아인들이 더욱 강조돼 있다. 특히 그들의 상투성이 고스란히 코미디의 소재가 되고 있다.

이를테면 이런 식이다. 미켈란젤로는 변호사인데, 알고 보니 코뮤니스트이다. 그는 미래의 장인(우디 앨런)이 노동조합에 대해 부정적인 시각을 드러내자 날카롭게 각을 세우기도 한다. 말하자면 우디 앨런은 고학력자일수록 코뮤니스트가 많은 이탈리아 사회의 특정한 경향을 캐릭터 설정에 이용하고 있다. 미켈란젤로의 부친은 장의사인데, 취미로 부르는 노래 실력이 웬만한 프로 성악가 이상이다(유명 테너인 파비오 아르밀리아토가 출연했다). 우디 앨런이 "돈도 벌고, 유명해질 수 있다"라며 '상투적인 미국인' 사업가처럼 정식데뷔를 제안하지만, 그는 노래는 단지 "나를 위해"(Per me/For me)

할 뿐이라고 답한다. 효용, 수월성 등이 아니라 자기만족을 더 중
시하는 전형적인 이탈리아인의 태도인데, 취미의 실력이 프로급
일 정도로 이탈리아인들이 성악에 재주가 많은 점은 다 아는 사실
일 것이다. 〈로마 위드 러브〉는 외국인과 현지인의 경계가 자연스
럽게 허물어진 대표적인 작품으로 남아 있다.

  〈로마 위드 러브〉도 〈로마의 휴일〉처럼 현지의 명소들을 골고루
이용하고 있다. 상대적으로 더욱 강조된 장소로는 카라칼라 목욕
탕과 아피아 가도를 꼽고 싶다. 건축학도 잭(제시 아이젠버그)이 죄
의식을 느끼지만, 애인의 친구(엘렌 페이지)와 사랑에 빠지는 순간
이 바로 카라칼라 목욕탕에서의 비 오는 밤이다. 우디 앨런의 팬
들에겐 상식적인 사실인데, 그의 영화에서 사랑이 꽃피는 순간에
는 빠지지 않고 비가 내린다. 말하자면 카라칼라 목욕탕 시퀀스가
〈로마 위드 러브〉에서 가장 강조된 사랑의 순간인 것이다.

  로마제국 시대의 오래된 도로인 아피아 가도 주변은 자연풍광
도 멋있지만, 아름다운 대저택이 많아, 자연과 건축이 넉넉한 조화
를 이룬 곳으로 유명하다. 장 뤽 고다르의 〈경멸〉(1963)에서, 미국
인 영화 제작자(잭 팰런스)가 작가 부부(미셸 피콜리와 브리지트 바르
도)에게 식사를 대접하며 자신의 부를 은근히 과시하는 곳도 여기
에 있는 별장에서다. 〈로마 위드 러브〉에선, 신혼여행을 온 새신랑
이 이곳에 있는 저택의 파티에 참석하여 뜻하지 않게 고급 매춘부
(페넬로프 크루즈)와 첫사랑을 나누는 장소로 등장한다. 파티에 참
석한 로마의 상류층 남자들 가운데 너무 많은 남자가 매춘부의 고
객이었던 점이 밝혀져, 웃음을 유발했던 시퀀스이기도 하다. 〈로

마의 휴일〉과 더불어 로마의 여러 명소를 가장 잘 이용한 대표적인 영화로도 〈로마 위드 러브〉가 꼽힌다.

'도둑들'의 명소, 케이퍼 필름의 고향

로마에 도착하면, "도둑을 조심하라"라는 말을 수없이 들을 것이다. 실제로 도둑이 소문만큼 많은지는 모르겠지만, 영화적으로 보자면 '도둑의 도시'라는 오명은 사실에 가깝다. 네오리얼리즘의 고전인 비토리오 데 시카의 〈자전거 도둑〉(1948)도 그런 오명을 퍼뜨리는데 적지 않은 역할을 했다. 〈자전거 도둑〉의 인상이 너무 강한 나머지 우리는 이탈리아, 특히 로마가 떠오를 때면 '도둑들'도 함께 상상하는 것이다. 그래서인지 스크린 속에서도 세계의 도둑들이 이탈리아를 배경으로 솜씨를 발휘하곤 한다. 이탈리아는 소위 '케이퍼 필름'(도둑의 수법을 세세히 묘사하며 긴장감을 유지하는 범죄 스릴러)의 주요 배경으로 종종 등장하는데, 고전인 〈이탈리안 잡〉(감독 피터 콜린스, 1969)이 기폭제가 됐다. 이 영화의 배경은 북부의 토리노였고, 또 2003년의 동명 리메이크 작(감독 게리 그레이)의 배경은 베네치아였다. 두 영화 모두 이탈리아의 빼어난 경치를 이용하여, 범죄 스릴러의 분위기를 격상시킨 효과를 누리고 있다. 로마가 케이퍼 필름의 주요 배경이 되어 큰 주목을 받은 작품으로는 〈허드슨 호크〉(감독 마이클 레만, 1991)가 대표적이다.

레오나르도 다빈치의 비밀 노트를 훔치기 위해 '허드슨 호크'(브루스 윌리스)라고 불리는 대도적이 실력을 발휘하는 내용이다. 이탈리아 배경의 영화답게 현금 또는 황금이 아니라 역사적 예술품을 도둑질의 대상으로 삼은 게 인상적이었다. 이 영화도 로마의 명소들, 곧 콜로세움, 나보나 광장, 포로 로마노, 바티칸 주변 등을 병풍처럼 펼치며 브루스 윌리스 특유의 맨몸 액션을 선보인다. 〈허드슨 호크〉에서 보여준 남다른 곳이, 짧게 등장하지만, 로마 남부의 '에우르'(EUR)라고 불리는 지역이다. 무솔리니의 파시스트 정부 시절 집중적으로 개발된 일종의 정치적 선전 지역인데, 신고전주의를 응용한 현대적인 건물들이 많아 건축학적으로도 유명한 곳이다. 특히 '이탈리아 문명 궁전'(Palazzo della Civiltà Italiana)은 파시즘의 힘을 과시하기 위한 대표적인 건축물로, 마치 현대화된 콜로세움, 혹은 바벨탑처럼 보인다. 하지만 〈허드슨 호크〉는 이 건물의 정치적 함의까지 이용하고 있는 것 같지는 않다. 건축적 기괴함을 액션의 배경으로 이용할 따름이다. '에우르' 지역의 정치적 의미까지 읽으려면 아무래도 펠리니, 파졸리니 같은 이탈리아 거장들의 작품을 봐야 할 것이다.

로마 배경의 케이퍼 필름으로는 〈오션스 트웰브〉(감독 스티븐 소더버그, 2004)도 큰 사랑을 받았다. 이 영화는 크게 암스테르담, 이탈리아 북부의 코모호수, 그리고 로마를 강조하고 있다. 그런데 로마에서 브래드 피트와 캐서린 제타-존스의 로맨스가 진행되는 까닭에, 로마는 빠른 템포의 케이퍼 필름에 잔잔한 감성을 전달한다. 두 연인은 로마 중심부의 나보나 광장 주변의 노천카페에서 사랑을 키워간다. 바로크의 거장 잔 로렌초 베르니니의 작품인 '네 강의 분수' 등으로 유명한 나보나 광장 주변은 아름다운 카페들이 많아, 할리우드 영화의 단골 촬영지이기도 하다. 이를테면 〈먹고 기도하고 사랑하라〉에서 줄리아 로버츠가 이탈리아 말을 배우는 곳은 나보나 광장 주변의 '카페 델라 파체'(Caffè della Pace)이다. 지금도 유명 인사들이 자주 찾는 소문난 카페. 이곳은 〈로마 위드 러브〉에서 알렉 볼드윈이 가족, 동료들과 차를 함께 마시는 장소로 등장하기도 했다.

신고전주의의 보고(寶庫), 〈건축가의 배〉

로마는 서양 건축의 원형을 보존하고 있는 도시다. 콜로세움, 판테온 같은 로마제국 시절에 건설된 구조물들이 도시 곳곳에 남아 있다. 제국의 건축은 고대 로마의 미를 되살리려는 18, 19세기의 신고전주의 시기에 다시 찬양의 대상이 됐다. 세상의 예술가들이 제국의 건축을 보기 위해 로마를 방문하고, 로마에서 유학하는 것이 유행이었다. 〈로마 위드 러브〉에서 보듯 건축학 전공자들에겐 지금도 로마는 필수 방문지 가운데 하나다. 말하자면 로마는 대칭과 균형이 특징인 신고전주의 미학의 원형을 보존한 건축적 보고(寶庫)다.

피터 그리너웨이의 〈건축가의 배〉(1987)는 로마의 건축을 영화의 소재로 이용한 최고급의 작품이다. 로마 건축의 신고전주의 특성을 강조하기 위해서인지, 영화는 도입부에서 우선 인민광장(Piazza del Popolo)의 유명한 '쌍둥이 교회'를 보여주며 시작한다. 17세기 바로크 시대의 대표 건물이지만, 대칭이 돋보이는 신고전주의 특성도 갖고 있기 때문이다. 미국인 건축가 크랙라이트(브라이언 데니히)는 18세기 프랑스의 신고전주의 건축가 에티엔-루이 불

레의 기념관을 짓기 위해 로마에 온다. 불레는 건축가들 사이에서
도 크게 알려진 인물은 아닌데, 크랙라이트는 그를 우상처럼 여긴
다. 불레는 당대 이탈리아의 거장이던 조반니 바티스타 피라네지
처럼 실현 불가능해 보이는 건물에 대한 풍부한 상상력을 펼쳤고,
크랙라이트는 바로 그 상상력에 매혹됐기 때문이다. 신고전주의
건물의 상징 같은 '비토리오 엠마누엘레 2세 기념관' 안에, 신고전
주의 건축가 불레를 위한 전시관을 연다는 기획에 크랙라이트는
대단한 자부심을 느낀다. 그런데 그의 상상력 넘치는 작업은 이상
하게 시간이 지나며 불레의 작품처럼 점점 현실성을 잃어가고 만
다. 주위에서 비난하는 소리가 들려오고, 그러면서 극심한 복통까
지 생긴다. 자신감을 잃어가던 크랙라이트는 자신의 전시관도 파
시스트의 선전용 건물처럼 의미 없는 껍데기가 되지 않을지 불안
해하기까지 한다.

　그리너웨이는 로마라는 도시 전체를 불레가 상상했던 '불가능
한 예술'의 보고로 보는 것 같다. 현실이기보다는, 불레의 상상이
펼쳐진 꿈의 공간이 로마라는 것이다. 사실 콜로세움과 콜로세움
을 흉내 낸 파시스트의 모던한 건물이 동시에 펼쳐지는 무한대 같
은 시간의 공간은 비현실의 환각을 느끼게 할 정도다. 어쩌면 로마
의 거리를 걷는 것은 비현실을, 말하자면 꿈속을 걷는 기분을 경험
하는 것 같다. 포로 로마노 같은 기원전 로마제국의 허무한 폐허
들, 대제국 로마의 오만과 광기가 서려 있는 콜로세움, 그리고 바
티칸의 성당처럼 찬란했던 르네상스의 걸작들을 동시에 만나는
것은 차라리 비현실에 가깝다. 그러기에 현실에선 불가능할 것 같

은 사랑에 대한 상상력이 로마에선 생생하게 눈 앞에 펼쳐지는 것인지도 모른다. 만약 현실이 꿈에 가깝다면, 우리에겐 못할 행동이 없을 것 같다. 로마는 현실의 논리와 이성, 그 너머의 세상을 상상하게 만드는 마법의 도시로 비치는 까닭이다.

다음에는 이탈리아인의 눈에 비친 로마를 보겠다. 이탈리아 영화의 심장인 로마에선 수많은 영화가 만들어졌다. 영화적으로 볼 때, 로마의 주인장은 페데리코 펠리니다. 우선 펠리니의 로마부터 보겠다. 거기엔 이탈리아인들의 보편적인 마음이 표현돼 있기 때문이다.

2. 로마
이탈리아인의 눈에 비친 로마

페데리코 펠리니, 〈백인 추장〉, 1952
페데리코 펠리니, 〈카비리아의 밤〉, 1957
페데리코 펠리니, 〈달콤한 인생〉, 1960
페데리코 펠리니, 〈로마〉, 1972

카오스의 활력, 소멸의 멜랑콜리

펠리니에게 로마는 외국이나 마찬가지였다. 가보고 싶은 곳이지만, 동경의 대상일 뿐이었다. 동부 해변의 리미니 출신인 펠리니는 18살 때인 1938년 처음으로 로마에 도착했다. 뭘 할지, 어떻게 살지, 막막한 상태였다. 그림 그리기, 글쓰기에서 제법 솜씨를 보였지만, 그건 작은 도시 리미니의 이야기이고, 대도시 로마에선 무슨 일이 어떻게 전개될지 전혀 알 수 없었다. 아무것도 안 되면 로마대학에 진학해서, 일단 학업을 이어간다는 막연한 계획만 세웠다. 초기작 〈비텔로니〉(1953)의 마지막 장면에서 어디론가 무작정 떠나는 주인공 모랄도(프랑코 인테르렝기)의 심정이 바로 펠리니의 심정일 것이다. 파시스트 정부 아래, 지방 소도시에서 '아무것도 하지 않고 시간을 때우는 청춘'('비텔로니'의 의미)으로는 살 수 없다는 자의식만 있었다. 어린 아들의 여행이 불안했던지, 모친이 로마에 동행했다. 며칠 머물며 아들의 정착을 도왔다. 시도해보고, 정 안되면, 고향으로 돌아오겠거니 했는데, 펠리니는 일생 로마에 머물며, 로마를 배경으로, 세계영화사에 빛나는 보석들을 빚어냈다.

'백인 추장'은 로마의 은유

'시골' 출신 펠리니에게 로마는 접근 불가였다. 그런 심정이 고스란히 드러난 작품이 데뷔작인 〈버라이어티쇼의 불빛〉(Luci del varietà, 1951)이다. 단독 연출이 아니라, 당대의 중견 감독인 알베르토 라투아다와의 공동연출작이다. 말이 공동연출이지, 펠리니는 사실상 라투아다의 지시를 받는 위치에 있었다. 보다시피 훗날 거장이 되는 펠리니의 출발은 화려하진 못했다. 펠리니는 선배 감독의 등에 업혀서 데뷔했다. 영화는 시골을 돌아다니는 유랑극단, 곧 볼품없는 조명(불빛) 아래 서 있던 버라이어티쇼 극단의 이야기다. 흥미로운 점은 펠리니는 데뷔작부터 일생의 테마가 되는 '메타-시네마'로 연출의 길을 열었다는 것이다. 자신들을 예술가라고 생각하는 유랑 배우들이 로마에는 입성도 못 해보고, 로마 근교의 가난한 중세도시들을 전전하는데, 그런 조건은 영화를 만들겠다며 안간힘을 쓰던 당시 펠리니의 처지와 별로 다를 게 없었다. 극단의 리더인 케코(페피노 데 필리포)는 신성 릴리아나(카를라 델 포지오)를 발견하여, 로마 연예계의 진출을 노리며 열심히 유명인들에게 접근을 시도하지만, '연줄도 돈도 없는 시골 출신'에게 돌아오는 것은 차디찬 거절뿐이었다. 말하자면 데뷔작에 나온 펠리니의 주인공도 로마에는 들어가지도 못했다. 로마는 꿈의 도시이지만, 입성을 노리는 수많은 외지인에겐 쓰라린 경험을 안기는 '넘을 수 없는 벽'이었다.

동경하는 도시 로마로의 입성은 두 번째 장편이자, 단독 연출로는 첫 작품인 〈백인 추장〉(Lo sceicco bianco, 1952)에서 이뤄진다. 여기서 로마는 신혼여행지로 등장한다. 시골 출신의 신혼부부는 들 뜬 마음으로 로마에 도착했는데, 그 이유는 서로 달랐다. 신랑은 로마에서 성공한 삼촌을 만나 새 직장을 구하기를 바랐고, 반면에 신부는 잡지를 보며 흠모했던 포토로만초(Fotoromanzo, 사진 소설. 곧 그림이 아니라 사진으로 구성된 소설)의 주인공 '백인 추장'(알베르토 소 르디)을 만나길 기대했다.

영화는 많은 외지인에겐 로마의 첫인상을 남기는 테르미니 기 차역에서 시작한다. 승객들 대부분이 창밖으로 고개를 내밀고, 막 도착한 로마 시내를 구경하기 바쁘다. 저 멀리 바티칸의 교회가 보 이자 신랑은 "로마!"(영화의 첫 대사)라며 짧은 탄성을 내지른다. 로 마의 중앙역인 이곳엔 매일 각지에서 몰려온 사람들로 북새통을 이룬다. 그런 북새통의 혼란은 비토리오 데 시카가 연출하고, 몽고 메리 클리프트와 제니퍼 존스가 주연한 〈종착역〉(1953)에도 잘 표 현돼 있다. 〈종착역〉은 테르미니 역에서만 주요 장면을 다 찍은 멜 로드라마다. 역이 얼마나 혼잡한지 〈백인 추장〉의 신혼부부도 사 람들 틈에 떠밀려 기차에서 제대로 내리지도 못한다. 이들이 체 류할 호텔은 공화국 대통령의 관저인 '퀴리날레 궁전'(Palazzo del Quirinale) 근처에 있다. 호텔의 창문을 여니, 밖으로 대통령궁 앞의 유명한 조각인 높다란 오벨리스크가 보인다. 신혼부부의 심정은 경복궁 옆에 숙소를 잡은 우리 여행객의 마음과 비슷할 것 같다. 특히 신랑의 얼굴엔 수도의 한복판에 왔다는 자부심이 가득 드러 나 있다.

영화는 신부가 잡지사가 있는 '5월 24일 거리'(via 24 Maggio, 5월

24일은 이탈리아의 1차대전 참전 기념일)를 찾아가며 반전을 맞는다. 잡지사는 대통령궁이 있는 바로 그 거리에 있는데, 오래된 도시 로마에 걸맞게 마치 또 다른 궁처럼 보이는 웅장한 건물 속에 있다. 신부는 배우를 만날 수 있다는 흥분에 벌써 정신을 잃은 것 같다. 여기서 시작되는 반전의 내용은 최근에 우디 앨런이 펠리니에 대한 오마주로서 〈로마 위드 러브〉(2012)에 삽입한 에피소드와 비슷하다. 신부는 얼치기 배우 '백인 추장'에게 꾀여 유혹에 넘어가기 일보 직전이고, 신부를 잃었다고 절망한 신랑은 엉겁결에 매춘부의 위로를 받으며 예상치 못한 첫날 밤을 보낸다. 말하자면 신혼부부는 들뜬 기분을 안고 로마에 왔지만, 그들이 경험한 것은 순수한 마음에 깊은 상처를 내는 것들이었다. 로마는 신부가 자주 보는 잡지의 주인공 '백인 추장'처럼 화려함으로 유혹하는 가상(假象)이었던 셈이다. 말하자면 '백인 추장'은 로마의 은유이다.

카라칼라 목욕탕과 매춘, 〈카비리아의 밤〉

19세기 영국 리얼리즘 문학의 대가 찰스 디킨스도 괴테처럼 이탈리아를 여행한 뒤 기행문을 하나 남겼다. 〈이탈리아의 초상〉(1846)이 그것인데, 안타깝게도 이탈리아 기행문으로서는 적절한 것 같지 않다. 괴테가 〈이탈리아 기행〉에서 자주 경고한, 여행자의 부정적인 태도를 시종일관 드러내고 있어서다. 디킨스는 32살 때인 1844년 이탈리아를 여행했다. 당대 최고국가인 영국 사람이어서 그런지, 디킨스의 시각에는 이탈리아를 얕잡아보는 오만함이 늘 내재돼 있다. '가난하다, 더럽다, 시끄럽다' 같은 수식어들이 자주 반복된다. 그러면서 콜로세움을 만나면, 잠시 감탄하는 마음을 드러내는 식이다. 이런 감탄도 곧 이어지는 '콜로세움 안에는 거지들이 너무 많다' 같은 문장으로 순식간에 망쳐지곤 한다. 괴테는 이탈리아에서 디킨스 같은 오만한 여행객을 종종 만났고, 그 경험도 〈이탈리아 기행〉에 남겼다. 괴테는 남을 얕잡아 보는 사람들을 빗대, 아는 게 없는 사람들이 주로 경솔한 태도를 보인다고 경고했는데, 디킨스는 여행할 때 너무 젊어서 그런지 훗날의 대가의 풍모는 별로 보여주지 못했다.

디킨스가 가는 곳마다 지적했던 '가난하고, 더럽고, 시끄러운 사람들'의 이야기는 아이러니컬하게도 펠리니 영화의 주요한 테마 가운데 하나다. 그의 영화에는 거의 매번 이런 사람들이 나온다. 로마 배경의 대표작으로는 〈카비리아의 밤〉(1957)을 꼽을 수 있다. 가난하면, 보통 더러워 보이고, 살아남으려는 이들의 목소리는 높은 것 아닌가. 늘 여유와 유머가 돋보였던 펠리니는 이들을 표현하는 데에도 넉넉한 태도를 보였다. 카비리아(줄리에타 마지나)는 매춘부다. 매일 밤이면 '고고학적 산책로'(Passeggiata archeologica)로 불리는 유적지 부근으로 나간다. 고고학적 산책로는 포로 로마노, 카라칼라 목욕탕, 아피아 가도 등을 잇는 유적지 중심의 산책로를 말한다. 카비리아는 아피아 가도와 가까운 카라칼라 목욕탕에 나간다. 이곳은 밤이면 매춘이 거래되는 은밀한 장소로 변한다. 카비리아는 아피아 가도 주변에 있는 로마 인근의 아칠리아(Acilia)라는 곳에 산다. 사방엔 아무것도 없고, 메마른 들판에 카비리아의 볼품없는 벽돌집이 덩그러니 한 채 보이는 대단히 가난한 곳이다.

카비리아도 로마에 입성하지 못한 주변인이고, 겨우 밤이면 로마의 경계에 들어와 매춘으로 근근이 생계를 이어가는 최하층민인 셈이다.

〈카비리아의 밤〉은 로마의 밤, 특히 카라칼라 목욕탕 주변 밤 풍경의 아름다움을 묘사한 대표적인 작품으로도 기록된다. 목욕탕이었던 옛 장소가 섹스와 어떤 연관이 있는지(제국 시대 목욕탕 주변엔 매춘의 가능성이 있었다), 매춘부들은 밤이면 이곳으로 모여든다. 어떤 늙은 매춘부는 늘 같은 장소에 서서, 오늘 밤이 자신의 마지막 밤이 될 것이라고 허풍을 떤다. 그는 건물 벽의 장식이 종교화의 반원형 같은, 곧 후광 같은 배경의 장소에 서서, 자신이 성인이 된 듯 행동하고, 따라서 곧 여기를 벗어날 것이라는 기대를 떠벌리는 것이다. 성녀 막달레나도 한때 매춘부였다는 사실을 기억하면, 늙은 매춘부의 억지는 결코 허황된 과장만은 아닐 것이다. 〈카비리아의 밤〉은 여전히 로마를 동경하지만 밀려난 하층민들, 곧 '가난하고 더럽고 시끄러운' 사람들과 공감하는 펠리니의 자기연민인 셈이다.

카라칼라 목욕탕의 밤의 풍경이 아름답기는 이젠 여행객들에겐 기초 상식이 됐다. 이곳에선 여름밤이면 오페라 같은 야외 공연이 펼쳐져, 전 세계의 관광객을 끌어모은다. 〈카비리아의 밤〉에서도 이곳에는 여흥의 기운이 넘친다. 매춘부들은 라디오에서 흥겨운 음악이 흘러나오면 자기들끼리 짝을 맞춰 춤을 춘다. 원래 댄서로 무대 경험을 쌓은 줄리에타 마지나의 매력적인 춤 솜씨가 돋보이는 시퀀스도 여기에 들어 있다. 그렇지만 카라칼라 목욕탕과 춤

과의 최고의 궁합은 아무래도 〈달콤한 인생〉(1960)에서 찾을 수 있을 것이다.

로마의 바빌론, 〈달콤한 인생〉

로마의 주변을 겉돌던 펠리니의 주인공이 마치 로마의 주인처럼 행세하는 첫 영화가 〈달콤한 인생〉(1960)이다. 주인공 마르첼로(마르첼로 마스트로이안니)는 지방 출신인데, 지금은 로마에 정착해 로마 사람처럼 행동한다. 그는 연예계를 휩쓸고 다니는 황색 저널의 기자다. 자기 말대로 "로마의 모든 유명인을 알고" 있는 소식통인데, 그가 사는 지역은 로마의 신개발지역인 '에우르'(EUR)이다. 파시스트 정권 시절부터 개발이 시작된 지역으로, 로마의 중심을 피해 도시의 남쪽에 건설된 신거주지이다. 미켈란젤로 안토니오니의 〈일식〉(1962)에서 보듯, 늘 공사가 진행 중인 황량하고 메마른 곳이 바로 에우르이다. 〈일식〉에선 여기에서 알랭 들롱과 모니카 비티가 만났다. 말하자면 〈달콤한 인생〉의 마르첼로는 로마에 입성했지만, 역사적 로마가 아니라, 새로운 이주민들이 입주하던 신개발지역에 정착한 셈이다.

펠리니는 에우르가 현대 로마를 상징하는 장소라고 해석하고 있다. 개발, 모던한 느낌, 효율, 경제적 급성장, 동시에 공허함을 드러낼 때 자주 여기를 찾는다. 〈달콤한 인생〉은 예수 조각상을 매단 헬리콥터가 로마의 '수로 공원'(Parco degli Acquedotti) 위를 날아가는 것으로 시작한다. 로마제국 시대의 수로(水路)가 남아 있는 이 공원의 아름다움은 파올로 소렌티노의 〈그레이트 뷰티〉(2013)에서 전위예술가가 퍼포먼스를 벌이던 장소로 다시 등장하기도 한다. 헬기는 바티칸의 대성당 위를 지나, 여성들이 비키니 차림으로 선 탠을 하는 옥상으로 날아가는데, 이곳이 바로 에우르 지역이다. 폐 허의 수로와 급격한 대조를 보이는 곳으로, 현대적인 건물들과 자 유분방한 여성들의 태도를 통해 1960년의 이탈리아가 얼마나 변 했는지를 한눈에 알게 했다.

새로운 개발 지역 에우르는 성장, 치부, 섹스, 그리고 공허함으 로 상징되는데, 펠리니는 이런 성격을 지닌 로마의 전통적인 지역 으로는 '베네토 거리'(via Veneto)를 내세우고 있다. 당시에 흥행업 계, 특히 영화사들이 몰려 있었고, 언론사들도 여기에 많았다. 저 녁이면 스크린의 스타들, 유명 제작자들, 이들을 취재하는 언론 인들을 쉽게 만날 수 있는 곳이기도 했다. 마르첼로의 주요 일과 는 여기서 동료 사진기자인 파파라초(Paparazzo)와 죽치고 앉아 뉴 스를 낚는 것이다(고유명사 파파라초가 지금은 일반명사가 된 것은 유명 한 이야기다. 파파라초의 복수형이 파파라치다). 우디 앨런의 〈로마 위드 러브〉에서 졸지에 유명해진 남자(로베르토 베니니)가 자신이 출현 했는데도 파파라치들이 더 이상 나타나지 않자, 바지를 벗고 난리 를 피우는 장소가 바로 베네토 거리다. 다시 말해, 펠리니에 따르 면 새 로마의 에우르와 옛 로마의 베네토 거리는 거울 쌍인 셈이 다. 펠리니는 두 지역 모두를 영광과 타락을 상징하는 로마의 바 빌론으로 보고 있다.

바빌론적인 쾌락 혹은 낙원의 느낌이 잘 전달된 시퀀스는 역시 카라칼라 목욕탕에서의 춤 장면일 테다. 할리우드의 육체파 스타로 나오는 실비아(아니타 에크베르크)는 자신의 추종자들과 밤에 폐허의 유적지에서 한바탕 춤 잔치를 벌인다. 죽어가는 공간인 폐허 속에서 역설적이게도 육욕의 달콤함을 유혹하는 에크베르크의 춤은 에로티시즘의 절정처럼 보인다. 마치 죽음을 목전에 둔 생명의 마지막 몸부림 같은 것이다. 여기에 비하면, '비너스의 탄생'을 빗댄 트레비 분수에서의 마르첼로와의 데이트 장면은 생명(분수)과 사랑(데이트)이라는 동질적인 요소의 결합이라 오히려 순진해 보인다.

바빌론적 몰락의 상징적인 시퀀스는 마르첼로의 친구인 스타이너(알랭 퀴니)의 친족살해와 자살 에피소드이다. 그가 사는 곳이 에우르이다. 그의 집 주변에는 모더니즘 취향의 새 건물들이 곳곳에 건설돼 있다. 마르첼로가 스타이너를 만나고, 또 스타이너가 오르간을 연주하는 교회는 '성(聖) 조반니 보스코 교회'(Basilica di san Giovanni Bosco)인데, 역시 에우르 지역에 있다. 교회임에도 불구하고 건물의 외양이 이 지역의 다른 구조물처럼 모더니즘 스타일을 갖고 있어서 유명하기도 하다. 펠리니에게 이탈리아의 급성장과 공허의 불안은 로마의 에우르 지역으로 압축된 셈이다.

죽음과 카오스, 〈로마〉

펠리니는 대표작 〈달콤한 인생〉을 인생에서도 한창인 40살 때 발표했다. 이 작품 이후 펠리니는 작가 감독으로는 드물게, 비평과 흥행 양쪽에서 성공을 거두며, 감독으로서는 탄탄대로를 걷는다. 50대에 접어든 펠리니, 곧 젊음의 활기와는 약간 멀어진 펠리니가 다시 로마를 집중 조명한 작품이 〈로마〉(1972)이다. 그래서인지 〈로마〉에는 펠리니 후기작들의 주요 테마인 '죽음'이 자연스럽게 표현돼 있다.

〈로마〉의 이야기는 두 시기로 나뉘어 전개된다. 18살 펠리니가 처음 로마에 왔을 때와 현재의 로마로 양분돼 있다. 과거의 로마는 픽션으로, 현대의 로마는 다큐멘터리처럼 찍었다. 과거의 로마는 혼란스럽고 시끄럽지만 동시에 활기가 넘친다. 사람들은 여름이면 밖에 나와 스파게티를 함께 먹으며 즐거워한다. 반면에 현대의 로마는 말 그대로 카오스 그 자체다. 영화는 현대 부분의 도입부에서 로마의 경계를 마치 반지 모양처럼 돌고 있는 순환도로(Raccordo Anulare) 주변을 비춘다. 이 도로는 2013년 베네치아영화제에서 황금사자상을 받은 다큐멘터리 〈성스러운 도로〉(감독 지안프랑코 로시)의 주요 배경이었다. 비가 내리는 도로에는 몰려든 차들로 정체가 심각하고, 그 와중에 손수레, 마차, 고삐 풀린 말들이 동시에 지나다니고 있다. 순환도로라고 부르기에는 민망할 정도로 온갖 교통수단이 서로 뒤엉켜 있는 카오스 그 자체다. 펠리니에 따르면 현대의 로마가 순환도로처럼 카오스라는 의미일 테다.

게다가 아쉽게도 현대의 로마는 서서히 죽어가고 있다. 펠리니 전문가인 비평가 툴리오 케치치가 지적했듯, 로마에 존재하던 것들이 조금씩 사라지는 것이다. 아직도 수많은 역사적 유물이 매장돼 있는 도시의 지하는 지하철 공사로 매일 허물어지고 있고, 지상은 매연을 뿜어대는 차들의 물결로 여기저기 망가지고 있다. 아마 가장 상징적인 장면은 지하철 공사 중 발견된 로마 시대의 벽화가 소멸되는 순간일 것이다. 천 년 이상 매몰돼 있었을 벽화는, 그 오랜 시간을 버텨냈지만 새롭게 공기를 만나자마자 너무나 아쉽게도 연기가 사라지듯 순식간에 없어진다. 펠리니는 로마의 운명도 곧 사라질 것처럼 보는 것이다. 한 가지 기억해야 할 사실은 이 영화는 죽음을 상징하는 큰 낫으로 시작한 뒤, 오토바이를 탄 한 무리의 청년들이 콜로세움의 어둠 속으로 사라지며 끝난다는 점이다. 다시 말해 '영원의 도시' 로마도 죽음의 운명에선 피할 수 없으리란 펠리니의 애도가 표현돼 있다. 그 필멸의 운명에서 펠리니 자신의 소멸까지 성찰하는 것은 물론이다. 〈로마〉가 멜랑콜리의 비관주의로 오래 기억에 남는 이유일 터다.

다음엔 로마라는 도시 자체가 영화의 테마가 된 〈그레이트 뷰티〉를 보겠다. 파올로 소렌티노의 이 작품은 로마에 오로지 오마주를 표하고 있다. 로마의 그 모든 것이 '위대한 아름다움'이라는 것이다.

3. 로마라는 도시에 대한 오마주

파올로 소렌티노, 〈그레이트 뷰티〉, 2014

로마, 늙음과 죽음에 대한 매혹

파올로 소렌티노의 로마는 나른하다. 2천 년이 넘도록 늘 현재로 살아온, 아마 가장 늙은 도시이기 때문일 테다. 로마처럼 누적된 시간을 소유한 도시들은 대개 과거 속에 잊혀 있다. 이를테면 이집트의 카이로처럼 과거가 월등 빛나는 도시 같은 곳이다. 반면 로마는 지금도 살아 숨 쉰다. 하지만 몽롱한 선잠을 잘 때와 비슷한 조건에서다. 로마의 시간은 향수에 젖어, 설핏 잠을 자듯, 현실과 상상의 경계를 혼동케 한다. 마르셀 프루스트의 '잃어버린 시간'에 대한 희미한 기억 같은 것이다. 소렌티노는 그런 늙고 무력한 로마의 시간을 '위대한 아름다움'이라고 보고 있다. 〈그레이트 뷰티〉를 통해 로마만이 소유한 죽음 같은 시간의 나른함을 여행하는 까닭이다.

'노인의 집에서 나는 냄새'

영화는 로마의 여름을 보여주며 시작한다. 푸른 하늘, 황금빛 태양, 인적 드문 황량한 느낌의 거리, 그리고 일본인 관광객이 보인다. 아쿠아 파올라 분수(Fontana dell'Acqua Paola) 근처에서 로마 전경을 사진 찍던 일본인 남자 관광객이 갑자기 쓰러져 죽는데, 아마 로마의 치명적인 아름다움 때문인 것 같다. 이것은 '스탕달 신드롬'(아름다운 예술 작품을 봤을 때 느끼는 극심한 현기증)의 과장법이다. 그런 과장법이 어색하지 않을 정도로 도입부의 로마는 말 그대로 장관이다.

느릿느릿 움직이던 여름의 로마 풍경에 적응할 때쯤, 영화는 갑자기 미친 듯 춤을 추는 밤의 파티 장면으로 이동한다. 주인공 젭 감바르델라(토니 세르빌로)의 65회 생일 파티다. 펠리니 영화의 캐릭터처럼 온갖 괴상한 외모를 뽐내는 사람들이 남녀노소 할 것 없이 테크노 팝의 리듬에 따라 격렬하게 몸을 흔들어대는 흥분되는 밤이다. 게다가 남녀가 줄을 맞춰, 오로지 엉덩이를 흔들며 춤을 추는 장면에서 들려오는 세속적이다 못해 천박한 가사의 음악은 이곳이 바로 소돔과 고모라임을 보여주는 듯하다. 이런 세속적인 쾌락의 무리를 이끄는 주인공이 작가이자 저널리스트인 젭이다.

첫눈에 젭은 〈달콤한 인생〉(1960)의 주인공 마르첼로(마르첼로 마스트로이안니)처럼 순간을 즐기는 쾌락주의자의 전형처럼 보인다. 주위의 여성들과 눈길을 맞추기 바쁘고, 이런 파티를 연 데, 대단한 자부심을 느끼는 나르시시스트 같다. 그런데 그가 들려주는 자신의 취향과 관련된 어린 시절의 에피소드는 젭이 어쩌면 유아기적 나르시시스트만은 아니라는 생각이 들게 한다.

젭의 고백에 따르면, 소년 시절 친구들끼리 세상에서 가장 좋은 것이 무엇인지 말할 때, 다른 소년들이 모두 '여성의 그곳'을 꼽았는데, 오직 자신만은 '노인의 집에서 나는 냄새'라고 말했다고 한다. 다시 말해 주인공 젭은 자신이 이미 소년 시절에 '늙음과 죽음'에 본능적인 끌림을 느꼈다고 생각한다. 자신은 감성에 대한 특별한 재능을 갖고 태어났고, 그런 감성 때문에 작가가 될 운명이었다는 것이다. 젭은 지금까지 단 한 편의 소설을 썼는데, 그 작품은 일부 사람들에게 지금도 걸작으로 평가받고 있다.

젭은 감독 소렌티노의 분신이고, 그래서 늙음과 죽음에 대한 본능인 매혹을 느낀다는 건 사실 소렌티노의 고백인 셈이다. 소렌티노의 작품은 늘 늙음과 죽음이라는 테마에 집중해왔다. 죽음 같은 침묵에 갇혀 사는 중년 남자의 이야기인 출세작 〈사랑의 결과〉(2004), 뒤늦게 쾌락에 몰입하는 노인을 그린 〈가족의 친구〉(2006) 등 소렌티노의 작품들은 대개 '노인의 집에서 나는 냄새'에 관한 은밀한 탐닉이다. 칸영화제에서 심사위원상을 받은 〈일 디보〉(2008)도 죽음에 다다른 노(老) 정치가의 마지막 시간에 대한 기록이다. 〈그레이트 뷰티〉에서 주연을 맡은 배우 토니 세르빌로는 〈사랑의 결과〉와 〈일 디보〉에서도 주연을 맡았는데, 이를테면 펠리니 영화의 마스트로이안니처럼 소렌티노 감독의 분신인 셈이다. 따라서 세르빌로의 등장 자체가 '늙음'과 '죽음'에 대한 소렌티노의 끌림을 환기하는 모티브인 것이다.

로마의 냄새

소렌티노는 늘 펠리니와 비교됐다. 미학적 공통점이 많아서다. 이를테면 에피소드 중심의 비전통적인 서사구조, 현실과 환상 사이 경계의 모호함, 지중해적인 빛 속의 에로티시즘, 사회 비판적인 코미디 감각 등이다. 그러나 두 감독의 미덕 혹은 소렌티노가 펠리니로부터 물려받은 최고의 미덕이라면 〈그레이트 뷰티〉의 도입부 자막에 소개된 '상상력'일 것이다. 〈그레이트 뷰티〉는 프랑스 작가 루이 페르디낭 셀린의 소설 〈밤 끝으로의 여행〉(1932)을 인용하며 시작한다. 여행이 주는 상상의 미덕에 관한 제법 긴 문장인데, 요약하면 이렇다. "여행이 유용하다면, 상상력을 작동시키기 때문이다. 여행이 우리에게 주는 것도 상상적인 것이다. 삶에서 죽음으로 향하는 이 여행은 모두 지어낸 것이고, 소설이며, 허구의 이야기다. 모두 그런 여행을 할 수 있다. 단지 눈을 감기만 하면 된다. 그 것은 삶의 이면이다."

우리는 삶이라는 여행을 통해 상상을 펼칠 수 있는데, 그렇다면 삶은 상상, 곧 지어낸 이야기이고, 이것은 결국 죽음과 맞닿아 있다는 성찰이다. 삶 자체를 눈을 감고 펼치는 상상으로 치환하는 이런 태도는 바로 두 감독의 공통된 영화적 미덕인데, 그 상상의 내용이 죽음의 허무주의와 더욱 밀접하게 관계 맺고 있는 게 소렌티노의 다른 점이다. 물론 펠리니도 후기로 갈수록, 이를테면 〈그리고 배는 간다〉(1983) 같은 작품에선 청년의 활력보다는 필멸의 적막에 더 주목하기도 했다. 그러나 펠리니의 개성은 〈사티리콘〉(1969)에서처럼 금지된 쾌락을 공격할 때 더 빛났다. 반면에 소렌티노는 초기작부터 '노인의 집에서 나는 냄새' 주변에 머물렀다.

소렌티노의 이런 데카당스한 태도는 펠리니보다는 비스콘티를 더 환기시킨다. 〈레오파드〉(1963)에서 시칠리아의 늙은 귀족(버트 랭커스터)이 고백하던, '긴 잠'에 대한 소원 혹은 망각에 대한 욕망이라는 죽음에의 탐닉은 〈그레이트 뷰티〉에서 젭의 '소멸에 대한 충동'으로 표현돼 있다. 그가 침대에 누워 천장을 바라보면, 천장은 푸른 지중해로 변하고, 젭은 그 바다로 '사라지며' 죽음으로의 여행을 반복하는 것이다. 실제로 젭은 기린을 사라지게 만드는 마술사 친구에게, 자신도 사라지게 해달라고 요구하기도 한다.

젭이 늘 이렇게 허무주의적이지는 않다. 어릴 때의 '늙음과 죽음'에 대한 감수성은 '늙은 도시 로마'에서 더욱 발전된 것 같다. '노인의 집에서 나는 냄새'는 젭에겐 '로마의 냄새'인 것이다.

〈데카메론〉 같은 세속의 만화경

젭은 26살 때 나폴리에서 로마로 왔는데, 처음 도착했을 때 꾼 꿈은 '세속의 왕'이 되는 것이었다. 종교계 혹은 사회의 엘리트 같은 공적 인물이 목표가 아니었다. 오로지 육체가 있는 인간이 세속에서 즐길 수 있는 최고의 단맛을 최고의 자리에서 맛보고자 했다. 자신은 그걸 성취했다고 생각했다. 젭의 고급 아파트에는 넓은 테라스가 있는데, 그곳에선 로마의 역사인 콜로세움을 바로 눈앞에서 볼 수 있다. 젭은 사교계의 인물들을 초대해 그 테라스에서 파티를 열고, 파티를 주관하며 자신이 '세속의 왕'임을 확인하는 것이다.

따라서 영화의 한 축은 '로마의 냄새'를 맡고 다니는 젭의 세속의 경험이다. 개념예술을 한다며 이름까지 '탈리아 컨셉트 (Concept)'로 바꾼 어느 여성 행위예술가는 로마의 유적지에서 나체로 머리를 벽에 처박는 행동을 한 뒤, "나는 나를 사랑하지 않아!"라고 소리 지른다. 넘쳐나는 로마의 예술가들, 자신을 예술가로 굳게 믿는 이 여성은 예술가일까, 혹은 예술을 이용하는 사기꾼일까? 또 젭의 나폴리대학 동창인 좌파 여성 작가는 자기의 작품은 사회적 소명의식으로 쓰인 것이라고 자부한다. 개인적 감성이나 드러내는 젭의 소설과는 다르다는 것이다. 그런데 아무리 좌파와 경제적 조건은 별개라고 해도, 수영장이 있는 집에서 집사, 정원사, 운전사, 하녀를 부리며 자식들을 방기하다시피 하는 작가가 쓰는 '사회적'이라는 말의 의미는 무엇일까? 마르크스주의 뒤에 숨은 이런 작가는 또 얼마나 많을까? 신도와의 사적인 만남에선 토끼 요리법을 설명하는 데 시간을 다 보내는 추기경, 오직 엄마만을 사랑하여 그 고통에 차를 몰고 허공을 나는 젊은 아들 등 〈그레이트 뷰티〉는 마치 〈데카메론〉처럼 로마의 세속을 피카레스크 형식으로 전개한다. 그러면서 로마의 모순이 저절로 드러나게 하는 식이다.

그렇지만 그런 세속의 허물들을, 혹은 세속 사람들의 추함을 넘어서는 게 있다면, 그건 늙어가고 죽어가는 시간 속에 놓여 있는 도시 로마, 그 '로마의 냄새'라는 것이다. 젭이 새벽에 로마의 테베레강 주변을 걸으며, '여행'하며, '상상'하는 것은 자기 삶의 이야기들인데, 이것은 허구이고, 결국 죽음에 다다르며 끝날 것이다. 그 상상의 내용을 소렌티노는 〈그레이트 뷰티〉에 펼쳐놓았고, 그런 과정, 그런 로마의 시간을 '위대한 아름다움'이라고 보는 것이다. '늙은 시간'을 산책하는 〈그레이트 뷰티〉는 영화적으로 표현할 수 있는 로마에 대한 최고의 찬사에 가깝다. 영화의 도입부, 역사적

기념물에 조각된 글자, 곧 '로마가 아니면 죽음을'이란 말은 '죽음처럼 아름다운 로마'로 번역해도 될 것이다.

다음엔 르네상스의 도시, 예술의 도시 피렌체로 가겠다. 아마도 역사와 문화에 대한 자부심이 가장 강한 도시일 것이다. 르네상스 예술의 보고인 우피치 미술관이 주요 배경인 다리오 아르젠토의 〈스탕달 신드롬〉(1996)을 통해 피렌체로 들어가겠다.

4. 피렌체

르네상스의 고향

단테의 고향, 예술의 성지

피렌체는 '단테의 고향'이다. 조반니 보카치오에 따르면, 이 사실 하나만으로도 피렌체는 축복받은 땅이다. 호메로스에 의해 그리스가, 베르길리우스에 의해 로마가 불멸의 땅이 됐다면, 이탈리아는 바로 단테 덕분에 영원에 이를 것인데, 피렌체는 '계관 시인'을 낳은 '엄마의 땅'이라는 이유에서다. 신화와 사실 그 어디쯤의 이야기이겠지만, 실제로 시인의 모친은 월계수 아래서 사내를 놓는 태몽을 꿨다고 전해진다(보카치오 지음, 〈단테의 삶〉). 어두운 눈빛, 매부리코, 검은 피부, 깡마른 얼굴, 아래턱이 앞으로 나온 불균형적인 인상은 시인이 세상과 싸운 갈등을 충분히 짐작하게 한다. 피렌체는 시인의 고향이긴 하지만, 세상사가 종종 그렇듯, 어느 순간 단테는 정치적인 이유로 고향 사람들로부터 배척당한 뒤, 죽기 전까지 단 한 번도 고향 땅을 밟지 못했다. 단테는 숭고한 소수의 성인처럼, 다른 사람들이 아니라 고향 사람들에게 버림받았고, 고향에서 매장되지도 못했다. 고향의 영웅을 이역에서 죽게 만든 죄의식 때문일까? 이후 피렌체는 이탈리아의, 아니 세상의 예술을 주도하는 르네상스의 성지가 되면서, 뒤늦게 시인을 위한 진혼의 의

례를 치른다. 보카치오의 저서도 수많은 의례 가운데 하나일 테다. 다행히 의례의 모든 과정은 예술의 역사가 됐고, 덕분에 피렌체는 단테의 고향이자, 예술의 도시라는 영예를 갖게 됐다.

다리오 아르젠토, 우피치에 가다

다리오 아르젠토는 소위 '잘로'의 장인이다. 잘로(giallo)는 노란 색이란 뜻의 이탈리아어로 스릴러 장르를 지칭하는데, 스릴러 책 표지의 대표적인 색깔이 노란색이어서 이런 용어가 만들어졌다. 특히 아르젠토의 작업은 '이탈리아식 잘로'라는 하부 장르로 설명 된다. 일반적인 스릴러에 피가 튀는 '스플래터 필름'(Splatter Film) 의 특성을 섞고 있어서다. 아르젠토는 자신이 흠모하던 앨프리드 히치콕의 스릴러에 '핏빛'을 잔뜩 입힌 셈이다. 이 분야에서 아르 젠토는 독보적인 위치를 점했고, 할리우드에 존 카펜터 같은 추종 자들도 낳았다. 호러 영화의 팬이라면 〈딥 레드〉(1975), 〈서스피리 아〉(1977) 같은 작품들을 금방 기억할 것이다.

〈스탕달 신드롬〉(1996)은 아르젠토의 창작 열기가 주춤하던 50 대 중반에 발표됐다. 그의 호러들이 애초부터 수많은 대중과 소통 하는 데는 한계가 있었지만, 일부 골수팬들의 지지를 받는 데는 모 자람이 없었다. 그런데 그는 90년대 들어 많은 어려움을 겪기 시작 했다. 특히 또 다른 스플래터 장인인 루치오 풀치(Lucio Fulci)와의 야심 찬 협업이 투자 문제로 결렬되고, 그 와중에 풀치가 죽고, 그 러자 아르젠토는 약간 힘을 잃어 보였다. 〈서스피리아〉에서 호러 와 초현실주의를 뒤섞던 겁 없던 청년이 세월의 힘 앞에 행진을 멈춘 듯 보일 때 〈스탕달 신드롬〉이 나왔다.

먼저 밝히자면, 〈스탕달 신드롬〉은 대단한 걸작은 아니다. 보기에 따라서는 조너선 드미의 〈양들의 침묵〉(1991)을 적극적으로 참조한 아류작처럼 비칠 수도 있다. 연쇄살인범과 엘리트 여성 수사관 사이의 기괴한 관계를 다루고 있어서다. 내러티브는 매끈한 논리로 짜여있기보다는 여전히 꿈을 헤매듯 불안하고 생략적이다. 그런데도 아르젠토의 매력을 느낄 수 있는 것은 바로 그의 예술에 대한 오랜 사랑을 확인할 수 있어서다. 아르젠토의 '잘로'가 다른 스릴러와 다르다면, 그건 예술에 대한 태도일 것이다. 아르젠토의 영화에는 늘 예술에 대한 아련한 사랑이 녹아 있다(아마도 사진작가였던 모친의 영향이 클 것 같다). 이탈리아 예술계가 그걸 모를 리 없고, 그래서인지 아르젠토는 우피치 미술관에서 촬영을 허가받은 유일한 감독으로 남아 있다. 바로 그 작품이 〈스탕달 신드롬〉인데, 특히 여기선 르네상스 회화에 대한 사랑을 열정적으로 드러내고 있다.

〈스탕달 신드롬〉은 피렌체의 우피치 미술관에서 시작한다. 로마의 엘리트 수사관 안나(감독의 딸인 아시아 아르젠토)는 연쇄살인범을 잡기 위해 피렌체로 급파됐다. 그런데 미술을 좋아하는 안나는 피렌체에 도착하자마자 우선 르네상스 회화의 보고인 우피치 미술관부터 들른다. 범인이 미술관에 출몰한다는 첩보도 있었다. 미술관 입구는 벌써 긴 줄이 이어져 있고, 안나는 시간의 여유가 없어서인지, 빠른 걸음으로 급히 돌아다볼 기세다. 하지만 미술관 안으로 들어서자 상황이 바뀐다. 안나는 파올로 우첼로의 전투화

〈산 로마노 전투〉(c.1440) 앞에서 얼마나 그림에 빠졌던지, 긴 창들
이 서로 부딪히는 소리와 말들이 뛰어오르는 소리를 듣는다. 그림
인지 현실인지 몽롱한 기분이 들기 시작하는 것이다. 곧이어 우피
치 미술관의 꽃이라고 할 수 있는 '보티첼리의 방'에 들어서니, 그
런 어지럼증이 점점 심해지는 것 같다. 안나는 보티첼리의 〈비너
스의 탄생〉(c.1485)에서 바람의 신 제피로스가 비너스에게 힘차게
숨을 뿜어내는 장면을 뚫어지게 바라본다. 또 〈봄〉(c.1482)에서 역
시 시커먼 제피로스가 그림 오른쪽의 아름다운 님프를 납치하려
는 모습에 혼이 빠져 있다. 결국에 안나는 자신이 좋아하는 그림
앞에서 정신을 잃고 쓰러지고 만다.

'스탕달 신드롬'의 발원지는 피렌체

'스탕달 신드롬'은 프랑스 작가 스탕달의 경험에서 나온 용어이
다. 조국 프랑스보다 이탈리아를 더 사랑한 작가로 '의심' 받는 스
탕달은 바로 피렌체에서 그 신드롬을 경험했다. 구체적으로는 '산
타 크로체 교회'(Basilica di Santa Croce, 성 십자가 교회란 뜻)에서다. 이
탈리아 특유의 소박한 고딕 양식의 아름다운 전면으로 유명한 교
회다. 그리고 교회 안에 위대한 인물들의 조각품 같은 묘, 곧 단테
(단테의 원래 묘는 라벤나에 있고, 이 묘는 한참 지난 뒤 지어진 가묘다), 미
켈란젤로, 갈릴레이 등의 묘가 있어서 늘 방문객이 넘친다. 스탕달
은 교회 안의 묘들을 보며 어지럼증을 느끼기 시작했고, 결국 조토
의 벽화 앞에서 거의 정신을 잃었다고 고백했다. 너무나 아름다운
예술품 앞에서 정신적 혼란을 겪는 이런 현상을 역시 피렌체의 정

신과 의사인 그라치엘라 마게리니(Graziella Magherini)가 자신의 저서 〈스탕달 신드롬〉(La sindrome di Stendhal, 1989)에서 명명하면서, 이 용어는 널리 알려졌다. 그래서 스탕달 신드롬은 '피렌체 신드롬'이라고도 불린다.

아르젠토의 〈스탕달 신드롬〉은 예술품 앞에서 넋을 잃은 안나가 그런 정신적 혼란 속에서 수사를 이어가는 내용이다. 그러니 모든 게 뒤죽박죽이다. 현실과 환상의 공존, 두 공간 사이의 희미해진 경계(안나는 종종 그림 속으로 들어간다), 악몽처럼 비논리적인 이야기 구조 등 아르젠토 특유의 미학이 전개된다. 비유하자면, 이탈리아와 사랑에 빠진 스탕달이 몽유의 상태에서 살인사건 테마의 소설을 쓴다면, 그 전개가 어땠을까를 상상하면 될 것 같다. 영화는 시종일관 들뜬 흥분에 휩싸여 있다. 그런 흥분을 자극하는 데, 예술의 도시 피렌체의 매력이 한몫하는 것은 물론이다.

그만큼 피렌체는 도시 전체가 예술품 같다. 아마 거의 모든 관광객이 피렌체의 두오모, 곧 '산타 마리아 델 피오레 교회'(Cattedrale di Santa Maria del Fiore, 꽃의 성모 교회란 뜻) 앞에서 넋을 잃을 것 같다. 도시 한 가운데, 아름답고 견고한 대리석으로 지어진 웅장하고 화려한 교회는 이곳이 한때 패권 도시이자, 르네상스의 중심임을 한눈에 알게 한다. 피렌체의 유명 유적지들, 곧 산타 크로체 교회, 산타 마리아 노벨라 교회, 산 로렌초 교회, 시뇨리아 광장, 베키오 궁전, 베키오 다리, 우피치 미술관, 아카데미아 갤러리(이 끝없이 이어질 명단들!) 등이 대부분 두오모와 가까운 거리에 있다. 따라서 걷다 보면 자연스럽게 도시의 아름다움에 빠지게 되고, 그러다 현기증도 느낄지 모른다. 만약 사람들이 드문 한밤중에 오래된 돌길 위를 홀로 걷다 보면, 당신도 르네상스의 한 가운데에 와 있는 듯한 착각을 할 수 있다. 그만큼 피렌체는 역사적 시간을 넘나드는 비현실적인 도시다.

브라이언 드 팔마의 피렌체에 대한 오마주

스탕달 신드롬 같은 어지럼증은 브라이언 드 팔마도 느꼈던 것 같다. '과학 영재' 출신에, 명문 컬럼비아대학에서 물리학을 전공한 영민한 청년 드 팔마와는 맞지 않을 것 같은 테마인데, 그도 피렌체에서의 비현실적인 엑스타시를 상상하고 있어서다. 〈강박관념〉(Obsession, 1976)엔 브라이언 드 팔마의 '스탕달 신드롬'이 오롯이 새겨져 있다.

알려진 대로 브라이언 드 팔마는 히치콕의 찬양자이다. 가장 유명한 사례는 〈사이코〉(1960)를 참조한 〈드레스 투 킬〉(Dressed to Kill, 1980)일 것이다. 샤워장에서의 살인사건, 살인 도구로서의 면도날, 성적 억압의 강박 등 두 영화는 많은 부분에서 겹친다. 〈강박관념〉은 브라이언 드 팔마가 〈캐리〉(1976)로 세계의 유명 감독이 되기 바로 석 달 전에 발표한 작품이다. 지금도 드 팔마의 최고작으로 〈캐리〉를 꼽는 사람들이 적지 않다. 이것이 〈강박관념〉에 바로 이어 개봉되는 까닭에, 〈강박관념〉은 상대적으로 잊히고 말았다. 〈강박관념〉에서도 드 팔마는 히치콕을 참조하고 있는데, 그것은 히치콕의 최고작으로 꼽히는 〈현기증〉(1958)이다.

뉴올리언스에 사는 투자회사 간부인 마이클(클리프 로버트슨)은 피렌체에서 만난 아내(주느비에브 부졸드)와 행복한 삶을 살고 있다. 그런데 하필이면 결혼기념일에 그만 아내와 딸이 납치되고, 추격전을 벌이던 과정에서 납치범의 차는 사고로 큰 화염에 휩싸여 버린다. 졸지에 아내와 딸을 잃었고, 결혼기념일의 행복은 비극이 됐다. 마이클의 결혼생활이 얼마나 달콤했는지는 안개처럼 찍은 도입부 화면에 잘 드러나 있다. 마치 세상은 황홀한 꿈이라는 듯, 〈강박관념〉은 의도적으로 화면을 안개 속처럼 흐릿하게 표현하고, 또 슬로모션처럼 느리게 배우들의 동작을 잡는다. 〈현기증〉에서 사랑에 빠진 스코티(제임스 스튜어트)가 매들레인(킴 노박)을 추적할 때의 흐리고 몽롱한 화면과 비슷하다. 그런데 그만 달콤한 꿈이 졸지에 악몽으로 변해버린 것이다.

마이클은 피렌체라는 도시에 반한 남자다. 젊은 시절 그곳에 여행을 가서 아내도 만났다. 〈강박관념〉이 피렌체에서 특히 강조하는 장소는 '산 미니아토 교회'(Basilica di San Miniato al Monte, 미니아토는 순교자 이름)이다. 중세 로마네스크 양식의 특징인 반원형 장식이 대단히 매력적인 교회다. 마이클은 뉴올리언스에 있는 아내와 딸의 묘소를 그 교회의 전면처럼 꾸몄다. 사고가 난 지 15년이 지난 뒤, 마이클은 피렌체로 휴가 겸 출장을 간다. 〈현기증〉의 작곡가로 유명한 버너드 허만의 애절한 테마곡이 천천히 연주되는 가운데, 마이클은 도시를 산책하며 옛 기억을 떠올리는 것이다.

영화의 전환점은 아내를 만났던 산 미니아토 교회에 들어설 때 시작된다. 교회의 벽화 복원작업을 하는 사람 중에는 15년 전에 죽었던 아내와 너무나 닮은 산드라(주느비에브 부졸드의 1인 2역)라는 여성이 있는 것이다. 마이클은 환생한 유령을 보듯 그녀에게 혼이 빠진다. 〈현기증〉에서 스코티가 죽은 매들레인과 너무나 닮은 여성(킴 노박의 1인 2역)을 본 뒤, 다시 사랑에 빠지는 과정과 비슷하다. 마이클은 산드라와 함께 피렌체의 밤길을 데이트하며, 점점 균형 감각을 잃고, 급기야 산드라는 죽은 아내의 환생이라고 믿기에 이른다. 〈현기증〉에서 매들레인의 정체가 밝혀질 때 영화가 대단원에 이르듯, 〈강박관념〉에서도 산드라의 정체가 밝혀질 때 영화는 결말에 이를 것이다. 하지만 이것은 관객이 거리 자체가 예술품과 다름없는 피렌체의 도시 풍경에 흠뻑 빠진 뒤다. 마이클의 혼을 뺀 것은 죽은 아내의 유령 같은 산드라이기도 하지만, 그것처럼 신비한 도시, 곧 과거와 현재가 마법처럼 공존하는 피렌체라는 도시도 큰 역할을 한 것이다.

피렌체의 꽃, 우피치 미술관

　피렌체가 예술의 도시로 사랑받는 가장 큰 이유로는 우피치 미술관을 꼽고 싶다. 그곳에 르네상스의 역사와 예술이 모두 종합돼 있기 때문이다. 정치적 리더였던 메디치 가문의 예술에 대한 사랑의 총체가 바로 우피치 미술관이다. 예술이, 또 예술가가 사회로부터 이렇게 사랑받고 존중받은 적은 고대 그리스 말고는 없을 것 같다. 그리스와 르네상스의 피렌체는 구국의 영웅과 더불어, 시인(예술가)에게 월계관을 씌운 전통을 갖고 있다. 그 정신이 오롯이 남아 있는 곳이 우피치이고, 이 점은 세상의 예술가들이 여전히 부러워하는 경이의 대상이다. 거의 동시대에 피렌체에서 차례로 작업했던 레오나르도, 미켈란젤로, 라파엘로(이탈리아의 관습에 따르면 이들의 성은 굳이 쓰지 않는다. 대문자로 시작하는 Him은 예수만을 지칭하는 것과 같은 영예의 표현이다) 가운데 한 명이라도 배출하면 그건 도시의 명예일 것이다. 피렌체가 지금도 예술적 우월감에 약간 오만한 태도를 보이는 것은 미덕은 아니지만, 그럴만한 전통이 있기 때문이다.

피렌체의 꽃 우피치 미술관에 대한 특별한 사랑은 이탈리아인들 전체가 갖는 것 같다. 로베르토 로셀리니의 네오리얼리즘 걸작 〈전화의 저편〉(1946)에는 나치에 점령당한 '피렌체 에피소드'가 나온다. 피렌체에서 벌어지는 사건인 만큼 주요 인물은 '화가'이고, 그는 지역 레지스탕스의 리더다. 그의 소식이 궁금해서, 연인인 미국인 간호사는 나치가 점령한 위험한 지역을 통과해 레지스탕스 지역까지 직접 가볼 참이다. 그 경계에 나치의 손에 들어간 우피치 미술관이 있다. 간호사는 다른 레지스탕스의 도움을 받아 우피치 미술관을 통과한다. 그 순간에 우리는 수많은 그림이 이미 약탈당해, 텅 빈 벽으로 남은 황량한 우피치를 보게 된다. 로셀리니는 그 장면을 상실의 통렬한 아픔처럼 찍었다. 마치 사랑하는 사람이 죽었을 때의 이별의 고통이란, 텅 빈 우피치의 벽을 바라보는 심정과 같다는 뜻에서다. 이탈리아에 우피치가 없다면, 그건 국가 정체성의 한 부분을 잃은 것과 마찬가지일 테다. 지금도 그 장면이 나올 때면, 적지 않은 이탈리아 관객들이 여전히 흥분한다.

1966년에 피렌체에 큰 홍수가 났다. 도시의 거의 모든 지역이 침수됐다. 안타깝게도 우피치도 홍수의 피해를 피하지 못했다. 지금도 우피치의 지하에는 전시되지 못하고, 분류되지 못한 유산들이 쌓여 있다. 그때도 마찬가지였다. 우피치가 물에 잠겼다는 뉴스가 알려지자, 전국의 청년들이 피렌체로 몰려들었다. 자원봉사자로 일하기 위해서였다. 진흙과 물에 잠긴 건물 속에서, 청년들은 종이 한 장도 정성을 다해 건져냈다. 이탈리아 현대사를 다룬 마르코 툴리오 조르다나의 6시간짜리 대작 〈베스트 오브 유스〉(2003)에는 그 과정이 고스란히 극화돼 있다. 우피치는 피렌체를 넘어 이탈리아의 상징인 것이다.

피렌체 주변, 토스카나의 빼어난 아름다움

〈강박관념〉처럼 피렌체에서 사랑이 맺어질 것이란 상상은 지금도 일반적인 로맨스 영화에서 반복되는 테마다. 이를테면 〈온리 유〉(1994), 그것의 리메이크인 〈온리 유〉(2015), 그리고 〈냉정과 열정 사이〉(2001) 등 이탈리아 배경의 로맨틱 코미디들은 자주 피렌체를 경유한다. 이런 종류의 영화들, 곧 피렌체 배경의 로맨스 영화 가운데 고전으로는 여전히 제임스 아이보리 감독의 〈전망 좋은 방〉(1985)이 대표작으로 꼽힌다. 피렌체의 자유분방한 사랑과 영국의 형식적인 매너리즘이 대조되는 일종의 풍속 드라마이다. 영국에선 매너를 지키려다 바싹 말라 들어가던 청춘들이 이탈리아의 피렌체에서는 삶을 전환하는 과감한 결정을 내리기도 한다. 〈전망 좋은 방〉에서 주인공들이 거주하는 숙소의 창문을 열면, 두오모와 베키오 궁전, 또 우피치 미술관과 그 옆의 베키오 다리가 보인다. 제목처럼 아름다운 전망이 탁 트여 있다. 〈전망 좋은 방〉

에는 산타 크로체 교회를 비롯하여 피렌체의 여러 유적지가 대단히 아름답게 찍혀 있다. 그렇지만 아마 관객의 기억에 가장 오래 남아 있는 곳은 영국인 남녀가 들판에서 첫 키스를 하던 피렌체 인근의 전원일 것 같다. 말 그대로 풍경화처럼 아름다운 토스카나의 자연이 로맨스의 배경으로 십분 이용되고 있다.

피렌체는 토스카나 주(州)의 주도다. 토스카나는 이탈리아 내에서도 자연 풍경이 아름답기로 소문난 곳이다. 북쪽의 알프스 이탈리아와 수위를 다툰다. 토스카나에선 포도주 산지로 유명한 시에나 주변의 도시들, 이를테면 몬탈치노, 몬테풀치아노 등이 특히 풍경으로 유명하다. 최근에는 계곡지역인 발도르차(Val D'Orcia)가 큰 주목을 받고 있다. 〈잉글리쉬 페이션트〉(1996), 〈글래디에이터〉(2000), 그리고 〈베스트 오브 유스〉(2003) 등에서 강조된 곳이다. 다음엔 토스카나로 여행 범위를 넓혀보겠다. 특히 시에나 인근의 풍경을 보다 보면, 자연도 문명일 수 있다는 생각에 이른다. 문명과 섞여 있기 때문이다.

5. 피렌체와 시에나 인근

이탈리아의 모성

'영국인 환자'가 죽어 누워 있을 때

토스카나는 르네상스의 발원지다. 그 중심은 물론 피렌체다. 다른 도시들은 한때 피렌체와 패권을 다투다 그 세(勢)를 잃었거나, 또는 약화된 채 지금에 이른다. 토스카나의 대표적인 다른 도시들은 피사, 시에나, 루카, 그리고 아레초 등인데, 이곳은 지금도 피렌체에 강한 경쟁의식을 갖는다. 특히 대학의 도시 피사와 예술의 도시 시에나의 경쟁심이 대단하다. 중세 이후의 수많은 전투 때문인지, 간혹 이곳에선 피렌체에 대해 적대감을 드러내는 주민들도 만날 수 있다. 피렌체에 밀리지 않겠다는 그런 경쟁의식이 이들 도시의 매력을 더욱 빛나게 했을지도 모른다.

'검투사'의 기억

리들리 스콧 감독의 〈글래디에이터〉(2000)는 로마의 철학자이자 황제인 마르쿠스 아우렐리우스 때가 배경인 팩션(faction)이다. 사실과 허구가 섞여 있는 이 팩션은 상상의 인물인 막시무스(러셀 크로)의 기구한 운명에 초점을 맞춘다. 그는 현제(賢帝) 아우렐리우스의 총애를 받던 장군이었는데, 타락한 황제 코모두스(호아킨 피닉스)에 맞선 바람에 살해 위기에 놓인다. 이후에 그는 노예로 팔린 뒤, 다시 검투사가 되어, 복수에 몰두하는 인물로 그려진다. 〈글레디에이터〉는 발표 당시 대단한 흥행 성공을 거뒀고, 그 여파로 영화계에 팩션 역사물 제작 붐을 일으켰다.

아우렐리우스 황제는 말년에 게르만족과의 전투로 결국 죽음에 이르는데, 영화는 바로 그 전장에서 시작한다. 피와 살이 튀고, 근육질 남성들의 칼과 창이 부딪히는 도입부의 전투 장면은 우리가 사는 세상이 곧 야만이고, 우리는 야수나 다름없는 존재임을 한 눈에 알게 한다. 그런 황폐한 전쟁을 3년째 이끄는 장군에게 철학자 황제는 고향 이야기를 해달라고 제안한다. 말하자면 일종의 대조법인데, 전장의 막사 밖은 추위와 배고픔, 그리고 황야의 야만이라면, 고향의 집은 쉼과 평화가 보장된 순화된 자연인 셈이다. 전쟁의 상처는 고향에 대한 상상으로 잠시 위무를 받는다. 영화에 따르면 막시무스는 스페인의 트루히요(Trujillo) 출신이다. 그가 묘사하는 고향은 빛이 밝고, 붉은 벽돌이 아름답고, 들판엔 곡식이 익어가고, 키 큰 녹색의 사이프러스 나무, 그리고 포도나무와 올리브나무들이 어우러져 있는 곳이다. 적의 목을 단숨에 치는 냉정한 장군도 가족이 남아 있는 고향을 말할 때는 만감이 교차하는지 지그시 눈을 감는다.

아마 그때 관객들도 유럽 어떤 마을의 아름다운 풍경을 상상했을 것이다. 그런데 리들리 스콧은 장군의 고향을 스페인에서 찍지 않았다. 감독의 상상이 미친 곳은 이탈리아의 발도르차(Val d'Orcia) 지역이다. 발도르차는 토스카나의 시에나 근처에 있는 계곡 지역의 이름이다. 오래된 작은 도시들과 야트막한 언덕, 그리고 포도밭의 절경 덕분에 토스카나의 관광용 사진에서 단골로 등장하는 곳이다. 막시무스가 살해 위기에 놓인 가족들을 구하기 위해, 말을 타고 급히 달리는 곳이 바로 발도르차 지역이다. 푸른 하늘, 흰 구름, 녹색의 언덕, 황금빛 들판, 포도밭, 사이프러스 나무 등 이탈리아의 자연 풍경을 과시하는 사진들에서 숱하게 봐왔던 이미지들이 속된 말로 널려 있는 곳이다. 특히 인구 2천 명 정도 되는 작은 도시 피엔차(Pienza) 주변이 아름답기로는 가장 유명하다. 영화에선 막시무스의 고향이 짧게 등장하지만, 그가 위기에 처할 때, 또는 가족을 그리워할 때 등 절실한 순간에 기억되는 까닭에 그 여진은 오래 남는다.

토스카나, 특히 시에나 주변은 고향이라는 단어에서 연상되는 보편적인 풍경을 갖고 있다. 프로이트에 따르면 고향, 고향 풍경은 모성의 은유이다. 태어난 곳을 의미하기 때문이다. 따라서 사람들이 토스카나의 풍경을 볼 때의 편안한 마음은 마치 어머니의 품속에 있을 때의 안락함과 비슷하다. 언덕의 부드러운 품속에 누워 아늑한 영원으로 들어가는 기분 같은 것이다.

사하라의 사막과 토스카나의 전원

앤서니 밍겔라 감독은 이탈리아계 영국인이다. 이탈리아 이주민인 부모들은 아이스크림 집을 운영하며 자식들을 키웠는데, 이 사업이 번창한 까닭에 지역에선 제법 유명한 가족으로 통했다. 사무엘 베케트를 좋아하던 문학도 밍겔라는 박사과정에 있을 때,

BBC에 들어가 라디오 드라마를 쓰며 작가 경력을 시작했다. 그는 특히 문학작품의 각색에 뛰어난 재능을 보였다. 밍겔라를 세계적인 감독으로 알린 〈잉글리쉬 페이션트〉(1996)도 스리랑카 출신 캐나다 작가인 마이클 온다치의 동명 소설(부커상 수상작)을 각색한 것이다.

　2차대전 때가 배경인 〈잉글리쉬 페이션트〉의 이야기는 크게 두 갈래다. 먼저 아프리카 사하라 사막 주변에서의 사랑이 있다. 헝가리 출신 귀족인 알마시 백작(랠프 파인즈)은 연합군을 위한 지도 제작에 참여하고 있는데, 그곳에서 만난 영국인 기혼녀 캐서린(크리스틴 스콧 토머스)과 사랑에 빠진다. 캐서린의 남편도 작전에 참여 중인 관계로 백작과 캐서린의 사랑은 범죄적이고 그래서 더욱 간절하다. 또 다른 이야기는 이탈리아에서 전개된다. 백작은 심한 화상을 입고 병원으로 후송 중인데, 이탈리아 전선에서 더 이상의 여행은 불가능하다는 진단을 받는다. 이동 중에 죽을 수 있다는 이유에서다. 다른 사람의 도움이 없이는 움직이지도 못하는 중환자 백작을 위해 캐나다 출신의 간호사(줄리엣 비노쉬)가 위험을 무릅쓰고 현지에 남기를 지원한다. 자기의 이름도 기억 못 하는 백작에게 임시로 붙인 명칭이 '영국인 환자'이다. 두 사람이 함께 머문 곳이 시에나 인근의 발도르차 지역이다.

　〈잉글리쉬 페이션트〉는 공간의 일반적인 의미를 역이용하고 있다. 곧 죽은 땅인 사막에서 금지된 사랑이 샘솟고, 생명처럼 푸른 발도르차의 전원에서 죽음이 다가온다. 백작과 캐서린은 주로 사막에서 만나고 사막에서 사랑을 나눈다. 생명을 잉태하지 못하는 공간인 사막에서의 사랑인 까닭에 이들의 행위는 절실한 만큼 동시에 파국도 예상되었다. 사막이라는 공간의 의미에서 보자면 두 사람은 이미 죽은 것이나 다름없는 사랑에 집착하고 있었던 셈이다.

사막에서 젊고 아름답던 백작은 전신에 화상을 입어 졸지에 겉모습은 미라처럼 변한다. 발도르차의 푸른 언덕에 나타났을 때, 백작은 아쉽게도 '죽음과 소녀' 테마의 종교화에 자주 등장하는 늙은 이처럼 흉측해져 버렸다. 사막에서의 청춘이 전원에선 갑자기 노인이 돼버린 셈이다. 간호사는 환자에 대한 연민에 그의 곁에 남아 지상의 마지막 시간을 함께 보낸다. 그래서 미라 같은 환자와 젊은 간호사가 함께 등장할 때면, 이들의 관계가 '죽음과 소녀'의 변주처럼 보이는 것이다. 미라는 죽음의 목전에 있고, 간호사는 그 죽음에 동행하고 있어서다. 이들이 머무는 곳은 발도르차 지역의 '산타 안나 수도원'(Monastero di Sant'Anna in Camprena)이다. 곧 이탈리아 시퀀스는 수도원의 폐허에서 진행되는 길고 긴 죽음의 미사이다.

세상은 전쟁의 포화로 파괴되고, 수도원도 반 이상이 무너져 있지만, 주변 자연의 아름다움까지 지우지는 못했다. 속된 말로 '그림 같은 풍경'이 폐허 주위에 펼쳐져 있다. 줄리엣 비노쉬가 수도원 주변의 초원을 배경으로 천진난만하게 웃으며 뛰어다닐 때면 화면은 어느새 생명이 넘치는 공간으로 변한다. 그러기에 점점 검은 미라로 변해가는 백작의 죽음이 더욱 안타까운 것이다. 낙원 같은 토스카나의 자연은 곧 죽음에 이를 생명에게 지상의 아름다움을 마지막으로 선물하는 것 같다. 백작은 '고향'의 전형적인 이미지가 넘치는 토스카나의 언덕에 누워 평화로운 죽음을 맞는다. 설사 그가 자신의 고향에서 매장되지는 못하더라도, 이곳 토스카나에서의 죽음으로 그 아쉬움을 약간 달랠 수 있을 것이다.

제임스 본드, 중세도시 시에나에 가다

인구 5만 명 정도 되는 시에나는 중세 때부터 토스카나의 중심 도시로 성장했다. 중세도시답게 외부의 침입에 대비해 높은 산 위에 교회와 건물, 그리고 성벽들이 지워져 있는 전형적인 수비형 도시다. 시에나는 특히 예술과 문화의 도시로 유명하다. 르네상스 초기의 화가들, 곧 두치오(Duccio), 시모네 마르티니(Simone Martini) 등이 14세기에 피렌체의 화단과 경쟁하는 '시에나파'를 형성하기도 했다. 이탈리아 현대소설의 대표작가 이탈로 칼비노가 작품 활동을 위해 자주 머문 도시여서인지, 이 작가에 대한 시민들의 사랑도 특별하다. 중세의 문화를 잘 보존하고 있는 로마네스크 양식의 두오모, 그리고 여름이면 열리는 중세 스타일의 승마대회 '팔리오'(Palio) 등은 시에나가 여전히 먼 과거에 존재하는 듯한 착각마저 불러일으키게 한다.

시에나에서 현대와 중세가 만나는 '신비한' 경험을 제공하는 영화적 사례로는 마크 포스터 감독의 〈007 퀀텀 오브 솔라스〉(2008)를 꼽고 싶다. '007 시리즈'의 특성답게 영화는 시작하자마자 제임스 본드와 악당들 사이의 자동차 추격전부터 보여준다. 호반 도로에서의 추격전인데, 이곳은 이탈리아 북부의 '가르다 호수'(Lago di

Garda) 주변이다. 괴테가 〈이탈리아 기행〉의 도입부에서 자연 풍경의 아름다움에 넋을 잃고 "필설로 이루 다 묘사할 수 없다" 또는 "더 이상의 말로 형언할 수 없다" 같은 대문호답지 않은 상투적인 문장들로 감탄을 대신 표현한 곳이다. 영화는 그런 풍경을 뒤로한 채, 제임스 본드(대니얼 크레이그)의 숨 막히는 추격전과 총격전에 집중하고 있다. 제임스 본드의 트레이드마크인 스포츠카 애스턴 마틴(Aston Martin)과 악당들이 타고 있는 알파 로메오(Alfa Romeo)는 마치 하늘의 전투기처럼 속도를 내며 스크린을 찢을 듯 질주한다. 관객의 맥박마저 빨라져 흥분이 극도에 달할 때, 제임스 본드는 악당들을 전부 따돌리고, 유유히 중세의 도시 속으로 미끄러져 들어가며, 영화는 한 번 호흡을 가다듬는다. 이곳이 시에나다.

애스턴 마틴과는 극적으로 대조되는 오래된 돌집의 중세도시 시에나는 갑자기 시간을 뒤로 돌려놓은 곳 같다. 4백 년, 5백 년 된 건물은 예사고, 로마네스크 양식의 두오모는 대략 8백 년 된 13세기 건물이다. 이런 석조건물들이 도시에 빽빽이 들어서 있다. 길은 꼬불꼬불하고, 모두 돌로 된 길이라, 도시 중심의 거리엔 흙이 없고, 따라서 가로수도 없다. 도시 전체가 대단히 딱딱한 느낌이 드는 것이다. 제임스 본드의 팬이라면 짐작하겠지만, 시에나에서의 액션은 그 도시를 닮아 있다. 제임스 본드는 거의 맨손으로, 몸을 부닥치며 악당과 결투를 벌인다. 액션이 중세 때로 되돌아간 느낌이 드는 것이다. 항상 최첨단의 멋을 과시하던 제임스 본드도 여기 시에나에선 공간의 중세적 분위기에 길들여져 있는 것처럼 보인다.

10년 만에 귀국한 베르톨루치가 찾아간 곳

시에나 인근은 포도밭이 많기로 유명하다. 세계적인 명품 포도주의 산지인 몬탈치노(Montalcino), 몬테풀치아노(Montepulciano) 등이 여기에 있다. 특히 몬탈치노에서 생산되는 브루넬로(Brunello)는 토스카나의 대표적인 명품 포도주다. 이렇듯 시에나 인근엔 '술 익는 마을'이 사방에 널려 있다. 이곳처럼 아름다운 자연의 풍경, 곱고 부드러운 붉은 흙, 그리고 향긋한 포도주의 마을에 사는 사람이라면, 누구든 예술가가 될 수 있을 것 같은 기분을 준다. 시간은 느리고, 몸은 좀 흐트러지고, 명상은 깊어지는 매력이 있어서다. 그런 상상을 모티브로 삼은 영화로는 베르나르도 베르톨루치의 〈스틸링 뷰티〉(1996)가 있다. 베르톨루치가 〈마지막 황제〉(1987)를 찍기 위해 미국 생활을 시작한 뒤, 10여 년 만에 이탈리아로 돌아와 처음 만든 영화다. 베르톨루치의 고향은 북부의 파르마이다. 첫 출세작 〈혁명전야〉(1964)의 배경이 된 도시다. 그런데 오랜만에 조국에 돌아온 그가 선택한 영화의 배경은 시에나와 그 인근의 전원이었다. 아마 베르톨루치에게도 이탈리아의 전형적인 고향의 이미지는 토스카나, 특히 시에나 인근의 아름다운 자연이었을 것 같다. 포도밭 주변의 야트막한 언덕 위에 있는 조각가(도날 맥칸)의 전원주택이 이 영화의 주 배경이다. 시에나 배경의 영화답게 이곳의 주요 인물들은 전부 예술가이거나 예술애호가들이다.

베르톨루치의 많은 영화가 그렇듯 〈스틸링 뷰티〉도 성장영화다. 미국인 10대 소녀 루시(리브 타일러)는 최근 모친이 자살하는 사고를 겪었다. 어머니의 유서에 따라 친부를 찾아 이탈리아의 시에

나로 오는 게 영화의 시작이다. 죽은 모친도 과거 조각가의 집에 머문 적이 있다. 조각가의 집은 토스카나 특유의 커다란 돌집인데, 마치 예술가들의 공동체 같다. 이곳에 주인인 조각가 부부를 비롯하여, 친구 동료들인 시인, 드라마작가, 수집가 등이 함께 살고 있다. 루시의 죽은 모친도 시인이었다. 루시는 5년 전 이곳에서 이탈리아 소년과 첫 키스를 경험했는데, 그를 다시 만난다는 설렘도 갖고 있다. 물론 가장 궁금한 건 아버지가 누군가이다.

루시는 방문객 가운데 중병에 걸려 있는 작가(제레미 아이언스)와 먼저 말동무가 된다. 죽음을 눈앞에 둔 작가는 관용의 표상처럼 넓은 이해심을 발휘하기 때문이다. 빨리 처녀성을 잃었으면 좋겠다는 비밀도 그에게 털어놓는다. 루시는 낮에 조각가의 반누드 모델도 한다. 역시 그도 친부일 수 있어, 더욱 상대를 알기 위한 접근이기도 하다. 나머지 시간은 집 주변의 포도밭 옆길을 자전거를 타고 다니며, 나른한 한가함을 즐긴다. 루시가 느린 시간을 천천히 산책할 때, 이미 그녀도 예술가의 초입에는 들어선 듯 보인다.

베르톨루치는 나태함에 가까운 느린 삶의 태도를 찬양하는 것 같다. 영화에는 특별한 사건이 있기보다는 이렇듯 자연을 천천히 호흡하는 여유가 흐른다. 괴테가 말한 '무위의 쾌락' 같은 것이다. 삶의 이런 느긋한 태도는 토스카나의 여유 있는 자연 덕분이란 듯 말이다. 〈스틸링 뷰티〉는 어느 순간 스토리의 중요성은 뒷전으로 미루고, 토스카나의 자연 예찬에 집중하고 있다. 어느새 관객에게도 루시의 부친이 누군지를 궁금해하는 것은 하찮고 필요 없는 것으로 느껴진다. 모든 사실을 안아주고 묻어주는 부드러운 붉은 땅이 우리를 잠시 세속에서 벗어나게 해주는 까닭이다.

푸치니를 해석하는 독특한 방법

토스카나의 도시들 가운데 예술적 미덕을 갖지 않는 곳이 드물지만, 음악과 관련하여 비교적 덜 알려진 곳이 루카(Lucca)이다. 피렌체의 북서 방향에 있다. 르네상스의 성벽이 도시의 중심에 둘러서 있는 아름다운 고도(古都)다. 여긴 주세페 베르디와 더불어 이탈리아 오페라의 양대산맥인 자코모 푸치니가 태어난 곳이다. 정확히 말하면 루카에서 서쪽으로 약 20km 떨어진 '토레 델 라고'(Torre del Lago, 호수의 탑이란 의미)에서 태어났다. 서쪽으론 바다를, 동쪽으론 호수를 끼고 있는 독특한 지형의 도시다. 음악가 부친을 따라 루카에서 주로 성장한 푸치니는 오페라 작곡가로 데뷔한 뒤, 30대 초반에 작업에 전념하기 위해 주거지를 토레 델 라고로 옮긴다. 바로 여기서 푸치니의 걸작들, 곧 〈라보엠〉(1896), 〈토스카〉(1900), 〈나비부인〉(1904) 등이 쏟아져 나온다.

파올로 벤베누티 감독의 〈푸치니의 여인〉(2008)은 푸치니의 말년의 오페라 〈서부의 아가씨〉(1910)가 작곡될 때를 배경으로 한 시대극이다. 벤베누티 감독의 영화가 한국의 일반 극장에서 상영될지는 정말 예상하지 못했다. 그의 낯선 리얼리즘 형식 때문이다. 이 영화는 뒤늦게 2011년 연말에 한국에서 개봉됐다. 벤베누티는 역사물을 주로 만드는데, 그 형식이 마치 자연 도감 같다. 해석하기보다는 팩트들을 제시하여 관객이 판단하게 이끈다. 테크닉으로 현란한 역동성을 드러내는 일도 없고, 마치 엄격한 과학자가 사진을 찍듯 화면을 잡는다. 그래서 그림들이 정확하고 간혹 차갑다. 이런 영화적 태도는 그의 스승인 로베르토 로셀리니로부터 물려받았다. 벤베누티는 로셀리니의 말년의 역사물인 〈코지모 데 메디치의 시절〉(1972)에서 조감독을 하며 영화에 본격 입문했다. 벤베누티는 또 로셀리니 미학의 계승자인 장-마리 스트라웁과 다니엘 위예의 역사극 〈모세와 아론〉(1975)에서 역시 조감독을 하며 연출 경험을 쌓았다. 선배 감독들은 모두 역사를 '극화'하는 것을 아주 싫어했다. 의도적으로 사실을 '밋밋하게' 제시하는 형식을 유지했다.

〈푸치니의 여인〉이란 제목은 자칫 신파극을 떠올리게 하는데, 영화는 다큐멘터리에 가까운 역사물이다. 원제목은 '푸치니와 소녀'(Puccini e la fanciulla)이고, 벤베누티의 역사물이 종종 그렇듯, 이 영화도 푸치니가 아니라 소녀의 입장에서 주로 서술된다. 그는 역사의 주체들보다는 객체의 입장에서 역사를 다시 읽는다. 푸치니의 말년에 하녀가 자살하는 사고가 있었다. 그 사고를 바탕으로 이 영화의 드라마가 짜여 있다. 배경은 절경이 끝없이 이어지는 토레 델 라고이다. 호수와 갈대밭, 저택과 서민들의 집, 20세기 초의 의상들, 그리고 푸치니가 즐겨 타던 초창기의 자동차들까지 모두 지리부도에서 보는 듯한 화면들이 이어진다. 이탈리아 국내외의 영화제에서 이 영화는 특히 촬영과 의상 부분에서 높은 평가를 받았다. 푸치니의 오페라 〈서부의 아가씨〉의 주요 멜로디가 피아노로 끝없이 연주되는 것은 이 영화의 또 다른 매력이다.

지적인 분위기가 물씬 느껴지는 벤베누티 감독은 대학도시인

피사 출신이다. 갈릴레오 갈릴레이로 대표되는 도시다. 피사 출신
의 유명 감독이 타비아니 형제다. 다음엔 피사와 그 인근을 여행하
겠다. 타비아니 형제의 작품들은 좋은 길잡이가 될 것이다.

6. 피렌체와 피사 인근
성당과 사탑의 '기적'

타비아니 형제, 〈굿모닝 바빌론〉, 1987
피에르 파올로 파졸리니, 〈메데아〉, 1969
로베르토 베니니, 〈인생은 아름다워〉, 1997
안드레이 타르코프스키, 〈노스탤지아〉, 1983
압바스 키아로스타미, 〈사랑을 카피하다〉, 2010

데카당스 이탈리아의 귀족적 풍모

피사는 피렌체에서 서쪽으로 약 80km 떨어져 있다. 이탈리아반도 왼쪽의 티레니아해에 거의 붙어 있고, 아르노강을 통해 바다로 연결된다. 그래서 중세 때는 패권 도시 피렌체와의 경쟁은 물론, 해상권 통제를 두고 북쪽 제노바와의 경쟁까지 벌여야 했다. 피사는 이탈리아의 최상위 패권 도시였다. 그런데 13세기에 제노바와의 전투에서 패배하면서 피사는 지금과 같은 인구 9만 명 정도 되는 중소도시로 왜소해진다. 하지만 크기만 작아졌지, 도시에 대한 자부심까지 작아진 것은 결코 아니다. 대학의 도시, 예술의 도시 그리고 아름다운 자연의 도시로서의 자부심과 명성은 지금도 대도시의 그것에 뒤지지 않는다. 나에게 피사는 화려한 과거를 가진 현대 이탈리아의 상징처럼 보인다. 귀족적인 품위를 가진 도시, 하지만 늙어가는 데카당스의 느낌이 강하기 때문이다.

타비아니 형제, 피사 영화의 적자

피사 출신의 대표적인 영화인이 타비아니 형제다. 이들은 변호사 부친 덕분에 비교적 유복한 환경에서 자랐다. 문화적 토양도 어

릴 때부터 가졌다. 특히 부친과 함께 영화관과 오페라 극장에 자주
가면서 두 예술에 대한 특별한 애정을 갖는다. 부친은 당시 변호사
사이에서는 소수파인 반(反)파시스트였다. 이런 진보적인 정치성
도 두 아들에게 고스란히 전수됐다. 두 형제는 피사대학에 진학했
는데, 형 비토리오는 부친을 따라 변호사가 되기 위해 법학을 전공
했고, 동생 파올로는 문학도답게 문학철학부에 진학했다. 당시는
이탈리아의 네오리얼리즘이 세계영화계를 뒤흔들 때다. 타비아니
형제는 로베르토 로셀리니의 〈전화의 저편〉(1946)을 본 뒤, 영화계
로의 진출을 꿈꾸기 시작했다.

대학을 다닐 때 형제는 영화를 직접 만들기로 결심한다. 그런데
평생 영화인이 되기 위해 두 청년은 대학을 중도에 그만두었다. 그
이유가 사뭇 남달랐다. 당시의 대학은(이탈리아뿐 아니라 유럽 대부분
이) 소수만이 진학하는 선택 받은 자식들의 배움터였다. 졸업하기
도 대단히 어려웠고, 하지만 학위를 따면 어느 정도 미래가 보장되
는 삶의 비옥한 토양이었다. 지금은 유럽의 대학이 학비가 거의 없
는 국립 위주의 평준화 시스템이지만(영국은 예외), 그래서 유명대
학은 존재하지만, 명문을 구분하는 문화는 없는데, 당시는 그렇지
않았다. 특히 피사대학은 대표적인 명문이었다. 말하자면 형제는
피사대학을 졸업하면 안정된 삶을 어느 정도 보장받을 수 있었다.
그런데 형제는 약속된 미래를 갖고 있으면, 영화에 전념할 수 없다
는 이유로 대학을 관둬버렸다. 한 번 해보고 힘들면, 다시 대학에
되돌아갈지도 모르는 유약함을 아예 없애버리자는 취지였다. 곧
두 형제는 일부러 자신들을 벼랑 끝에 내몬 뒤, 영화계에 입문했

다. 말 그대로 배수진을 치고, 영화에 모든 걸 걸었던 청년들이었다(남인영, 〈파올로 타비아니〉, 본북스, 2015).

피사에서 가장 유명한 곳은 아마 '피사의 사탑'일 것 같다. 최고의 건축술을 자랑하던 나라에 걸맞지 않게, 무엇이 잘 못 됐는지 기울어져 있는 신비한 탑, 게다가 갈릴레오 갈릴레이가 낙하실험을 했다는 '전설적인 일화'까지 더해져 말 그대로 이곳은 세계적인 명소가 됐다. 지금도 전 세계에서 몰려온 사람들이 탑 주변에서 북적댄다. 그런데 대개 현장에 도착하면 '사탑의 흥분'은 곧 진정되고, 바로 옆에 있는 피사의 두오모(Duomo)가 시선을 압도하는 느낌을 받을 것이다. 11세기에 건축된 이 건물의 우윳빛 대리석과 전면을 장식한 화려한 조각들이 입을 다물지 못하게 하기 때문이다. 피사의 대성당은 중세 로마네스크 양식의 대표 건물이다. 피사 사람들이 가장 자부심을 갖는 건물도 바로 이 두오모다. 당대 피사의 찬란한 예술이 종합돼 있어서다. 이탈리아 데카당스 문학의 대표 작가인 가브리엘레 다눈치오는 교회와 이 주변을 가리켜 '기적의 광장'(Piazza dei Miracoli)이라고 불렀다. '기적의 광장'은 교회, 사탑, 세례당 그리고 캄포산토(Camposanto, 성스러운 땅이란 뜻)라고 불리는 공동묘지 등 교회 주변의 네 개의 명소를 합쳐 부르는 이름이다. '기적'이라는 수식어가 가장 강조하는 곳이 대성당임은 물론이다.

파졸리니가 피사의 대성당을 보는 방식

피사의 대성당에 대한 자부심이 잘 표현된 작품이 타비아니 형제의 〈굿모닝 바빌론〉(1987)이다. 르네상스의 거장 미켈란젤로를 꿈꾸는 피사의 두 형제 석공 이야기다. 이들의 부친도 석공이고, 7형제 모두 석공인데, 가장 어린 두 형제가 일에 제일 열심이다. 첫 장면은 아버지를 중심으로 형제들이 피사의 두오모 전면을 복원하는 모습을 보여준다. 부친은 마치 오케스트라의 지휘자 같고, 아들들은 그 지휘에 맞춰, 교회의 얼굴을 새것처럼 살려낸다. 때도 벗겨내고, 조각들의 흐릿해진 외곽선들은 다시 예리하게 깎는다. 그 솜씨가 마치 죽은 미켈란젤로가 부활한 것처럼 날래다. 하지만 이들은 자신을 그냥 '장인'이라고 부른다. 보통 사람들의 눈에는 그들이 '예술가'처럼 보이지만 말이다. 곧 피사에는 예술가의 경지에 이른 석공들이 늘려 있는 것처럼 영화는 표현하고 있다.

타비아니 형제는 피사의 두오모는 인류가 도달할 수 있는 최고의 예술품 가운데 하나라고 자랑하고 있다. 그런 예술품이 지금도(영화의 배경은 20세기 초) 아름다움을 유지하고 드러낼 수 있는 것은 피사 사람들의 빼어난 '손' 덕분이라는 것이다. 미켈란젤로로부터 물려받은 그 손 덕분에 이탈리아의 예술은 찬란하게 빛날 것이란 자부심이다. 그런데 불행하게도 형제들은 그 솜씨를 발휘할 기회를 잃어버렸다. 일감은 점점 줄어들고, 석공만 해서는 입에 풀칠하기도 어려워진다. 형제는 '신세계' 미국으로 갈 계획을 세운다. 이들이 미국에서 온갖 고생을 다 하는 게 영화의 중반부다. 그런데 우연히 형제는 D. W. 그리피스가 제작 중인 〈불관용〉(1916)의 미술팀에 합류하게 된다. 영화의 후반부는 이들이 주위의 경쟁과 질투를 모두 이겨내고 결국 자신들의 솜씨를 드러내, 〈불관용〉에 등장하는 불멸의 세트를 완성해내는 과정이다. 형제들의 자부심대로, 그들의 '손'은 세계 최고였던 셈이다.

그런데 흥미롭게도 피사의 대성당이 늘 찬미의 대상인 것은 아니다. 파졸리니에 따르면 그곳은 서양 제국주의의 상징이다. 에우리피데스의 그리스 비극을 각색한 파졸리니의 〈메데아〉(1969)에서도 피사의 대성당은 주요한 의미로 등장한다. 알다시피 〈메데아〉는 그리스의 영웅 이아손이 황금 양털을 손에 쥐기 위해 동방원정을 갔다가, 그곳의 아름다운 제사장 메데아를 만나 양털도 획득하고, 그녀의 사랑도 얻어내는 이야기다. 동방은 야만, 그리고 서양의 그리스는 문명으로 대조되는데, 파졸리니는 그리스 시퀀스를 원작의 배경과는 달리 이탈리아 피사의 '기적의 광장'에서 찍었다. 먼지가 풀풀 나던 야만의 땅을 벗어나, 메데아가 영웅을 따라 막 도착한 곳이 피사의 '기적의 광장'이다. 잘 정돈된 푸른 잔디, 수학처럼 균형이 맞는 거대한 대리석 건물이 그리스의 발전된 문명을 단번에 상상하게 했다. 반면에 메데아가 살던 동방은 터키의 유명한 유적지인 괴레메(Göreme)에서 촬영했다. 동방은 주로 사막과 언덕의 황야다. 그리고 주거지는 언덕 안의 동굴 같은 게 대부분이다. 영화의 도입부에서 메데아 역을 맡은 마리아 칼라스가 제사장으로 나와, 피가 튀는 사육제를 지휘하는 '야만의 명장면'이 바로 터키의 '괴레메 시퀀스'이다.

그런데 파졸리니는 그리스, 곧 서양 문명의 상징으로 내세운 피사의 대성당을 문명의 절정으로 찬미하기보다는 영악하고 타락한 정신의 공간이라고 비판한다. 피사의 석공에겐 그렇게 아름다

운 건물이, 동방의 메데아에겐 다른 문명을 약탈하고 파괴하기 위
해 계산을 하고 작전을 짜는 영악한 정신의 본산처럼 보이는 것이
다. 아니나 다를까. 이아손은 그리스에 온 뒤, 사랑을 배반하고, 메
데아를 내친다. 미래를 계산한 이아손은 이제 그리스 공주와의 결
혼을 도모하고 있기 때문이다. 분노한 메데아의 처절한 복수는 잘
알려진 대로다. 그 복수가 행해질 때, 피사의 '기적의 광장'은 위선
과 탐욕의 사원처럼 비친다. 파졸리니는 그리스 고전을 끌어와 당
대 서양의 제국주의적인 성격을 비판하고 있으며, 그런 비판의 공
간적 은유로 피사의 대성당을 내세웠다.

베니니, 아레초에서 이탈리아를 노래하다

피사는 토스카나의 대표적인 도시답게, 주변의 아름다운 풍경
으로도 유명하다. 좀 과장하자면 여행객은 토스카나의 기차역을
지나칠 때마다 아무 데서라도 내리고 싶은 충동을 느낄 것 같다.
클린트 이스트우드의 멜로드라마 〈매디슨 카운티의 다리〉(1995)
에 따르면 주인공 남자인 사진작가(클린트 이스트우드)는 실제로 이
탈리아 남부의 바리(Bari)를 지나다 풍경에 반해 그냥 기차에서 내
린 경험이 있다. 우연히 그 바리 출신의 기혼녀(메릴 스트립)를 만나
면서 두 남녀의 관계는 특별해지는 멜로드라마였다. 피사 주변도
마찬가지다. 아무 데나 내리고 싶은 풍경이 늘려 있다. 시골의 아
름다운 길, 키 큰 사이프러스 나무들, 넓은 들판, 포도밭들이 연이
어 등장한다. 토스카나의 도시들 가운데 우리에게 비교적 덜 알려
진 '자연의 도시'가 아레초(Arezzo)이다. 로베르토 베니니의 〈인생

은 아름다워〉(1997)의 배경이 된 도시로, 피사처럼 피렌체에 거의 붙어 있다.

베니니는 토스카나 사람인데, 〈인생은 아름다워〉에서는 그 지역의 아름다움, 특히 아레초의 아름다움을 노골적으로 자랑하며 시작한다. 가족들이 집단수용소에 끌려가기 전의 영화 전반부는 대부분 아레초에서 촬영했다. 토스카나의 어느 시골 출신으로 나오는 구이도(로베르토 베니니)는 친구이자 시인인 페루치오와 함께 아레초에서의 도시 생활을 꿈꾸며 신나게 들판을 달린다. 아름다운 자연을 보며 페루치오는 큰 목소리로 시를 낭송하는데, 이 도입부는 시가 저절로 나올 만큼 풍경이 아름답다는 베니니의 이탈리아에 대한 자부심이자, 또 토스카나에는 시인이 넘쳐난다는 자랑에 다름 아니다. 알다시피 불후의 시인인 단테, 페트라르카가 모두 토스카나 출신들이다.

아레초의 중심에 있는 광장이 '피아차 그란데'(Piazza Grande)이다. '큰 광장'이란 뜻인데, 그래서인지 이탈리아의 웬만한 도시면 시내 중심에 하나쯤은 있는 광장 이름이다. 여기서 구이도는 아레초의 전원에서 우연히 만났던 도라(니콜레타 브라스키)를 다시 만나, 평생의 인연을 이어간다. 중세 도시 특유의 돌길들, 돌로 된 광장, 광장 주변의 교회, 특히 로마네스크 양식의 '산타 마리아 델라 피에베 교회'(Chiesa di Santa Maria della Pieve) 등이 도시의 오랜 시간을 한눈에 알게 하는 곳이다. 구이도는 페루치오에게 드디어 도시에 온 감격을 표현하며 이 광장에서 "장관을 보라!"며 계속 외친다. 베니니는 르네상스의 본산인 토스카나, 그리고 여기 아레초에서 이탈리아라는 나라의 자부심을 마음껏 표현하고 있다. 전반부의 감정이 그만큼 격정적이고 아름다웠기 때문에 후반부의 수용소에서의 비극이 더욱 관객의 마음을 아프게 했을 것이다. 왠지 낙원 같은 그 고향을 구이도가 다시는 못 볼 것 같은 불안이 비극의 감정을 증폭시켜서이다.

타르코프스키의 첫 망명지 토스카나

러시아 감독 안드레이 타르코프스키도 다시는 고향에 돌아가지 못한 망명자다. 그는 〈스토커〉(1979)를 발표한 뒤, 더는 조국(옛 소련)과 원만한 관계를 유지할 수 없었다. 타르코프스키는 결국 서방으로 망명했는데, 첫 도착지가 바로 이탈리아의 토스카나였다. 그는 피렌체에서 서방세계의 일상을 시작했다. 이탈리아에 정착한 뒤, 처음 발표한 작품이 〈노스탤지아〉(1983)이다. 가족들을 전부 러시아에 남겨둔 채 혼자 이탈리아에 살고 있던 타르코프스키의 이별의 고통과 외로움이 고스란히 드러나 있는 작품이다. 그래서일까. 구이도와 페루치오에게 시를 낭송하게 했던 토스카나의 풍경도 타르코프스키에겐 한낱 지겨운 자연일 뿐이다.

〈노스탤지아〉는 아레초 인근의 몬테르키(Monterchi)에서 시작한다. 여느 토스카나의 마을처럼 부드러운 구릉이 펼쳐진 절경의 시골이다. 그런데 영화 속 타르코프스키의 분신이자 주인공인 러시아 작가(올레그 얀코프스키)는 "맨날 아름다운 풍경을 보는 것도 지겹다"라며 차에서 내릴 생각조차 하지 않는다. 작가는 이탈리아어 통역 여성인 에우제니아(도미치아나 조르다노)와 함께 이곳에 있는

'산타 마리아 예배당'(Cappella di Santa Maria di Momentana)을 방문하려 했다. 여기엔 르네상스 벽화의 걸작인 피에로 델라 프란체스카의 '수태 중인 마돈나'(1455~1465)가 보존돼 있다. 출산을 앞둔 마리아의 배가 제법 볼록해진 모습을 그린 벽화다. 에우제니아는 예배당의 벽화 앞에서 수많은 여성이 자신들의 '수태'를 애타게 기도하는 모습을 낯설게 바라보고 있다. 반면에 작가는 예배당 밖을 혼자 서성이며, 몬테르키의 풍경을 느끼고 있다. 그런데 신기하게도 주변의 풍경은 어느 순간 고향 러시아의 풍경으로 겹쳐 보인다. '절경도 지겹다'라던 작가의 말과는 달리, 토스카나의 풍경은 고향에 대한 극심한 '향수'를 불러일으키는 것이다.

〈노스탤지아〉는 결국 러시아의 작가가 이탈리아에서 품는 '출산'의 이야기다. 그 출산의 결과는 타르코프스키 영화의 특성답게 사뭇 우주적이고, 거대하다. 다들 기억하다시피, 무엇을 출산하고 싶을지는 주인공인 작가가 촛불을 들고, 야외목욕탕을 대단히 천천히 걷는 '악명 높은 롱테이크 장면'에 압축돼 있다. 작가가 촛불을 들고, 목욕탕을 반복해 걷는 것은 주위 사람들로부터 '광인' 취급을 받던 도메니코(에를란드 요셉슨)의 요청 때문이었다. 그는 지구의 종말을 예언했고, 그 파국에서 가족을 구하기 위해 촛불을 들었다. 사람들은 도메니코를 '미쳤다'라고 동정했는데, 작가는 바로 그 광인의 요청을 실현에 옮기려 한다. 말하자면 작가는 파국의 위기에 빠진 세상의 구원을 위해 마리아 앞에서 간절하게 기도하듯 촛불을 드는 것이다. 꺼져가는 촛불을 지키려고 안간힘을 쓰는 작가의 마음은 롱테이크 장면 속에 고스란히 남아 있고, 그건 감독

타르코프스키의 마음일 테다. 구원을 향한 가냘픈 희망을 담은 이
장면은 아레초와 시에나 사이에 있는 야외목욕탕인 바뇨 비뇨니
(Bagno Vignoni)에서 찍었다.

〈노스탤지아〉에선 종종 이탈리아의 풍경과 작가의 러시아 고향
이 공존하는 초월적인 장면이 등장한다. 그 가운데 압권은 영화의
마지막에 나오는 '지붕 없는 수도원 안의 집' 장면일 테다. 작가는
고향의 집 앞에 앉아 있는데, 카메라가 천천히 뒤로 빠질 때 다시
보니, 러시아의 고향은 이탈리아의 어느 수도원 폐허 속에 있는 것
이다. 한 세상이 또 다른 세상을 품고 있는 비현실적인 이 마지막
장면은 시에나 근처의 '산 갈가노 수도원'(Abbazia di San Galgano)에
서 촬영했다. 화면에서 보듯, 실제로 수도원의 지붕이 없어져 폐허
만 남아 있는 13세기 고딕 건축물이다. 말하자면 작가는 이탈리아
의 어디를 가든, 러시아의 고향에 대한 강한 '향수'에 포로가 돼 있
다. 아마 타르코프스키에게도 토스카나의 풍경은 고향이라는 땅
의 이상적인 모습인 것 같다.

키아로스타미의 토스카나 영화

이란의 압바스 키아로스타미는 타르코프스키처럼 망명자는 아
니지만 경력의 말기를 맞아 마치 망명자처럼 세계를 떠돌며 작업
을 이어갔다. 그가 이란을 벗어나 외국에서 만든 첫 작품이 〈사랑
을 카피하다〉(2010)이다. 이 영화도 토스카나에서 찍었다. 아레초
에서 남서쪽으로 20km쯤 떨어져 있는 루치냐노(Lucignano)라는 마
을이 주 배경이다. 중세의 도시답게 마을 전체가 성으로 둘러싸여

있는 오래된 곳이다. 사람들 모습만 지울 수 있다면, 루치냐노는 천년의 세월을 되돌린 옛 마을의 모습 그대로다. 현재 속에 과거가 생생하게 살아 있어서, 비현실적인 느낌을 강하게 받는 곳이다. 어쩌면 공간이 이랬기 때문에 여성(줄리엣 비노쉬)과 남성(윌리엄 쉬멜)의 관계가 현재인지 과거인지, 혹은 현실인지 허구인지 잘 구별이 되지 않았을 것이다. 영화의 영어 제목은 '증명된 복제본'(Certified Copy)이란 의미인데, 이것은 남녀의 관계일 수도, 또는 현재까지 존재하는 중세마을 루치냐노의 의미일 수도 있다. 그만큼 루치냐노는 중세마을의 복제처럼 현재 속에 살아 있기 때문이다. 현실과 허구의 경계가 흐릿해지는 곳이 어디 루치냐노뿐일까. 토스카나의 전역에는 그런 신비한 기운을 뿜고 있는 마을들이 곳곳에 있다. 도시가 이미 유령이 된 듯한 귀기가 느껴지는 곳들 말이다.

다음엔 영화적으로 볼 때, 토스카나만큼 중요한 의미가 있는 베네치아에 가겠다. 물 위에 지어진 인공도시, 곧 사랑(물)과 죽음(인공도시)이 공존하는 수수께끼 같은 도시가 베네치아다. 베네치아는 카사노바의 고향이다. 우선 사랑의 도시로서의 베네치아를 여행하겠다.

7. 베네치아
사랑의 도시

오타르 이오셀리아니, 〈월요일 아침〉, 2002
실비오 솔디니, 〈빵과 튤립〉, 2000
우디 앨런, 〈에브리원 세즈 아이 러브 유〉, 1996
론 세르픽, 〈초급자를 위한 이태리어〉, 2000
루키노 비스콘티, 〈센소〉, 1954

그 섬에 가고 싶다

현기증이 나는 도시들이 있다. 보고 있는 대상들이 지나치게 아름다워 왠지 믿기지 않고, 신비하게만 느껴지기 때문이다. 파올로 소렌티노의 〈그레이트 뷰티〉(2013)에서 동양인 남자가 로마의 아름다움에 반해 사진을 찍다, 기절하는 상황과 비슷하다. 나에겐 그런 현기증을 안긴 도시가 셋 있다. 로마, 파리, 그리고 베네치아다. 세 도시 모두 어리둥절한 채, 종일 멍하니 바라보며 걷기만 했다. 지도도 잠시 잊고, 그냥 목적 없이, 건물과 건물 사이, 광장과 광장 사이를 헤매고 다녔다. 얼마나 걸었던지 저녁에 탈진이 됐을 때야, 비로소 자신이 도시에 혼 들려 있었음을 알게 된다. 괴테도 〈이탈리아 기행〉에서 "너무 많은 것을 보고 감탄한 나머지 저녁이 되니까 피곤하고 기진맥진해진다."라고 고백할 정도니, 경험이 낮은 나로서는 당연한 흥분이었다. 베네치아에는 기차로 도착했는데, 중앙역인 '산타 루치아'(Santa Lucia) 역에 내리자마자 펼쳐지는 운하의 장관에 잠시 넋을 잃고 말았다.

〈월요일 아침〉, 베네치아의 영혼을 여행

오타르 이오셀리아니는 옛 소련 연방인 조지아(Georgia)의 감독이다. 지금은 프랑스에서 주로 작업한다. 러시아의 국립영화학교(VGIK) 출신인데, 서구 부르주아의 관습을 풍자한 코미디를 잘 만든다. 대사가 별로 없고, 사회의 부조리한 상황으로 웃음을 유발하는 것은 자크 타티와 비교되고, 코미디 속에 진보적인 이데올로기를 은밀하게 숨겨 놓는 것은 아키 카우리스마키와 비교된다. 세 감독의 영화는 대체로 조용하다. 이오셀리아니가 서구에서 이름을 알린 데는 베네치아영화제의 도움이 컸다. 특히 〈달의 애인들〉(1984)이 베네치아영화제에서 심사위원특별상을 받은 이후, 이오셀리아니는 이 영화제의 단골 초빙 감독이 된다. 그가 만든 베네치아 배경의 대표작이 〈월요일 아침〉(2002)이다.

프랑스의 중년 공장 노동자가 주인공이다. 아침에 일어나면 씻고, 밥 먹고, 차 타고 출근하여, 공장 앞에서 급히 담배 한 대 피우고, 종일 일하고, 퇴근하는 '지루한' 일과가 정확한 시계처럼 지켜진다. 감독은 '구속된 일상'을 강조하려고, 의도적으로 이 장면을 반복하여 보여준다. 유일한 낙은 퇴근 후, 자기 방에서 혼자 그림을 그리는 것이다. 이것도 집의 배관 고치기, 전등 갈기 같은 잡일로 중단되기 일쑤다. 이 남자, 어느 날 부친으로부터 기대하지도 않았던 약간의 돈을 받자, 출근하다 말고 갑자기 베네치아로 가버린다. 태엽 시계의 나사가 탁 풀린 순간인데, 곧이어 그의 눈 앞에 펼쳐진 세상이 산타 루치아 역 앞의 대운하다.

역 앞을 나오니, 푸른색과 녹색을 섞어 놓은 듯한 비취색의 물

빛은 출렁이고, 운하 건너 맞은편엔 신고전주의 양식의 '산 시메온 피콜로 성당'(Chiesa di San Simeon Piccolo)이 균형 잡힌 자태를 뽐내고 있다. 기차로 도착하는 모든 여행객에겐 베네치아의 첫인상으로 각인되는 이 성당은 물 위에 떠 있는 듯한 대리석 건물 자체가 사람들의 상상을 압도한다. 베네치아 '관광 영화'로는 대단히 유용한 〈투어리스트〉(2010)에서 조니 뎁도 바로 여기서 사랑의 여행을 시작한다.

그림 그리기가 취미인 프랑스 중년 남자는 베네치아의 거리에 화가들이 많은 게 반갑다. 이들은 베네치아 출신의 거장 티치아노를 비롯한 유명 화가들이 그린 초상화들을 준비해놓고, 관광객들에게 얼굴 부분만 바꿔 그려준다. 이오셀리아니가 직접 출연해, 디에고 벨라스케스의 〈갈색 은색 옷을 입은 필립 4세〉(1632)를 배경 삼아 모델을 하고 있고, 프랑스 남자는 흥미로운 듯 이들을 바라보고 있다. 이 남자가 베네치아로 올 때 가져온 유일한 짐이 간단한 화구들이다.

베네치아에서의 시간은 프랑스와는 정반대로 진행된다. 아무런 계획도 없고, 말 그대로 발 가는 대로 이곳저곳을 구경한다. 소매치기를 당해 돈을 몽땅 잃어버렸지만, 다행히도 동년배의 베네치아 노동자들을 만나 이들의 도움으로 숙식을 모두 해결한다. 중년의 노동자들끼리 서로를 사랑하고 배려하는 우정을 나눈 것이다. 매일 이탈리아 남자들과 작은 보트를 몰고 도시의 곳곳을 구경하던 중, 현지 친구는 베네치아의 상징인 '산 마르코 성당'(Basilica di San Marco) 뒤 어느 집 지붕에 올라가 도시 전체를 구경시켜준다.

눈앞에는 파노라마처럼 베네치아의 운하와 운하 주변의 걸작 건
축물들이 늘어서 있다. 그 친구의 설명대로 카메라는 왼쪽에서 오
른쪽으로 천천히 움직이며 '산 조르지오 성당'(San Giorgio, 성인 조
지), '치텔레 성당'(Zitelle, 처녀들), '레덴토레 성당'(Redentore, 구세주),
그리고 '살루테 성당'(La Salute, 건강)을 비춘다. 네 성당 모두 베네
치아의 보석이자, 르네상스와 바로크 건축의 빛나는 유산이다. 이
때 베네치아 친구가 말한다. "이게 베네치아야! 중요한 건 영혼이
지. 마르코 폴로를 움직인 그 영혼, 티치아노에게 걸작을 그리게
했던 그 영혼말이야. 자, 이것이 너에게 주는 나의 선물이야." 그러
자 카메라는 베네치아의 영혼을 잡으려는 듯 다시 네 교회를 차례
대로 천천히 보여준다.

　프랑스의 집에 돌아오니, 가족들은 이전과 똑같이 사는 것 같다.
아내는 아무것도 묻지 않고, 평소처럼 행동한다. 그림 솜씨를 닮은
고교생 아들은 마을 교회에 그리던 벽화 '용을 잡는 성인 조지'를
완성해 가고 있다. 다시 '월요일 아침', 영화의 마지막에서 노동자
는 이전과 같이 출근 준비를 하고, 화면에는 공장의 수많은 굴뚝이
가득 보인다. '베네치아의 영혼'을 선물 받은 이 남자가 앞으로 어
떤 삶을 펼칠지는 우리의 상상에 맡겨 놓은 것이다.

이탈리아인들에게 베네치아란?

　화가가 어울릴 것 같은 프랑스의 공장 노동자는 숨이 막힐 것
같은 일상에서 탈출하고자 베네치아를 찾았다. 세상 사람들은 일
탈을 꿈꿀 때, 이탈리아로, 특히 베네치아로 떠나는데, 그렇다면

이탈리아 사람들은 같은 상황에서 어떤 도시를 상상할까? 역시 베네치아로 짐작된다. 이탈리아식 코미디가 그런 상상을 뒷받침한다. 바깥에 덜 알려진 이탈리아의 중견 감독 가운데, 과거의 '이탈리아식 코미디'를 맵시 있게 되살려낸 대표적인 감독이 실비오 솔디니(Silvio Soldini)다. 사랑 이야기 속에 이탈리아의 풍습과 통념을 패러디한 게 이 장르의 특징인데, 이것은 솔디니 영화의 매력이기도 하다. 과거 루이지 코멘치니 감독이 지나 롤로브리지다를 내세워 〈빵, 사랑, 그리고 판타지〉(1953), 〈빵, 사랑, 그리고 질투〉(1954) 같은 코미디로 이 장르를 개척했는데, 솔디니의 〈빵과 튤립〉(2000)이란 제목도 코멘치니의 영화를 의식한 것이다.

로잘바(리치아 말리에타)는 이탈리아 남부 페스카라(Pescara)에 사는 '평범한' 가정주부다. 사업가 남편은 바쁘다는 핑계로 밖으로만 나돌고, 10대 두 아들은 엄마를 거의 투명인간 취급한다. 가족들의 아침 식사 준비를 마치면, 청소하고 빨래하다 하루를 다 보낸다. 게다가 남편은 웬 잔소리가 그리도 많은지, 아내의 행동이 굼뜨다고 틈만 나면 핀잔이다. 사실 로잘바는 뭘 자꾸 잊어버리고, 떨어뜨리곤 한다. 가족 모두 단체여행을 갔다가, 로잘바는 칠칠맞게 휴게소에서 관광버스를 놓쳐 버렸다. 다음 목적지에서 합류하기로 하고, 지나가는 승용차를 얻어 탔는데, 이 차의 최종 목적지가 베네치아다. 차 주인은 잠에 떨어졌고, 교대로 운전하던 로잘바는 중간에 멈추지 않고, 한 번도 가보지 않았던 베네치아로 차를 몬다.

이탈리아 사람인 로잘바에게도 베네치아의 산 마르코 성당과 그 앞의 광장은 압도적인 풍경 그 자체다. 로잘바는 입을 다물지 못하고, 광장과 성당, 성당 옆의 첨탑을 하염없이 바라본다. 단 하루만 베네치아를 구경하고 가족에게 돌아가려 했는데, 풍경에 넋이 나간 로잘바는 마지막 기차를 그만 놓치고 만다. 여비도 떨어져 싼 방을 하나 구하려 했는데, 식당주인 페르난도(《베를린 천사의 시》의 주인공인 브루노 간츠)는 자기 집의 조그만 방을 빌려준다. '튤립'의 향기가 풍기기 시작하는 것이다.

감독 솔디니는 외부에 알려진 베네치아의 명소보다는 뒷골목, 작은 광장 등을 잘 이용한다. 알다시피 베네치아는 물 위에 건설된 도시다. 베네치아는 땅을 아주 효율적으로 이용해야 했다. 그래서 건물들이 다른 도시들보다는 더 높고, 서로 거의 붙어 있다. 한 치라도 아끼려는 결과였다. 베네치아 특유의 좁은 골목길은 이렇게 탄생했다. 현지에서 '칼레'(calle)라고 부르는 골목은 어른 한 명이 겨우 지나갈 정도로 좁은 곳도 있다. 또 길도 미로처럼 얽혀 있어, 잘 못 들어서면 꼼짝없이 갇히기도 한다. 베네치아의 칼레는 복잡하고 좁아서 길 잃기에 십상이지만, 운이 따르면 〈에브리원 세즈 아이 러브 유〉(1996)의 우디 앨런처럼 꿈의 연인(줄리아 로버츠)과 우연히 맞닥뜨릴 수도 있다. 〈에브리원 세즈 아이 러브 유〉도 베네치아의 골목길을 잘 이용한 작품이다.

이탈리아는 넓고 아름다운 광장으로도 유명한데, 베네치아의 광장은 다른 도시와 비교해 대단히 작다. 그리고 베네치아에선 광장도 일반적인 단어인 '피아차'(piazza)로 불리기보다는 '캄포'(campo, 들판이란 뜻)라고 불린다. 대표적인 광장인 산 마르코 광장 정도가 피아차이고, 나머진 거의 캄포, 또는 그것보다 더 작은 개념인 '캄피엘로'(campiello)라고 불린다. 계몽주의 시절 베네치아를 대표하던 희극작가 카를로 골도니(Carlo Goldoni)의 작품들은 주로 이 캄포, 또는 캄피엘로를 중심으로 펼쳐진다. 이를테면 〈일 캄피엘로〉(Il campiello)는 조그만 광장 주변에서 베네치아 사람들이 보여주는 일상적인 관습을 풍자한 코미디다. 솔디니의 〈빵과 튤립〉도 마치 골도니의 코미디처럼, 사람들이 캄포 주변을 맴돌고, 소문을 퍼뜨리고, 오해하고, 결국에는 모든 것이 풀려, 캄포에서 춤추는 것으로 끝난다. 짐작하겠지만 로잘바는 '빵'이 아니라, 베네치아의 '튤립'을 선택한다.

베네치아, 현대판 '사랑의 성지' 시테라 섬

베네치아는 일탈의 유혹뿐 아니라, 그곳에 가면 사랑이 이뤄질 것 같은 상상을 자극하기도 한다. 신화에 따르면 비너스의 고향은 그리스의 시테라 섬이다. 보티첼리의 〈비너스의 탄생〉의 배경이 된 그 섬이다. 곧 시테라 섬은 사랑의 성지인데, 그 성지의 현대적 공간은 베네치아로 변한 것 같다. 베네치아도 섬이다. 그러기에 많은 영화가 베네치아에서의 사랑을 꿈꾼다. 이런 신화적인 믿음을 퍼뜨리는 데는 베네치아의 계몽주의 시인 자코모 카사노바도 한몫했다. 카사노바가 말년에 보헤미아의 도서관에 칩거하며 자신의 삶을 회상한 방대한 기록 〈카사노바 나의 편력〉(한국판은 발췌본)에 따르면, 그는 이탈리아에서 6백 40명, 독일에서 2백 31명, 프랑스에서 1백 명, 터키에서 91명, 그리고 스페인에서는 1천3명의 여성과 사랑을 나눴다고 자랑하고 있다. 그의 허세를 다 믿을 독자는 많지 않겠지만, 책 속에 묘사된 아름다운 외모의 여자들, 또 남자들 그리고 사랑에 거리낌 없는 그들의 태도에 야릇한 호기심을 느끼는 것은 자연스러운 일일 테다. 당대 최고급의 문명 도시가 베네치아이다. 프로이트에 따르면 문명이 치러야 하는 대가가 성적 억압인데(《문명 속의 불만》), 이를 뚫는 베네치아의 자유로운 문화는 도대체 어떤 것인지 궁금해지는 것이다. 이런 궁금증은 지금도 유효한 것 같다.

덴마크의 여성 감독 론 세르픽은 캐리 멀리건이 주연한 성장 코미디 〈언 에듀케이션〉(2009)으로 우리에게도 제법 알려져 있다. 데뷔 때는 라스 폰 트리에가 주도하던 극단적 리얼리즘 운동인 '도그마 95'에 서명하면서 이름을 알렸다. 세르픽이 '도그마 95'의 형식으로 만든 로맨틱 코미디가 〈초급자를 위한 이태리어〉(2000)이다. 덴마크의 소도시를 배경으로, 매주 수요일마다 시에서 진행하는 이탈리아어 수업에 참석하는 사람들 이야기다. 예닐곱 되는 이들은 최근에 가족과 사별했거나, 직장에서 해고 위기에 처해 있거나, 혹은 고아나 다름없이 혼자 사는 고독 속에 놓여 있다. 어쩌면 이들에게 유일한 낙이 일주일에 한 번 '본 조르노'(Buon giorno!) 같은 간단한 이탈리아 말을 배우는 '이탈리아어 초급반'에 가는 것이다. 평소에 이들의 얼굴엔 수심이 가득한데, 여기만 오면 웃음이 떠나지 않아서이다. 초급자들에게 이탈리아 말은 꽉 막힌 공기를 뚫는 조그만 창문 같은 역할을 한다.

이탈리아어 초급반에 다니는 이들이 크리스마스를 맞아 함께 여행을 가는 곳이 베네치아다. 이들 중에 몇 명은 서로 사랑하는 마음을 숨기고 있다. 산 마르코 광장에서 저 멀리 운하 맞은편에 보이는 산 조반니 성당을 배경으로, 이들이 함께 단체 사진을 찍는 것으로 여행은 시작된다. 곤돌라를 타고, 운하 옆을 걷고, 골목길에서 같이 헤매는 사이 사랑하는 사람들은 용기를 낸다. 식당에 함께 모인 이들이 자코모 푸치니의 오페라 〈라보엠〉의 유명한 이중창 '오 사랑스러운 소녀여'(O soave fanciulla)가 피아노곡으로 조용히 연주되는 것을 들으며, 서로 눈빛을 교환하는 것으로 영화는 끝난다. 어찌 보면 로맨틱 코미디의 전형성인데, 베네치아라는 공간이 마치 그리스 비극의 결말에 나오던 데우스 엑스 마키나(deus ex machina)처럼, 모든 문제를 한 번에 풀어버린 것이다. 베네치아라면 왠지 그런 억지도 가능할 것 같지 않은가.

베네치아의 영화적 주인 루키노 비스콘티

간혹 도시를 상징하는 감독들이 있다. 로마의 페데리코 펠리니, 뉴욕의 우디 앨런, 도쿄의 오즈 야스지로, 그리고 파리의 장-뤽 고다르 또는 프랑수아 트뤼포 등이 그렇다. 베네치아를 대표하는 감독은 누구일까? 많은 영화인이 루키노 비스콘티라고 답할 것 같다. 〈베니스에서의 죽음〉(1971)이 그의 대중적 명성을 높인 이유에서다. 그런데 비스콘티가 베네치아를 배경으로 만든 첫 작품은 〈센소〉(Senso, 1954)이다. 영화사적으로 볼 때, 도시 베네치아의 매력이 제대로 알려진 것도 바로 〈센소〉를 통해서였다. 베네치아의 오페라 극장인 '라 페니체'(La Fenice, 불사조라는 뜻), 운하와 운하 옆의 건물들, 좁은 뒷골목(칼레), 곤돌라, 작고 아름다운 캄포들, 그

캄포에는 늘 있는 우물들, 지금은 베네치아 비엔날레의 전시관으로도 쓰이는 병기창(Arsnale, 비엔날레의 수상작인 임흥순 감독의 〈위로공단〉이 여기서 상영됐다) 같은 대표적인 건물들이 멜로드라마 〈센소〉의 주요한 배경으로 사용됐다.

〈센소〉의 전반부, 이탈리아의 귀족 리비아(알리다 발리)와 점령군 오스트리아의 말러 중위(팔리 그랜저)는 오페라 극장에서 처음 만난다. 주세페 베르디의 〈일 트로바토레〉가 공연 중일 때다. 이 오페라가 스페인의 귀족 여성과 반란군 리더인 음유시인 사이의 사랑 이야기인데, 영화도 그처럼 신분과 국적이 다른 두 연인 사이의 관계를 다룬다. 두 사람이 베네치아의 푸른 밤을 배경으로, 사람이라곤 없어 사막처럼 보이는 길을 걷는 곳이 '새로운 게토'(Ghetto Nuovo) 지역이다. 유대인들은 베네치아 사람들보다 더 좁은 장소에 한정돼 살아야 했기에, 게토의 건물들은 더 높고, 더 좁다. 셰익스피어의 〈베니스의 상인〉에서 유대인 고리대금업자 사일록이 살던 곳이다. 마치 표현주의 영화의 건물들처럼 이곳의 아파트는 위태위태해 보이는데, 그런 건물들을 배경으로 미래가 불안한 두 남녀가 걷는 것이다. 두 사람이 한밤의 우물가에서 하인리히 하이네의 연시(戀詩)를 놓고 이야기하는 곳은 '새로운 게토 광장'(Campo di Ghetto Nuovo)이다. 역시 주위엔 아무도 없고, 여기서 두 사람은 자기들만 존재하는 꿈의 세상을 상상하고 있다.

시테라 섬을 꿈꾸며 베네치아로 가는 사람들은 사랑 혹은 우정을 경험하는 아름다운 시간을 갖는다. 그런 경험들은 신화처럼 전수되고, 그래서인지 여전히 세상의 몽상가들은 베네치아로 향한

다. 하지만 정반대로, 그곳에서 삶의 마지막을 맞는 사람들도 있
다. 이때 베네치아는 죽음의 공간으로 바뀐다. 그 대표작이 비스콘
티의 〈베니스에서의 죽음〉일 것이다. 다음엔 '죽음의 도시'로서의
베네치아를 여행하겠다.

8. 베네치아

죽음의 도시

폴 슈레이더, 〈베니스의 열정〉, 1990
니콜라스 뢰그, 〈쳐다보지 마라〉, 1973
조셉 로지, 〈에바〉, 1962
루키노 비스콘티, 〈베니스에서의 죽음〉, 1971

죽음에 이르는 병

'동화처럼 환상적인 일탈'을 하고 싶다면 어디로 가야 할까? 토마스 만에 따르면 역시 그곳은 베네치아다. 소설 〈베니스에서의 죽음〉에서 주인공의 고백을 통해 밝힌 사실이다. 토마스 만이 그 일탈의 구체적인 내용에 대해선 일일이 말하지 않았지만, 에로티시즘의 위반이 상상되는 것은 자연스러운 일일 테다. 베네치아는 '금지'라는 문명의 명령에 반항하도록 유혹하는 공간이다. 그러기에 토마스 만은 베네치아를 '믿을 수 없는 미녀의 유혹'에 비유했다. 일탈은 그 유혹에 몸을 맡기는 행위일 테다. 일탈, 곧 죄를 짓는 불안이니, 어쩌면 우리는 베네치아에서 금지를 위반하는 오이디푸스의 비극적인 운명을 반복할지도 모른다.

폴 슈레이더의 광기의 도시

폴 슈레이더는 아직도 감독이기보다는 발군의 시나리오 작가로, 또 비범한 영화비평가로 더 유명한 것 같다. 슈레이더는 마틴 스코세지의 대표작 〈택시 드라이버〉(1976), 〈분노의 주먹〉(1980) 등의 시나리오 작가이자, 폴린 카엘의 제자로 등장한 비평가였다.

그의 초기 비평서인 〈영화의 초월적 스타일: 오즈, 브레송, 드레이
어〉는 반전통적인 세 거장의 영화 세계에 대한 친절한 입문서로,
지금도 꾸준히 읽히고 있다. 슈레이더를 영화계에 먼저 알린 것은
시나리오 작가로서였다. 그의 시나리오에 등장하는 주인공들은
대개 죄의식에 찌들어 있거나, 자기 파괴적인 반항아들인데, 그건
감독 자신의 성격과 대단히 닮아 보인다. 슈레이더의 과대망상적
인 광기는 종종 영화계의 뉴스가 되곤 했다. 그는 〈캣 피플〉(1982)
을 감독할 때, 주연배우인 나스타샤 킨스키에게 사랑을 고백했고,
자기의 뜻이 관철되지 않자, 총으로 여배우를 위협하기도 했다. 또
한때는 침대 머리맡에 권총을 숨겨놓지 않고는 잠을 자지 못했다.

　연출가로서의 슈레이더의 명성은 작가로서의 명성에는 아직 미
치지 못하는 것 같다. 스코세지처럼 매끄럽게 작품을 빚어내는 데
는 여전히 약점을 보인다. 그런데 그의 작품에는 자신의 성격처럼
투박하지만 묘한 광기가 숨어 있고, 이것이 관객의 마음을 끌어당
긴다. B급 스릴러의 긴장과 동의받기 어려운, 곧 광기의 폭력은 슈
레이더 영화의 특성이 됐다. 〈베니스의 열정〉(1990)은 그런 스릴러
들이 이어져 나올 때 발표됐다. 현대 영국 문학의 대표작가인 이언
매큐언(Ian McEwan)의 동명 원작(1981)을 각색했다. 우리에겐 〈어
톤먼트〉(2001)의 작가로 더욱 잘 알려진 매큐언의 초기작이다. 데
뷔 당시 매큐언은 고딕적인 서늘한 죽음의 테마로 단숨에 유명해
졌고, 덕택에 '죽음의 이언'(Ian Macabre)이란 별명까지 얻었다. 어
쩌면 슈레이더는 매큐언의 죽음의 스릴러에서 자신의 영화 세계
를 확인했을 것 같다. 그만큼 당시 두 작가의 예술세계는 닮았다.

공통의 테마는 '오싹한 죽음'(macabre)이다.

〈베니스의 열정〉의 원제목은 〈The Comfort of Strangers〉이다. 낯선 사람에게서 느끼는 편안함의 의미다. 하지만 슈레이더의 영화라는 사실을 기억하면 짐작하겠지만, '편안함'과는 거리가 먼 내용을 담고 있다. 영국인 커플 콜린(루퍼트 에버렛)과 메리(나타샤 리처드슨, 토니 리처드슨과 바네사 레드그레이브 사이의 딸)는 수년째 동거하고 있는 사이인데, 최근 들어 '권태'의 불안이 두 사람 모두에게서 커가는 위기를 느낀다. 이들은 휴가를 가기로 했고, 그들이 선택한 도시가 바로 베네치아다. 매큐언의 원작에는 미지의 도시로만 제시돼 있는데, 슈레이더는 '낯섦'과 '편안함'이 충돌하는 이해 불가의 공간으로 베네치아를 선택했다.

콜린과 메리는 멀어져가는 사랑을 회복하겠다는 듯 호텔에 틀어박혀 매일 섹스에 몰두한다. 이들이 밤에 허기를 채우기 위해 식당을 찾아 베네치아의 그 유명한 좁은 골목길들(칼레, calle)을 헤매고 다니던 중 흰색 양복을 빼입은 묘한 분위기의 현지인 로버트(크리스토퍼 워컨)를 만나며, '편안한' 이야기는 전환점을 맞는다. 크리스토퍼 워컨의 팬이라면 쉽게 상상이 갈 것이다. 베네치아 밤의 텅 빈 골목길에 갑자기 나타난 워컨의 이미지가 얼마나 오싹한 지 말이다. 그는 친절하게 미소 짓고 있어도 왠지 서늘한 기운(macabre)이 느껴지는 배우다. 콜린과 메리는 그의 친절에서 알 수 없는 불편함을 느끼지만, 이상하게 거절하지 못하고, 더욱 자주 그를 만난다. 알고 보니 로버트는 극우주의자에, 사디스트이고, 인종주의자이다. 그의 처 캐롤라인(헬렌 미렌)은 마조히스트이고, 등이 아프다는데, 아마도 원인은 이상한 체위에 있는 것처럼 보인다. 콜린과 메리는 로버트를 피하려고 하는데, 묘하게 거미줄에 걸린 먹이처럼 점점 그의 손아귀에 잡혀 들어가고 만다.

이 커플이 로버트를 만날 때의 불안은 마치 베네치아의 미로 같은 골목길에서 길을 잃었을 때의 공포와 비슷하게 표현돼 있다. 골목길뿐 아니라, 작은 운하들도 그물처럼 얽혀 있어, 베네치아라는 공간 전체는 이들 커플의 운명을 옥죄는 상징적인 공간으로 변해 있다. 커플은 사랑을 위해 베네치아에 왔는데, 두 사람 가운데 한 명은 죽음에 이르고, 또 한 사람은 죽은 것이나 다름없는 절망에 놓인다. 악몽 같은 경험의 중심에는 방향을 알 수 없는 미로 같은 베네치아의 좁은 길, 그리고 그 길처럼 모호하고 복잡한 크리스토퍼 워큰의 '서늘한' 캐릭터가 자리 잡고 있다.

니콜라스 뢰그의 악몽의 도시

베네치아의 운하는 보기와는 달리 촬영하기엔 대단히 어려운 곳으로 유명하다. 한 시퀀스를 찍는데, 반나절 이상이 든다면, 촬영을 시작할 때와 끝낼 때의 주변 환경이 많이 변하기 때문이다. 운하 주변은 조수간만의 차이 때문에 환경 변화가 심하고, 따라서 일정한 공간조건을 유지하기가 대단히 어렵다. 잘못하면 시퀀스 내의 시공간의 일관성을 훼손할 수 있다. 그래서 베네치아가 나오는 영화의 경우, 대개 운하 장면은 배경으로 크게 한 번 등장하고, 그곳에서 세세한 사건을 진행하는 경우는 대단히 드물다. 운하는 영화적 공간이 베네치아라는 사실을 알려주는 일종의 병풍 역할에 그치는 경우가 많다. 〈007 카지노 로얄〉(2006)에서 제임스 본드 (다니엘 크레이그)가 베네치아의 대운하를 보트를 타고 빠른 속도로 달리는 장면 같은 거다.

이런 점에서 볼 때, 영국 감독 니콜라스 뢰그의 〈쳐다보지 마라〉 (1973)는 베네치아, 특히 운하 배경 영화의 전범으로 평가된다. 현지에서 '카날레'(canale)라고 불리는 운하는 물론이고, 운하와 연결되는 샛길, 골목길 같은 작은 운하, 곧 '리오'(rio)의 매력까지 빼어나게 표현하고 있어서다. 〈쳐다보지 마라〉도 〈베니스의 열정〉처럼 비현실적인 악몽이 전개되는 스릴러다.

존(도널드 서덜랜드)은 건축가다. 특히 교회 복원이 그의 전공이다. 그에겐 특별한 재능이 하나 있다. 신기하게도 심령술사(psychic)처럼 미래를 간혹 본다. 왠지 자신에겐 오멘(omen) 같아서 아내에게도 비밀로 했다. 그런데 최근에 어린 딸의 사고사를 뻔히 예지하고도 막지 못해서, 큰 죄책감을 느끼고 있다. 아내 로라(줄리 크리스티)는 딸의 죽음 때문에 신경쇠약에 걸렸고, 부부는 치료 겸 휴양을 위해 베네치아로 여행을 간다. 마침 베네치아의 '걸인들의 성인 니콜로 성당'(Chiesa di San Nicolò dei Mendicoli)에서 복원사업 제의가 들어와 존으로서는 주저할 이유가 없었다.

존이 베네치아에 도착하자마자 화려한 바로크 양식의 '살루테 성당'(La Salute)을 중심으로 교회들을 돌아보고, 배를 타고 출렁이는 운하를 이동할 때는 행복한 기분이 넘치고, 부부의 불행은 곧 물에 씻겨 내려갈 것처럼 보인다. 그런데 아내가 이곳에서 영국 출신의 다른 심령술사를 만나, 딸이 다른 세상에서 행복하게 지내고 있다는 '황당한' 전언을 듣자, 존은 불길한 기분에 사로잡힌다. 딸의 죽음에 대한 기억이 떠오르자 죄책감이 다시 엄습해온 것이다. 이들 부부는 죽음의 불행을 잊고, 행복을 찾아 베네치아로 왔는데, 현실은 기대와는 정반대로 진행되는 것이다.

아닌 게 아니라, 이들에게 베네치아는 갑자기 죽음의 도시로 돌변한다. 그 변화는 〈쳐다보지 마라〉의 유명한 '섹스 장면'(부부 사이의 섹스가 베드신 이전의 탈의와 이후의 착복 사이의 교차편집으로 절묘하게 표현돼 있다) 이후에 곧바로 이어진다. 희열의 섹스에 이어 공포의 죽음이 잇따르는 구조다. 살인사건이 일어나고, 운하 아래에서 시체가 발견되고, 운하 위로는 앰뷸런스 보트들이 달린다. 존은 아내 몰래 딸을 만나기 위해, 골목길 같은 작은 운하들, 곧 '리오' 사이를 헤매고 다니는데, 주변의 폐허 같은 오래된 건물들은 방치된 공동묘지처럼 보이기도 한다. 모든 게 죽어 있고, 시간은 과거로 되돌려져 있는 것 같다. 존이 그 공간 속에서 혼자 생각에 잠길 때, 이미 그는 현실 저쪽의 세계로 건너간 듯 보인다. 그림처럼 아름다운 도시 베네치아도 죄의식의 포로가 된 존에게는 죽음의 폐허, 그 이상도 이하도 아니다.

조셉 로지의 퇴폐의 도시

존은 베네치아에 파손된 교회를 복원하러 왔다. 파손된 교회는 상징적인 공간인데, 존의 현재의 처지를 고려하면 그의 가족에 대한 비유법 가운데 하나다. 존은 복원의 전문가로 알려져 있지만, 결국 교회도, 가족도, 어느 것 하나도 원래대로 되돌려 놓지 못한다. 〈쳐다보지 마라〉에도 니콜라스 뢰그 영화 세계의 일관된 정서, 곧 이성적인 냉정함이 지배하고 있는데, 감독은 사람 사이의 파괴된 관계는 결코 복원되지 않는다고 보는 것 같다. 특히 그것이 가족의 비극과 연관된다면, 그 대가는 종종 목숨을 요구한다고 말하고 있다. 〈쳐다보지 마라〉에 따르면 죽음의 비극은 죽음을 부른다.

사람 사이의 관계를 평생의 테마로 삼은 대표적인 감독으로는 조셉 로지가 있다. 조셉 로지는 1950년대 매카시즘의 희생양이었다. 아이비리그인 다트머스대학 출신인 로지는 청년 시절부터 진보적 활동에 적극적이었다. 대학 시절 사회파 작가인 싱클레어 루이스의 〈도즈워스〉(Dodsworth, 이 작품은 1936년 윌리엄 와일러에 의해 영화화되기도 했다)의 연극 연출을 했고, 1930년대엔 옛 소련에 가서 세르게이 에이젠슈타인의 영화강의를 듣기도 했다. 이곳에서 베르톨트 브레히트를 만나, 두 사람은 청년의 우정을 나누었다. 전쟁 이후인 1947년 로지는 L.A.에서 브레히트의 희곡 〈갈릴레오〉를 그와 함께 공동연출했다(이 작품은 로지가 1975년 영화화한다). 이 정도 경력이면 냉전 이데올로기가 기승을 부리던 매카시즘 시절, 로지가 미의회의 청문회에 소환되지 않는 게 오히려 이상할 정도다. 그만큼 당대는 이성을 잃은 광기의 정치가 최고국가라는 미국을 비극으로 몰아넣을 때다. 로지는 이때 미국을 떠나 유럽으로 망명했고, 이탈리아와 영국 등에서 생활한 뒤, 결국 영국에 정착하며 자기 영화 경력의 정점에 이른다.

말하자면 로지는 고국에서 쫓겨난 사람이다. 한때 엘리트로 촉망받던 청년이, 혹은 세상의 정점을 향해 겁 없이 달리던 청년이 졸지에 동포들로부터 의혹과 배척의 대상이 되는 허망한 추락을 경험한 것이다. 20대 때 이미 재능을 보여, 미국인 최초의 노벨문학상 수상자인 싱클레어 루이스의 강력한 추천을 받았는데, 이제 예술가로서 속도를 내야 할 40대에 '버림받은' 존재가 되고 말았다. 그래서일까. 로지는 사람 사이의 관계변화, 특히 권력 관계의 변화에 대단히 민감하다. 그가 영국에서 훗날 노벨문학상을 받는 청년 작가 해럴드 핀터와 협업하며, '권력 3부작', 곧 〈하인〉(1963), 〈사고〉(1967), 〈사랑의 메신저〉(1971)를 발표할 때, 경력의 정점에 도달한 것은 결코 우연이 아닐 테다.

로지가 베네치아를 배경으로 만든 작품이 '3부작' 바로 직전에 발표된 〈에바〉(1962)다. 역시 권력 관계를 다룬다. 부르주아 사회의 권력 장치, 곧 돈, 명성, 지위 같은 것들이 얼마나 허약한 토대인지를 풍자하는 부조리극이다. 그럼으로써 서구 사회, 곧 자본주의 사회의 가치관 전체를 의문의 대상에 부치는 내용이다. 에바(잔 모로)는 프랑스 출신의 고급 매춘부다. 로마에 사는 에바는 늘 부유한 중년 남자들의 애인 노릇을 하며 화려한 일상을 즐긴다. 타이(스탠리 베이커)는 최근에 베스트셀러 작가로 등극한 영국 문학계의 신예다. 그의 소설을 각색한 작품이 베네치아 영화제에 초대되어, 신예는 이제 스타 작가로의 진입을 막 눈앞에 두고 있다. 타이는 영화제의 손님으로, 에바는 돈 많은 애인의 요청에 따라 베네치아에 왔다.

누가 봐도 두 사람의 수직적 권력 관계는 명확해 보인다. 타이는 자신의 명성과 돈, 그리고 젊은 외모를 의식하며 에바를 압도한다.

당장 그녀를 정복할 태세다. 그런데 '사랑의 프로'답게 에바는 타이의 접근을 쉽게 허락하지 않는다. 문제는 타이가 에바를 본 순간 진짜 사랑에 빠진 점이다. 비싼 옷과 보석들로 장식한 에바가 빌리 할리데이의 재즈를 듣는 모습은 세련된 도시 여성이 보여줄 수 있는 퇴폐미의 극치 같다. 타이가 집착하자 관계는 서서히 변하기 시작한다. 에바가 베네치아의 최고급 호텔인 '다니엘리 호텔'(Hotel Danieli) 등에서 다른 부자 남자친구들을 달고 다니며, 타이의 돈을 업신여기고, 명성마저 얕잡아보자 둘의 관계는 역전되고 만다. 돈과 명성, 그리고 스크린의 화려한 불빛을 상징하는 도시 베네치아, 바로 여기서 남자는 자신의 명성과 부, 그리고 사랑까지 잃어버린다. 부귀와 명성, 그리고 지위 같은 권력의 도구들은 사랑 앞에선 잠깐 갖고 놀다 버릴 한낱 장난감처럼 무의미한 것으로 전락한 것이다. 그런 권력의 도구들을 아무 의미가 없는 티끌처럼 만들어버리는 도시가 베네치아인 셈이다. 말하자면 베네치아는 통념으로서의 권력의 도구들이 넘치는 도시다.

루키노 비스콘티가 그린 베네치아의 '품위'

베네치아가 영화적 명성을 얻은 데는 루키노 비스콘티의 역할이 결정적이다. 그는 1954년에 〈센소〉를 발표하며 베네치아의 아름다움, 특히 푸른 밤의 마법적인 매력을 유감없이 표현했다. 그가 다시 베네치아를 찾은 것은 토마스 만의 동명 소설을 각색한 〈베니스에서의 죽음〉(1971)을 통해서다. 프리드리히 니체를 흠모하는 토마스 만은 소설에서 예술이 도달해야 할 목표의 하나로서 '품위'

를 꼽았다. 곧 예술의 최종목적지 가운데 하나는 결국 품위를 획득하는 것이라는 니체의 주장에 동의한다. 베네치아라는 공간을 품위의 수준으로 각인시킨 작품이 바로 〈베니스에서의 죽음〉이다.

영화는 배를 타고 베네치아에 도착한다. 토마스 만에 따르면, 베네치아는 배를 타고 들어가야 제대로 볼 수 있다. 기차역은 왠지 뒷문으로 들어가는 기분이 들게 하고, 그만큼 베네치아는 육지가 아니라 바다를 통해 처음 접할 때, 그 진가를 제대로 느낄 수 있다는 것이다. 영화는 바다를 통해 베네치아로 들어갈 때의 느낌을 표현하는 것으로 도입부를 연다. 동틀 무렵 베네치아의 바다와 하늘은 마치 낭만주의 화가 윌리엄 터너의 풍경화처럼 연붉은 색과 청회색으로 뒤덮여 있다(실제로 터너는 수차례 베네치아를 여행했다). 이곳이 베네치아임을 알리기 위해, 화면에는 '총독궁'(Il Palazzo Ducale), '산 마르코 성당'(La Basilica di San Marco), 그리고 '살루테 성당'(La Salute)의 자태가 빛난다. 도입부는 바다의 도시 베네치아의 아름다움을 한눈에 알게 한다.

그런데 구스타프 말러의 음악 곧, 〈교향곡 5번〉 4악장 때문인지, 〈베니스에서의 죽음〉의 도입부는 화려하기보다는 멜랑콜리가 압도한다. 영화의 주인공은 잃어버린 건강을 되찾기 위해 베네치아로 휴양을 온 작곡가 구스타프 폰 아셴바흐(더크 보가드)이다. 아마 심신이 쇠약해진 그의 눈으로 베네치아를 바라보는 것도 멜랑콜리의 또 다른 이유가 됐을 터이다. 이 중년 남자가 베네치아의 리도섬에서 소년 타지오(비요른 안드레센)를 만나 사랑에 빠지는 게 주요 내용이다. 그런데 사실 그런 내용은 별로 중요하지 않다. 비스콘티는 사랑에 빠진 이 남자의 감정의 변화를 묘사하는 데 더 몰두하고 있어서다. 병약한 그가 사랑의 기쁨을 어렴풋이 느낄 때, 카메라는 대단히 느리게, 해변에서 흥분하여 떠들고 뛰노는 사람들을 조용히 바라보기만 한다. 느리게 호흡하는 노인의 속도로 화면은 천천히 사물들을 잡는다. 비스콘티는 이런 느린 리듬, 곧 말러의 〈교향곡 5번〉 4악장의 느린 속도(Adagietto)로 베네치아의 아름다움을 표현하고 있다. 느리다는 것, 또는 느릴 수 있다는 것은 품위의 덕목 가운데 하나일 터다. 〈베니스에서의 죽음〉이 품위 있다면, 그것의 중요한 요소 가운데 하나가 바로 베네치아를 바라보는 시선의 느린 속도일 것이다.

이탈리아가 인류의 문명에 기여했다면, 그것은 예술과 문화에서이다. 이탈리아계 미국인 감독인 프랜시스 포드 코폴라가 한 말이다. 많은 예술가가 이탈리아를 여행했고, 이탈리아에 관해 썼다. 다음엔 윌리엄 셰익스피어의 이탈리아를 여행하겠다. 물론 그가 이탈리아를 배경으로 쓴 작품들을 각색한 영화를 통해서다.

9. 셰익스피어의 이탈리아

이국정서의 설레는 공간

프랑코 제피렐리, 〈로미오와 줄리엣〉, 1968

오손 웰스, 〈오셀로〉, 1952

마이클 래드포드, 〈베니스의 상인〉, 2004

케네스 브래너, 〈헛소동〉, 1993

사랑하고 복수하고

이탈리아라는 땅이 세상 사람들로부터 큰 사랑을 받는 데는 셰익스피어의 역할이 컸다. 그는 조국인 영국만큼이나 자주 이탈리아를 배경으로 〈오셀로〉(베네치아), 〈겨울 이야기〉(시칠리아) 등 여러 작품을 썼다. 특히 베로나 배경의 〈로미오와 줄리엣〉은 그 가운데서도 가장 사랑받는 작품일 것이다. 지금도 〈로미오와 줄리엣〉은 셰익스피어 문학세계의 입문서로, 또 셰익스피어 비극의 전범으로 여전히 큰 사랑을 받고 있다. 영화가 이 고전의 매력을 놓칠 리 없다. 영화의 초창기 시절 조르주 멜리에스가 비극을 각색한 작품을 내놓은 이래, 이탈리아의 '소년과 소녀'는 끊이지 않고 스크린의 소환을 받았다. 할리우드의 명장 조지 쿠커의 〈로미오와 줄리엣〉(1936), 이탈리아의 멜로드라마 장인인 프랑코 제피렐리의 〈로미오와 줄리엣〉(1968), 그리고 MTV의 후원 아래 제작된 바즈 루어만의 〈로미오+줄리엣〉(1996) 등 고전 각색의 영화는 연이어 발표됐다. 덧붙여 고전의 모티브를 이용한 작품들도 많다. 뮤지컬 〈웨스트 사이드 스토리〉(감독 로버트 와이즈, 1961), 그리고 스필버그의 〈웨스트 사이드 스토리〉(2021)는 시간과 장소만 현대의 뉴욕으로 옮겼고, 〈셰익스피어 인 러브〉(1998)는 고전의 사랑 이야기를 셰익스피어 자신의 사랑 이야기로 응용했고, 〈레터스 투 줄리엣〉 (2010)은 줄리엣처럼 순수한 사랑의 기대에 부응한 작품이다. 이들 가운데 이탈리아 현지의 매력까지 표현한 영화는 제피렐리의 〈로미오와 줄리엣〉, 그리고 〈레터스 투 줄리엣〉이다.

옅은 황금빛 도시 베로나

전설 같은 사랑의 이야기가 도시의 운명을 결정한 대표적인 사례가 베로나일 것이다. 베로나는 르네상스의 화가 베로네제 (Veronese, 베로나 사람이란 뜻)의 고향으로, 또 음악애호가들의 필수 방문지인 야외 오페라극장 '아레나'(Arena)가 있는 곳으로 유명하지만, 두 요소 모두 소년 소녀의 사랑 이야기 앞에서는 유명무실해 보인다. 베로나는 과장하자면 지금도 두 연인이 도시의 운명을 쥐고 있는 것 같다. 사람들은 무슨 화려한 건물이나 아름다운 자연 풍경이 아니라, 눈에 보이지 않는 로미오와 줄리엣의 사랑을 좇아, 계속해서 베로나를 찾아가는 것이다.

원수 집안의 아들과 딸이 사랑 때문에 비극에 이른다는 이야기는 베로나 지역에서 오래전부터 전해오던 전설이었다. 이탈리아뿐 아니라 프랑스, 영국 등의 작가들도 베로나의 이 유명한 전설을 문학의 형식으로 발표하기 시작했다. 그런 가운데 셰익스피어가 1597년에 그 정점을 찍은 셈이다. 원수 집안이 허구의 배경이 된 데는 중세 이탈리아가 교황을 지지하는 교황파(Guelfa)와 신성로마제국의 황제를 지지하는 황제파(Ghibellina)로 나뉘어, 극심한 반목을 벌였기 때문이다. 베로나도 그 싸움이 치열했던 곳이다. 줄리 엣의 캐풀렛 집안은 교황파, 로미오의 몬태규 집안은 황제파다.

베로나가 로미오와 줄리엣의 고향으로 명성을 드높인 데는 제피렐리의 〈로미오와 줄리엣〉이 큰 역할을 했다. (유사)현지 촬영이 이루어졌고, 두 10대 배우 레너드 휘팅과 올리비아 핫세의 인기 덕을 봤다. 특히 올리비아 핫세는 줄리엣의 청순미를 눈앞에 현현하는 듯했다. 그래서인지 사람들은 베로나에 가면 '줄리엣의 집'(Casa di Giulietta)을 방문하는 걸 필수코스로 여긴다. 그녀의 집은 '카펠로 거리 23번지'(via Cappello 23)에 있다. 지금도 많은 사람이 정원에 있는 줄리엣의 동상 옆에서, 그녀의 가슴에 손을 얹고 소원을 빌며 사진을 찍기 위해 줄을 선다. 또 여성들은 그 유명한 발코니에서, 로미오가 서 있을 아래를 바라보며 줄리엣을 흉내 낸다. 반면 로미오의 집은 베로나의 중심인 '시뇨리 광장(Piazza dei Signori) 옆에 있다. 줄리엣의 집에서 걸어가면 북동 방향인데, 넉넉잡아 20분 정도면 도착한다. 말하자면 두 집의 거리가 그리 멀지 않다. 가까이 있어서 로미오에겐 좋았겠지만, 걸핏하면 두 집안 남자들이 길에서 부딪혀 싸움을 벌이는 이유도 됐다. 두 집을 연결하는 길은 관광객들의 물결 때문에 고전의 감흥을 음미하며 걷기에는 약간 무리일 것이다. 그래도 이탈리아 특유의 돌길을 밟으며, 또 오래된 도시 베로나의 건물들을 구경하며 걷다 보면, 갑자기 16세기 속으로 상상이 펼쳐질지 모를 일이다. 그만큼 베로나는 여전히 옛 시간을 잘 보존한 박물관 같은 도시다.

하지만 제피렐리가 〈로미오와 줄리엣〉을 찍을 때 문제가 됐던 것은 베로나의 현재의 모습이 셰익스피어 시대의 그것과 대단히 다르다는 점이었다. 아무리 보존이 잘 돼도, 3백 년 이상의 변화를 없는 것으로 할 순 없었다. 과거에 줄리엣의 집에 동상이 있을 리 없고, 그렇다면 도입부의 유명한 '발코니 장면'을 그곳에서 찍을 수 없다. 광장, 교회 등 비극의 주요 장소도 변해, 시대극의 묘미를 되살리기에는 역부족이었다. 그래서 '아쉽게도' 제피렐리는 주요 장면들을 모두 다른 도시에서 촬영했다. 과수원 정원이 있는 줄리엣의 집은 로마 근교의 아르테나(Artena)라는 조그만 고(古)도시에서 촬영하는 식이다. 로미오와 줄리엣의 비밀결혼도 베로나가 아니라 중세도시 투스카니아(Tuscania)에 있는 '산 피에트로 교회'(Chiesa di San Pietro)에서 찍었다. 11세기에 지어진 로마네스크 양식의 이 교회는 보존상태가 좋아 종종 영화의 촬영지로 등장한다. 이를테면 피에르 파올로 파졸리니의 〈매와 참새〉(1966)에서 중세 시퀀스는 대부분 여기서 촬영됐다.

　현대 베로나의 매력을 확인하고 싶다면 아만다 사이프리드가 주연한 〈레터스 투 줄리엣〉이 제격이다. 이탈리아의 풍경을 이용하는 전형적인 '관광용 영화'인데, 도시를 가로지르는 아디제(Adige)강 주변의 적갈색 건물들, 두 집안의 남자들이 자주 싸웠을 '에르베 광장'(Piazza Erbe), 그리고 줄리엣의 집이 있는 카펠로 거리 등이 강조돼 있다. 베로나를 '사랑의 도시'로 성격화하기 위함인지, 영화의 전체적인 색깔이 옅은 황금색으로 표현돼 있다. 그 색깔이 베로나의 실제 색깔이기도 하다. 그래서 사람들은 베로나를 황금빛 햇살이 옅게 내려오는 따뜻하고 포근한 도시로 기억하는 것 같다. 두 연인의 사랑에 제격인 색깔인 셈이다.

베네치아, 전쟁의 도시

셰익스피어가 이탈리아 배경의 작품에서 주요 공간으로 두 번 등장시킨 유일한 도시가 베네치아다. 〈오셀로〉와 〈베니스의 상인〉을 통해서다. 두 작품 모두 여러 번 영화화됐다. 〈오셀로〉는 권력의 허무함을, 〈베니스의 상인〉은 금력의 잔인함을 묘사하고 있는데, 권력과 금력은 베네치아의 상징이기 때문일 테다. 베네치아는 십자군 전쟁 때 동방 진출의 주요 무역항이 되면서 경제적으로 급성장했고, 셰익스피어의 시대에는 튀르키예 등 이슬람 국가의 유럽 진출을 저지하는 전선이 되면서 유럽 내 세력균형의 주요 도시국가가 됐다.

〈오셀로〉는 튀르키예의 위협을 받을 때가 배경인 비극이다. 지중해의 패권을 놓고 베네치아는 사이프러스 섬을 통제해야 하는데, 튀르키예의 공격은 늘 위협의 대상이었다. 그 불안을 씻어준 베네치아의 전쟁영웅이 유색인 오셀로다. 〈오셀로〉가 영화적으로 주목받은 결정적인 계기는 오손 웰스의 영화 〈오셀로〉(1952)가 발표되고, 이 작품이 칸영화제에서 황금종려상을 받으면서부터다. 웰스가 제작비 부족으로 4년간 이곳저곳을 옮겨가며 겨우 촬영을 마친 사실로도 유명한 영화다. 그래서 제 때에 배우를 다시 모으지 못해, 그의 영화에는 배우의 뒷모습만 나온 장면들이 제법 많다. 대역을 썼기 때문이다. 후반부에서 이아고가 로드리고를 죽이는 장면에서는 체불 문제로 의상이 도착하지 않자, 웰스는 기지를 발

휘해, 장소를 목욕탕으로 바꿔 배우들이 옷을 입지 않은 채 연기하
도록 했다.

영화의 전반부는 오셀로가 데스데모나 부친의 허락도 받지 않
고 그녀와 결혼하고, 그 결혼 때문에 베네치아의 의원들 앞에 불
려가 심문을 받는 장면이다. 이게 베네치아 배경의 전부다. 나머지
는 사이프러스가 배경이다. 베네치아 장면은 대략 10분 정도의 길
이인데, 그 어떤 베네치아 배경 영화들보다 도시의 빼어남, 특히
건축의 매력을 잘 표현하고 있다. 먼저 오셀로는 밤에 데스데모나
의 집에 가서 그녀를 빼낸 뒤 '기적의 산타 마리아 성당'(Chiesa di
Santa Maria dei Miracoli)에서 비밀결혼식을 올린다. 데스데모나의 집
은 '콘타리니 파산 궁전'(Palazzo Contarini Fasan)에서 촬영됐는데, 지
금은 아예 '데스데모나의 집'(Casa di Desdemona)으로도 불린다. 비
잔틴 양식이 가미된 베네치아 특유의 고딕 양식 건물로, 동양풍의
화려한 창문과 테라스가 특징이다. '베네치아 고딕'은 중부 유럽
의 그것처럼 하늘을 찌르는 높이가 특징이 아니라, 동양의 양식들
이 융합된 이유에서인지 아담하고 평화롭게 보인다. 데스데모나
는 테라스에 나와서 오셀로의 부름에 답한다. 딸이 없어진 사실을
뒤늦게 알아차린 데스데모나의 부친은 무기를 들고 한밤중에 하
인들과 함께 오셀로의 집으로 향한다. 오셀로의 집은 '황금의 집'
이란 뜻의 '카 도로'(Ca' d'Oro)이다. 역시 편안한 베네치아 특유의
고딕 건물인데, 데스데모나의 집에 비해 더 크고 더 화려하다. 곧
화려하고 웅장한 집의 외양이 당대 오셀로의 권력의 크기를 비유
하는 셈이다. '카 도로'는 현재 '조르지오 프란케티 갤러리'(Galleria

Giorgio Franchetti)로 쓰이고 있는데, 베네치아를 대표하는 유명 건물 가운데 하나다. 여기까지 웰스 특유의 빠른 편집으로 베네치아 시퀀스가 거침없이 진행된다.

곧이어 '총독궁'(Palazzo Ducale)에서의 심문장면이 이어진다. 산 마르코 성당 바로 옆에 있는 총독궁은 베네치아 고딕의 상징적인 건물로, 너무나 유명하여, 다른 나라에 유사한 건물들이 제법 있을 정도다(한국에도 있다. 이를테면 강남의 한 명품백화점). 오셀로는 여기서 유명한 연설, 곧 "그녀는 제가 겪은 위험 때문에 절 사랑했고, 저는 그녀가 그 위험을 동정했기 때문에 그녀를 사랑했다"라는 말로 의원들의 지지를 끌어낸다. 데스데모나 부친의 주장, 곧 "(유색인 오셀로가) 간교한 지옥의 술책으로 자기 딸을 납치하고 더럽혔다"라는 말은 전혀 지지를 받지 못한다. 총독궁의 심판에서 오셀로는 완승을 거둔다. 권력을 상징하는 총독궁 건물의 견고하고 단단한 느낌마저 전쟁영웅 오셀로의 캐릭터처럼 보이는 것이다.

베네치아, 상인의 도시

총독궁이 권력의 상징이고, 그 건물처럼 권력의 속성이 드라마의 테마로 제시된 작품이 〈오셀로〉다. 반면 금력의 도시로서의 베네치아를 배경으로, 돈의 속성을 테마로 다룬 작품이 바로 〈베니스의 상인〉이다. 〈오셀로〉가 총독궁의 드라마라면, 〈베니스의 상인〉은 '리알토'(Rialto)의 드라마다. '리알토 다리'로 유명한 리알토 지역은 오래전부터 베네치아 경제계의 중심지였다. 〈베니스의 상인〉은 상업지역인 리알토를 중심으로 전개된다. 〈베니스의 상인〉

도 여러 번 영화화 됐다. 우리에게 친숙한 것은 아무래도 알 파치노 주연의 〈베니스의 상인〉(2004)일 것이다.

〈베니스의 상인〉은 리알토 다리 부근에서 시작한다. 베네치아 사람들 일부가 고리대금업을 하는 유대인들을 저주하며, 이들을 붙잡아 다리에서 떨어뜨리고 있다. 당시의 법에 따르면, 돈을 빌려주고 이자를 받는 일은 불법이었다. 보통 사람들은 대부업을 필요악으로 여겼지만, 일부 기독교 광신도들은 유대인들을 범죄자로 몰아세웠다. 유대인임을 표시하는 붉은 모자를 쓴 샤일록(알 파치노)도 현장에서 동료들이 린치의 대상이 되는 걸 속수무책으로 바라본다. 무역업자 안토니오(제레미 아이언스)에게 인사를 건네자, 그는 멸시의 눈빛으로 침을 뱉는다. 〈오셀로〉에서 이아고가 상관인 오셀로 장군으로부터 무시당하자 복수를 계획하는 것처럼, 이 순간 샤일록도 침을 뱉는 안토니오에 대한 복수를 결심한다.

리알토는 돈을 둘러싼 무역, 금융업, 사채업, 유흥업 등 세속적 이해관계로 뒤얽혀 있는 '상인의 지역'이라면, 이곳과 대조되는 낙원 같은 곳이 '명판결'로 유명한 포셔가 사는 가상의 공간 벨몬트이다. 원전에선 베네치아 인근으로만 제시돼 있다. 포셔는 '한 방울의 피도 흘리지 말고, 단지 살 1파운드만'이라는 조건으로 샤일록을 패배시킨 판관이다. 그런데 영국의 비평가 테리 이글턴에 따르면, 포셔는 현대의 법정이라면 패배해야 마땅하다. 언어의 보편성을 무시하고, 특수성, 곧 계약서엔 '살 1파운드'만 있다는 자구에 집착해 법을 오독했다는 것이다(테리 이글턴 지음, 〈셰익스피어 다시 읽기〉). 우리는 살을 베여내려면 피가 흐른다는 사실은 보편적 진실로 받아들이기 때문이다. 셰익스피어는 그녀를 미모에, 부자에, 총명한 두뇌에, 사랑하는 연인까지 둔 비현실적인 인물로 그렸다. 그래서 그녀를 동화 같은 공간인 벨몬트에 살게 했을지도 모를 일이다. 동화의 주인공이라면 세속인과의 싸움에서 승리하는 것은 이미 결정이 나 있는 셈이다. 영화 〈베니스의 상인〉에서 벨몬트는 베네치아에서 촬영되지 않았다. 역시 가상의 공간이란 느낌이 나도록 바다의 한 가운데 있는 섬처럼 표현했다. 포셔가 사는 '그림 같은 성'은 베네치아 인근에 있는 티에네(Thiene)라는 작은 도시의 '포르토 콜레오니 빌라'(Villa da Porto Colleoni)이다. 역시 베네치아 고딕 스타일에, 프랑스식 특유의 구획된 정원이 돋보이는 건물이다.

베네치아는 셰익스피어 시대에 화려함의 극치에 도달한 국제적인 도시였다. 게다가 정치적 패권도 갖고 있었다. 그래서일까. 작가는 베네치아에서 살벌한 정치(〈오셀로〉)와 돈을 둘러싼 상인들의 잔인한 경제(〈베니스의 상인〉)를 상상했다. 현대인에겐 운하가 흐르는 낭만적인 도시로 비치는 베네치아가 셰익스피어에겐 세속의 욕망이 충돌하는 비정한 공간이었던 셈이다.

낭만화된 이국정서 시칠리아

셰익스피어가 사랑의 낭만성을 이탈리아에서 표현한 대표적인 작품이 〈헛소동〉(Much Ado About Nothing)이다. 영화로 치면 로맨틱 코미디다. 사랑하는 사람끼리 티격태격하다 결국 결합하는 이야기다. 비슷한 코미디로 파도바를 배경으로 한 〈말괄량이 길들이기〉도 있다. 제피렐리가 이것도 영화화했는데(1967년), 아쉽게도

시대의 재현 문제 때문인지, 거의 모든 장면을 세트에서 촬영했다. 대학과 학문의 도시 파도바의 매력을 보고 싶은 관객에겐 실망이 었다(셰익스피어와 동시대 사람인 갈릴레이가 한때 파도바대학 교수였다). 〈헛소동〉은 셰익스피어 전문 감독인 케네스 브래너가 1993년 영화화했다. 브래너는 〈헨리 5세〉(1989)로 감독 데뷔한 뒤, 〈뜻대로 하세요〉(2006)까지 모두 5편의 셰익스피어 작품을 연출했다. 〈헛소동〉의 배경은 육지와 연결되는 시칠리아섬의 오른쪽 끝부분 도시인 메시나다.

〈헛소동〉은 두 커플의 이야기다. 약혼녀가 정조를 잃어버렸다는 악소문에 시달리다 결국 오해를 푼 뒤 약혼자와 결합하는 이야기, 그리고 만나자마자 싸우기만 하던 남녀가 결국 결합하는 이야기 등이다. 한바탕 소동이 벌어진 뒤, 모든 게 잘 해결되는 코미디인데, 이런 동화를 셰익스피어는 시칠리아에서 풀어놓는다. 셰익스피어에게 이탈리아의 낭만성은 남부에 있고, 특히 유럽인들에겐 강렬한 이국정서를 자극하는 저 먼 곳 시칠리아에 있는 것이다.

브래너가 〈헛소동〉을 촬영할 때도 문제는 시대상을 재현하는 것이었다. 왜냐면 불행하게도 메시나는 지진의 피해로 여러 번 파괴와 복원을 반복했고, 셰익스피어 시대의 모습은 거의 잃었기 때문이다. 그리고 〈헛소동〉의 이야기는 주로 메시나 영주의 별장에서 전개된다. 메시나 시내가 보이지 않아도 되는 셈이다. 브래너는 결국 촬영장소를 토스카나로 바꾸었다. 포도주로 유명한 키안티 지역의 작은 마을인 '그레베 인 키안티'(Greve in Chianti)에서 촬영했다. 키안티 지역 특유의 야트막한 언덕들, 포도밭들, 사이프러스가로수들이 더없이 아름다운 곳이다. 영주의 집으로 나온 곳은 '비냐마지오 빌라'(Villa Vignamaggio)인데, 특히 미로처럼 꾸며진 아름다운 정원으로 유명하다. 그래서인지 코미디의 사랑 이야기가 정원의 그 미로처럼 꼬여가다가, 나중에 힘들게 출구를 찾는 구조다. 〈헛소동〉은 셰익스피어의 '로맨틱' 코미디를 이탈리아의 '달콤한' 자연풍경과 결합한 대표적인 작품으로 남아 있다.

다음엔 밀라노로 가겠다. 문화와 예술의 도시로서는 피렌체와 선두를 다투는 도시다. 르네상스 문화의 중심이 피렌체였다면, 현대 이탈리아 문화의 중심은 밀라노일 것이다. 그리고 밀라노는 이탈리아 경제의 중심이기도 하다. 경제, 문화, 예술, 패션의 최선두 도시인 밀라노의 안내자로는 모더니스트 미켈란젤로 안토니오니가 제격일 테다. 안토니오니의 안내를 따라 밀라노를 여행하겠다.

10. 밀라노

경제와 문화의 중심

미켈란젤로 안토니오니, 〈밤〉, 1961
루키노 비스콘티, 〈로코와 그의 형제들〉, 1960
비토리오 데 시카, 〈밀라노의 기적〉, 1951
루카 구아다니노, 〈아이 엠 러브〉, 2009
마르코 벨로키오, 〈승리〉, 2009
에밀 쿠스트리차, 〈집시의 시간〉, 1988

사막에서 낙원까지

나에게 밀라노는 미켈란젤로 안토니오니와 함께 왔다. 밀라노에서의 하룻밤을 그린 〈밤〉(1961)을 통해서다. 패션의 도시라는 이미지가 강해서 그런지 밀라노는 보통 세련되고 화려한 공간으로 각인돼 있다. 도시를 대표하는 밀라노의 너무나도 눈부신 대성당을 떠올려보라. 그렇게 휘황찬란한 곳이 진정 신을 위한 성전(聖殿)일 수 있을지 의문이 들 정도도. 물론 안토니오니의 영화에도 밀라노의 화려함과 세련미가 그려져 있다. 하지만 〈밤〉은 밀라노에 대한 또 다른 성격을 창조했고, 각인시켰다. 바로 소외와 체념이다. 〈밤〉의 고립된 인물들은 세상과 벽을 두고 있지만, 굳이 그런 상태를 벗어나려고 하지 않는다. 아니 체념한 채, 소외를 피할수 없는 삶의 조건으로 수용하고 있다. 안토니오니의 인물들은 요하네스 페르메이르 혹은 아메데오 모딜리아니의 그림 속 초상들처럼 대단히 고립된 채 체념하고 산다.

밀라노, 안토니오니의 사막

〈밤〉은 전반부의 낮과 후반부의 밤으로 양분돼 있다. 낮에 볼 수 있는 밀라노의 모습은 경제성장을 거듭하는, 다른 말로 하자면 도시의 곳곳이 부서지고 새로 건설되는 개발의 공간이다. 제법 성공한 소설가 조반니(마르첼로 마스트로이안니)는 지적인 아내 리디아(잔 모로)와 함께 중병에 걸려 병원에 입원해 있는 비평가 친구를 방문한다. 말하자면 〈밤〉은 죽음을 목전에 둔 어느 지식인의 병상에서 시작한다. 그 죽음은 꼭 친구의 소멸만을 말하는 건 아닐 것이다. 〈밤〉의 전반부는 지식인 계층의 이야기이고, 후반부는 산업계 사람들의 이야기인 만큼, 친구의 죽음은 소설가인 조반니 자신의 죽음과 결코 관계없는 일이 아니다. 세상은 오로지 '경제 기적'의 환상 속에서 특급열차를 타고 달릴 때다.

낮 장면에서 강조된 장소는 두 곳이다. 밀라노의 대표적인 출판사인 '봄피아니'(Bompiani) 근처의 시내와 밀라노 주변의 공업지역인 '세스토 산 조반니'(Sesto San Giovanni)다. 최근에 신간을 발표한 조반니는 그 축하를 위해 출판사에 왔다. 이 장면은 실제로 봄피아니 출판사에서 촬영했다. 사람들도 대개 출판 문화계의 실제 인사들이다. 문화계의 유명 인사 몇 명만 소개하면, 먼저 조반니가 이곳에 들어서며 인사하는 중년 남자는 작가이자 봄피아니 출판사의 설립자인 발렌티노 봄피아니다. 봄피아니가 조반니에게 소개하는 노작가는 1959년 노벨 문학상 수상자인 시인 살바토레 콰지모도다. 또 한 명 흥미로운 인물은 얼마 전 타계한 움베르토 에코다. 검은 뿔테 안경을 쓰고 잔 모로 뒤에서 열심히 이야기하고 있는 '똑똑한' 청년이다(당시 29살, 에코의 대표작은 대부분 봄피아니에서 출판됐다). 말하자면 이 장면은 문화계와 친교를 맺고 있는, 혹은 맺으려는 조반니와 리디아 부부의 사회적 성격을 묘사하는 것이다. 그리고 밀라노는 현대 이탈리아 문화의 대표 도시인만큼, 지적인 분위기가 물씬 풍기는 파티 장면은 밀라노의 한 특성을 보여주는 것이기도 하다. 이탈리아의 문화예술계에서, 영화만 로마에 주도권을 내준 정도이고, 나머지는 대부분 밀라노가 주도권을 쥐고 있다.

그런데 아내 리디아에겐 인기작가로 성장해가는 남편 조반니의 모습이 낯선 모양이다. 리디아는 파티에 잘 섞이지 못하고, 답답한 마음에 혼자 밀라노 시내를 걷는다. 대사가 거의 없는 이 장면은 '리디아의 방황' 시퀀스로 유명한데, 사막 같은 밀라노 시내를 거쳐 마지막에 도착한 곳이 밀라노의 공장 지역인 세스토 산 조반니다. 뒷골목에서 청년들이 맨주먹으로 싸움을 하고 있고, 이곳저곳이 삽으로 파헤쳐져 있는 곳이다. 여기는 공장 지역인 만큼 노동자들이 밀집해 살았고, 20세기 초 이탈리아공산당의 텃밭이었으며, 파시즘 시절엔 밀라노 레지스탕스의 본산이었다. 이탈리아의 '스탈린그라드'라는 별칭이 붙은 이곳에서 젊은 시절 두 사람은 사랑을 싹틔웠다. 말하자면 리디아는 자신들의 출발점을 찾아갔고, 그때와 너무 달라진 남편의 현재가 혼란스러운 것이다. 조반니에겐 이젠 청년의 순수함 같은 건 별로 느껴지지 않는다. 조반니는 적당히 성공하여, 아파트에 살며, 중산층을 상징하는 알파로메오 승용차를 몬다.

권태로운 낮 시간을 보낸 뒤, 부부가 도착한 곳이 밀라노 북쪽의 브리안차(Brianza) 지역에 있는 백만장자의 저택이다. 이곳에서 밤새 열리는 파티가 〈밤〉의 후반부다. 도입부부터 안토니오니 영화

특유의 '느릿하고 심심한' 재즈가 쉼 없이 연주되는 게 〈밤〉의 또
다른 매력인데, 특히 후반부는 음악이 밤과 어울려 마법처럼 혼을
뺀다(음악은 이탈리아의 대표적인 재즈 피아니스트인 조르지오 가슬리니가
맡았고, 영화 속에서 연주도 한다). 전반부의 파티와 달리, 백만장자의
파티에서 조반니가 친근함을 느낄 수 있는 사람과 공간은 거의 없
다. 이들은 주로 경제계 인사들이고, 돈 이야기에만 유독 눈을 번
득인다. 이들에게 헤밍웨이는 작가이기보다는 아프리카에서 코
끼리를 여럿 죽인 '나쁜 놈'인데, 엄청 돈을 번 것은 부러움의 대상
이다. 주인은 조반니에게 이런 질문도 한다. "실례지만, 얼마 버나
요? 어떻게 사나요? 혹시 아내가 부자입니까?" 말하자면 그는 예
술가, 곧 소설가라는 직업을 이해할 수 없다. 부자 아내를 두지 않
고는 할 수 없는 일이라고 여기는 것이다.

〈밤〉에 따르면 이곳의 파티가 밀라노의 또 다른 얼굴이다. 문화
와 경제의 도시 밀라노는 전반부의 출판사와 후반부의 저택으로
비유된 셈이다. 여기서 조반니가 유일하게 말을 붙이는 대상이 저
택과는 별로 어울릴 것 같지 않은, 헤르만 브로흐의 난해한 소설
〈몽유병자들〉을 읽고 있는 주인의 딸(모니카 비티)이다. 소설은 베
를린 사회 최상층의 퇴폐와 향락을 주요한 소재로 이용한 만큼, 저
택에 모인 밀라노 부자들에 대한 은유일 테다. 지금 몽유병자들이
파티를 하고 있는 것이다. 한편 아내 리디아는 여기서도 섞이지 못
하고 아예 혼자서 겉돈다. 그녀는 문화계에서도, 경제계에서도 전
혀 어울리지 못한다. 아니, 어울리려는 시도 자체를 하지 않는다.
말하자면 리디아는 '달리는 기차'를 물끄러미 바라보고만 있다. 자

신이 발을 딛고 사는 곳이지만, 그런 현실감이 느껴지지 않는 이방인과 비슷한 처지다. 안토니오니에 따르면, 밀라노는 사람들을 이방인으로 고립시키는 메마른 공간인 셈이다. 곧 밀라노는 안토니오니에겐 사막이다.

헤밍웨이에겐 사랑의 낙원

헤밍웨이처럼 밀라노를 사랑한 사람도 드물 것 같다. 안토니오니는 밀라노를 죽은 사막처럼 그렸는데, 이와 달리 헤밍웨이는 이곳을 사랑과 열정의 성지처럼 그렸다. 그의 첫 베스트셀러 소설 〈무기여 잘 있거라〉(1929)를 통해서다. 알려진 대로 헤밍웨이는 1차대전에 자진 입대했고, 그때 입은 부상과 입원의 경험에서 자전적인 소설을 썼다. 주인공인 프레드릭 헨리 중위는 헤밍웨이의 소설 속 분신이다. 그는 이탈리아의 북쪽 전선인 고리치아(Gorizia)에서 부상을 입고, 병원으로 후송되는데, 바로 그곳이 밀라노다. 이탈리아군대의 동료 장교들이 부상 당한 헨리 중위를 위로하면서 동시에 질투에 가까운 부러움을 드러내는데, 이유는 역시 후송되는 도시가 밀라노이기 때문이다. 그러면서 밀라노에 가면 반드시 해야 할 일도 추천한다. "자네는 밀라노로 가는 거야! 코바, 갈레리아, 캄파리의 도시로. 라스칼라는 꼭 가야 해."

밀라노에서 헨리 중위는 영국인 간호사 캐서린 바클리와 '불같은' 사랑을 나눈다. 불같다는 상투적인 수식어가 어울리는 게, 이들은 '여름'의 밀라노에서 사랑을 시작했고, 청춘의 특권인 듯 거의 매일 밤 사랑을 나눴고(자랑하듯 쓰고 있는 헤밍웨이의 필력을 상상하시라), 헤밍웨이처럼 술고래로 그려진 헨리 중위는 너무나 맛있게 매일 술을 마시기 때문이다. 포도주, 코냑 같은 유명한 술은 물론이고, 이탈리아의 '아름다운 술'인 캄파리(Campari), 베르무트(Vermuth), 그랍파(Grappa) 등을 얼마나 마셔대는지, 술을 좋아하는 독자라면 읽기를 중단하고 마시러 나갈 것 같다. 헤밍웨이는 밀라노를 술과 사랑으로 불타는 도시처럼 그리고 있다.

　헨리 중위는 동료들의 추천대로 보통 '코바'(Castel Cova, 코바 성이라는 뜻)라고 불리는 중세풍 건물에 들러서 캐서린에게 줄 선물을 사고, 그녀와 함께 대성당 주변과 그 옆의 '갈레리아'(Galleria Vittorio Emanuele II, 이탈리아 통일의 왕인 비토리오 에마누엘레 2세의 이름을 딴 상가)라고 불리는 밀라노 최고의 상가를 산책하고, '산 시로'(San Siro) 경마장에서 약간의 돈을 걸며 여흥을 즐기기도 한다. 전쟁과 부상, 그리고 허무한 죽음이 연속하여 일어나는 지옥 같은 세상에서 밀라노는 유일하게 빛이 가득한 천상의 도시처럼 그려져 있는 것이다.

　소설 〈무기여 잘 있거라〉는 영화로 각색됐고, 초기 멜로드라마의 거장인 프랭크 보재지의 작품(1932)과 50년대 스튜디오 시절에 제작된 찰스 비더의 작품(1957)이 유명하다. 하지만 두 작품 모두 밀라노 시퀀스는 세트에서 촬영된 까닭에 도시의 아름다움을 확인하기에는 아쉬움이 남는다. 그런데 두 영화 모두에서 강조하고 있는 밀라노의 명소는 단연 대성당이다. 아마 대성당만큼 밀라노를 금방 알릴 수 있는 장소는 없다고 본 것 같다. 〈무기여 잘 있거라〉에는 밀라노 이외에도 전선인 고리치아, 연인이 재회하는 마조레 호수(Lago Maggiore)의 호반 도시 스트레자(Stresa), 그리고 그 호수의 스위스 쪽 국경도시인 브리사고(Brissago) 등이 주요 배경으로 등장하는데, 두 감독에게도 소설에서 가장 인상적인 공간은 단연 밀라노였던 셈이다. 말하자면 외국인들에게 밀라노는 헤밍웨이가 품었던 사랑의 흥분을 기대케 하는 것 같다.

'백작' 비스콘티가 밀라노를 그리는 방식

밀라노가 배출한 대표 영화인을 꼽자면 단연 루키노 비스콘티다. 알다시피 비스콘티 가문은 밀라노의 시뇨리아(Signoria, 지배 가문)였다. 이들은 대략 13세기부터 14세기까지 밀라노를 지배했고, 이후 스포르차(Sforza) 집안이 그 권력을 이어받는다. 피렌체의 메디치 가문과 더불어 밀라노의 비스콘티 가문은 이탈리아 르네상스의 선두 세력이었다. 루키노는 이 집안 출신의 백작이다. 말하자면 왕족이나 다름없는 유명 인사가 영화는 흥행업일 뿐이라는 편견이 심하던 시절에 감독으로 등장한 셈이다. 곧 그의 삶 자체가 놀람의 대상이었다. 알고 보니 그는 전쟁 중에는 파시스트 정권에 맞서는 레지스탕스였고, 또 변혁을 꿈꾸던 공산주의자였다. 파시스트들에 의해 사형선고를 받은 그가 전쟁이 끝나는 덕분에 극적으로 살아남은 일은 유명한 일화로 남아 있다. 비스콘티는 귀족에 대한 부정적인 선입견을 바꿔놓는 데 적지 않은 역할을 했다. 전후 이탈리아에서 네오리얼리즘이 꽃필 때, 그는 진보적인 영화인들의 '보스'였다. 그의 사상 때문에 비스콘티는 '밀라노의 붉은 백작'이라는 별명을 들었다.

비스콘티가 고향 밀라노를 배경으로 만든 유일한 극영화가 〈로코와 그의 형제들〉(1960)이다. 네오리얼리즘 미학으로 전개한 가족멜로드라마다. 전후 경제부흥 시절에 산업적으로 낙후된 남부의 주민들은 직장을 찾아 북쪽으로 대거 이동했는데, 대개의 목적지가 밀라노였다. 〈로코와 그의 형제들〉은 남부 출신의 다섯 형제가 산업도시 밀라노에서 살아남는 이야기다. 이들은 밀라노 사람들로부터 차별받고, 먼저 정착한 남부 사람들로부터도 차별받는다. 이들이 생존을 위해 몸부림치는 열악한 조건을 비유하는 게 권투다. 사각의 링 위에서 팬티 하나만 입고 겨루는 권투는 낭떠러지 앞에 서 있는 남부인의 존재 조건을 적나라하게 드러냈다.

형제들 가운데 둘째인 시모네(레나토 살바토리)와 셋째 로코(알랭 들롱)가 권투에 소질을 보였다. 돈을 노리고, 또는 진짜 사랑을 발견해 이들 사이에 끼어든 매춘부가 나디아(애니 지라르도)이다. 영화는 이들 세 사람, 곧 매춘부와 권투선수 지망생이라는 최하층 젊은이들의 사랑 이야기다. 그래서인지 이들이 배회하는 밀라노는 뿌연 안개와 축축한 비 때문에 늘 회색이거나 어둡다. 다른 인물들의 배경으로 등장하는 밀라노도 거의 비슷하다. 밀라노의 명소를 다 꿰고 있을 비스콘티가 만든 영화인데, 배경으로는 시각적으로 아름다운 곳, 또는 알려진 곳이 거의 나오지 않는다. 대신 진창이 된 길과 희뿌연 공기가 더 자주 비친다. 최하층 인물들의 삶의 조건이 그렇기 때문일 테다.

비스콘티의 〈로코와 그의 형제들〉에 비친 것처럼, 산업도시로서의 밀라노는 화려하고 아름답지만, 하층민과는 대척점에 있는 도시라는 건 네오리얼리즘 때부터 표현되기 시작했다. 대표적인 작품이 비토리오 데 시카의 〈밀라노의 기적〉(1951)이다. 철거민들, 빈민들이 주인공인 이 영화에서 밀라노의 거리는 비가 와서 진창이거나, 자욱한 안개 때문에 앞이 잘 보이지 않을 때가 많다. 안토니오니의 장편 데뷔작인 〈사랑의 연대기〉(1950)는 빌리 와일더의 〈이중배상〉(1944)처럼 돈을 노리고 부자 남편을 살해하려는 악녀와 그의 애인에 관한 범죄물인데, 그래서인지 배경인 밀라노는 뭔가를 숨기고 감추려는 듯 주로 흐리고 안개에 가려 있다. 리얼리스트들에 따르면 '회색 도시' 밀라노는 하층민의 접근을 쉽게 허락하지 않는 차가운 곳이다.

쿠스트리차의 집시들, 밀라노에 가다

비스콘티는 〈로코와 그의 형제들〉에서 밀라노가 관광용처럼 비치는 것을 극구 꺼려했다. 그런 중에도 도시의 명소를 이용한 유일한 곳이 대성당이다. 하지만 이곳도 교회의 아름다움을 강조하는 식으로 표현하진 않았다. 알랭 들롱이 연기한 로코가 형을 위해 연인을 포기하는 장면은 밀라노의 대성당 '지붕'에서 촬영됐다. 말하자면 '낭떠러지' 위에서 찍은 셈이다. 연인을 어쩔 수 없이 떠나보내는 로코의 마음이 그랬을 것이다. 바닥으로 추락할 것 같은, 혹은 추락하고 싶은 슬픔일 테다. 루카 구아다니노의 멜로드라마 〈아이 엠 러브〉(2009)에도 '대성당의 지붕 장면'이 인상적으로 나온다. 이 장면은 구아다니노의 비스콘티에 대한 오마주로 보이는데, 딸의 동성애 사실을 뒤늦게 알게 된 어머니(틸다 스윈튼)는 혼자 아무 말 없이 성당의 지붕에 올라가 시내를 하염없이 바라보며 앉아 있는 것이다.

밀라노의 대성당은 르네상스 시절 건설됐다. 표면의 넓이에 있어선 바티칸의 베드로 성당과 스페인 세비야의 대성당에 이어 세계에서 세 번째로 큰 성당이다. 당대의 일반적인 교회와 달리 밀라노 성당은 독특하게도 고딕 양식을 대거 적용했다. 고딕의 특성인 하늘을 찌르는 첨탑 형식의 구조물들이 흰색 교회의 전면을 장식하고 있다. 누구라도 밀라노의 성당 앞에 서면, 웅장함과 화려함에 압도당하는 느낌을 받을 것 같다. 그런 느낌은 마르코 벨로키오의 무솔리니 관련 전기영화인 〈승리〉(2009)에 잘 드러나 있다. 청년 무솔리니는 밀라노에서 사회주의자 정치가로 명성을 쌓기 시작했는데, 그의 야망은 밀라노 대성당 앞을 기차가 질주하는 몽타주 장면으로 압축돼 있다. 힘차게 질주하는 시커먼 기관차, 그리고 하늘을 찌르는 웅장한 교회는 청년 무솔리니의 정치적 야망이자 당대 파시스트들의 욕망 혹은 과대망상일 테다.

부유하고 화려한 밀라노에 가면 뭔가를 이룰 것 같은 기대는 에밀 쿠스트리차의 〈집시의 시간〉(1988)에도 잘 표현돼 있다. 쿠스트리차가 유고연방이 와해되기 전, 사라예보에서 주로 활동할 때 만든 작품이다. 당시 동구권, 특히 유고연방의 주민들은 어렵지 않게 이탈리아 방송을 볼 수 있었고, 그래서 이탈리아의 상황에 대해 꽉 꿰고 있는 사람들이 많았다. 지금도 상황은 비슷해서, 이탈리아말을 모국어처럼 구사하는 사람들이 꽤 있다. 쿠스트리차도 어릴 때부터 이탈리아의 칸초네를 들으며 성장했다. 아마 그도 한때는 밀라노에 대한 환상을 품었을 것이다.

〈집시의 시간〉은 사라예보 인근에 몰려 사는 집시들에 대한 영화다. 이들은 범죄집단의 두목에게 속아, 일을 할 수 있다는 기대에 밀라노로 가는데(사실상 인신매매), 정작 그들에게 주어진 일은 도둑질, 동냥, 그리고 여성이라면 매춘 같은 범법행위들이다. 기껏 번 돈을 두목에게 거의 다 뺏기는 것은 물론이다. 대성당이 인쇄된 그림엽서를 보며, 궁궐 속에 사는 귀족을 꿈꿨던 집시들은 대개가 그 앞에 꿇어앉아 동냥하거나, 관광객을 속여 소매치기하고, 짧은 치마를 입고 남성들을 유혹하곤 한다. 멀리서 봤을 때 그리도 아름답던 성당이, 가까이 다가가 보니 이들 집시에겐 돈을 벌어야 하는 삶의 비정한 전쟁터가 돼 있다. 집시들의 시선에서 보면, 밀라노의 대성당은 냉정하고, 오만한 도시의 은유인 셈이다.

밀라노 주변엔 아름다운 호수가 많기로 유명하다. 특히 밀라노와 가장 가까운 코모호수(Lago di Como)는 세계에서 가장 아름다운 호수의 하나로 말해진다. 다음엔 밀라노 부근의 호수로 가겠다. 앨프리드 히치콕의 영화부터 최근의 제임스 본드 영화까지 수많은 작품이 호수의 아름다운 풍경을 이용했다. 당신은 아름다운 호수를 보면 무엇을 상상하는가. 다음의 여행은 그런 상상의 결과일 테다.

11. 밀라노와 호반 도시들

화려한 사랑을 꿈꾸며

앨프리드 히치콕, 〈쾌락의 정원〉, 1925
스티븐 소더버그, 〈오션스 트웰브〉, 2004
루키노 비스콘티, 〈로코와 그의 형제들〉, 1960
디노 리지, 〈어려운 인생〉, 1961
로저 코먼, 〈프랑켄슈타인 언바운드〉, 1990
시드니 폴락, 〈보비 디어필드〉, 1977

히치콕의 스릴러에서 코먼의 호러까지

앨프리드 히치콕의 감독 데뷔작은 〈쾌락의 정원〉(The Pleasure Garden, 1925)이다. 영화의 주 배경은 런던이지만, 데뷔작부터 히치콕은 이국정서를 자극하는 지리적 호기심을 숨기지 않는다. 알다시피 낯선 곳에 대한 열망은 히치콕 영화의 중요한 서사적 동기다. 데뷔작에서 강조된 장소가 이탈리아 북부의 코모호수(Lago di Como)다. 밀라노에서 북쪽으로 약 50km 떨어져 있다. 영화는 '쾌락의 정원'이라는 카바레에서 일하는 두 여성 댄서의 사랑 이야기다. 둘 가운데 상대적으로 선한 여성이 영악한 남자의 꾐에 빠져 신혼여행을 가는 곳이 이탈리아의 코모호수다. 남성은 식민지 아프리카로의 전출을 앞두고 결혼을 서두르고, 여성은 그 계획을 사랑으로만 해석한다. 여성은 아름다운 꿈을 꾸듯 남자를 따라 호수로 향한다. 언뜻 로맨스 영화의 향기가 피어오른다. 하지만 잊지 말아야 할 사실은 히치콕은 데뷔 때부터 스릴러를 잘 만들었다는 점이다.

히치콕, 코모호수에서 데뷔작을 찍다

〈쾌락의 정원〉의 '코모 시퀀스'는 호수 주변에 있는 소도시 리에
르나(Lierna)에서 주로 찍었다. 산으로 둘러싸인 넓고 평화로운 호
수 위로 연인들을 실은 조그만 배가 미끄러져 들어오는 것으로 코
모 시퀀스가 시작된다. 햇병아리 감독은 당대의 스타인 미국 배우
버지니아 발리(Virginia Valli)에게 주눅이 들어 말도 잘 건네지 못했
는데, 당시 자신의 조감독이자 미래의 아내인 앨마 레빌의 도움으
로 겨우 현지촬영을 진행했다. 배우에겐 별다른 요구도 못 하고,
장면을 찍을 때마다 조감독인 앨마에게 오케이 사인을 받고 안심
했다는 유명한 일화가 전한다(패트릭 맥길리언 지음, 〈히치콕〉). 코모
에서의 분위기는 두 연인의 미래를 충분히 암시하는 몇 개의 장면
으로 구성돼 있다. 히치콕이 이용한 방법은 대조법이다. 이를테면
여성이 이탈리아 사람들처럼 마리아 앞에서 기도할 때, 남자는 호
텔의 정원에서 '쾌락'만을 생각한다. 또는 여성이 현지의 아이들을
귀여워하자, 남자는 "저런 애들은 좀도둑이니 조심하라"라고 쌀쌀
맞게 맞받는다. 풍경화에 등장할만한 맑고 넓은 호수와 그 주변은
사랑하는 사람들을 위한 낙원이 되지 못하고, 이들의 미래를 나락
속으로 빠뜨릴 것만 같다(물은 영화의 후반부 클라이맥스에서 다시 중요
하게 등장할 것이다).

첫 영화답게 〈쾌락의 정원〉은 정신을 못 차리는 흥분 속에서 진
행됐다. 하지만 호수의 아름다운 풍경은 히치콕의 마음속에 오래
남았다. 앨프리드와 앨마는 1년 뒤인 1926년 결혼했고, 이들의 신
혼여행지는 '당연하게도' 코모호수였다. 히치콕 부부는 결혼 이후

에도 코모호수를 자주 방문했다. 그들의 사랑, 그들의 영화의 출발
점이기 때문일 테다. 히치콕 부부는 특히 코모호수의 체르노비오
(Cernobbio)라는 소도시에 있는 '빌라 데스테'(Villa d'Este)에서 주로
머물렀는데, 이곳은 〈쾌락의 정원〉에서 두 연인이 신혼여행을 보
낸 장소로 등장한다. 르네상스 때 건설된 이 빌라는 현재 세계적인
명품 호텔로 유명하다.

코모호수는 밀라노에서 기차로 대략 한 시간이면 도착한다. 로
마 시대 때부터 귀족들의 휴양지로 개발되기 시작했으니, 지역의
역사가 얼마나 오래됐는지 짐작이 될 것이다. 그래서인지 호수 주
변의 조그만 도시들에는 동화 속에나 등장할만한 아름다운 빌라
가 곳곳에 건설돼 있다. 최근엔 할리우드의 스타들이 빌라를 사들
이기 시작해, 여름이면 코모 주변은 스타들과 그들을 찍으려는 파
파라치들로 종종 소동이 벌어지곤 한다. 조지 클루니, 다니엘 크레
이그, 마돈나, 브래드 피트, 실베스터 스탤론 등이 코모호수 주변
에 자신들의 빌라를 갖고 있다.

코모호수의 '도둑들'

이들 가운데 조지 클루니와 다니엘 크레이그는 영화 속에서도
코모호수를 배경으로 등장했다. 스티븐 소더버그 감독의 〈오션
스 트웰브〉(2004)는 전편인 〈오션스 일레븐〉(2001)의 한탕 성공으
로 잠시 기쁨을 즐기던 오션(조지 클루니)과 그의 일당들이 위기를
맞는 데서 시작한다. 카지노의 주인(앤디 가르시아)이 이자까지 붙
여 훔친 돈을 다 돌려줘야 한다고 협박하기 때문이다. 오션은 로마

에서 '황금 계란'을 훔치기로 작전을 짠다. 그런데 문제는 그 보석을 둘러싸고 '밤 여우'(뱅상 카셀)라고 불리는 또 다른 최고급 도둑과 경쟁을 해야 하는 점이다. 영화의 종결부, 오션과 테스(줄리아 로버츠) 커플은 경쟁에서 이긴 것으로 오해하고 있는 '여우'에게 찾아가 사실은 그가 패배자라는 점을 확인시켜줌으로써 뼈아픈 열등감을 안겨주는데, 그 장면은 코모호수 주변에 있는 '빌라 에르바'(Villa Erba)에서 촬영됐다. '빌라 에르바'는 19세기 밀라노의 제약(製藥) 재벌인 에르바 집안의 여름 별장이다. 〈오션스 트웰브〉의 시선을 냉소적으로 읽자면, 코모호수 주변의 화려한 저택에는 세계 최고급의 도둑들이 주인으로 살고 있다는 것이다.

〈오션스 트웰브〉의 냉소적 시각은 〈007 카지노 로얄〉(2006)에서도 쓰인다. 제임스 본드(다니엘 크레이그)가 카지노에서 테러 자금을 벌어들이는 악당(매즈 미켈슨)과 한판 승부를 벌이는 게 이 영화의 주요 스토리다. 본드는 겨우 악당의 작업을 중지시키는데, 이후 복잡한 과정을 거쳐 카지노의 거금이 '미스터 화이트'라는 또 다른 악당의 수중으로 들어가 버린다. 그 악당은 손에 피 한 방울 묻히지 않고, 돈을 다 차지했는데, 그가 사는 곳이 코모호수 주변의 '빌라 가에타'(Villa Gaeta)이다. 영화의 마지막 장면이 촬영된 곳으로, 고딕 스타일의 좁고 높은 건물과 아름다운 정원으로 유명하다. 동화에 등장하는 신비한 기사가 살 법한 곳에 사실은 희대의 사기로 돈을 번 악당이 사는 것이다.

한편 〈오션스 트웰브〉가 촬영된 '빌라 에르바'는 루키노 비스콘티 감독의 외갓집이기도 했다(지금 이곳은 공공건물이다). 밀라노의 제약 재벌인 에르바 집안이 그의 모계다. 그 저택은 비스콘티의 모친인 카를라 에르바가 상속을 받았고, 비스콘티는 어릴 때부터 이곳에서 휴가를 보내곤 했다. 그때 비스콘티 집안은 경제 문화계의 인사들을 저택에 초대하여, 가족들이 준비한 조그만 공연을 보여주곤 했다. 주로 간단한 연주회 중심의 프로그램이었다. 비스콘티는 첼로를 연주했다. 그 공연의 무대를 준비한 일종의 연출도 셋째 아들 루키노 비스콘티가 맡았다. 손님 중에 프랑스의 디자이너 코코 샤넬이 있었고, 그의 눈에 들어온 게 감각적인 무대장치와 무대 의상이었다. 물론 그것도 루키노 비스콘티가 만든 것이었다. 이후의 이야기는 알려진 대로다. 코코 샤넬이 비스콘티를 장 르누아르 감독에게 소개했고, 비스콘티는 무대와 의상의 디자인에서 솜씨를 보이며 르누아르의 연출부에서 영화수업을 시작했다(재벌 집안의 가족 공연은 비스콘티의 '독일 3부작'의 첫 작품인 〈저주받은 사람들〉(1969)의 도입부 시퀀스에서 응용되기도 했다).

비스콘티가 밀라노 주변의 호수를 비켜 갈 수는 없었을 테다. 〈로코와 그의 형제들〉(1960)에서 권투로 막 돈을 벌기 시작한 로코의 형 시모네(레나토 살바토리)가 연인 리디아(애니 지라르도)와 '과시적'인 데이트를 하는 곳이 코모호수의 '벨라지오'(Bellagio)라는 도시다. 호수 주변의 유명한 도시들 가운데 밀라노와 가까워서 그런지 가장 관광객이 많은 곳이다(이곳은 또 호수의 중심이라 선박으로 모든 곳을 손쉽게 갈 수 있다). 신인 권투선수와 매춘부인 두 남녀, 곧 최하층의 연인이 마치 밀라노의 '멋쟁이들'인 척 멋을 내며 호수 주변을 거닐고 있다. 이곳엔 역시 아름다운 빌라, 호텔들이 줄지어 있고, 정원에선 상류층 사람들이 점잖게 시간을 보내고 있는데, 아마 그들에게 하층민 커플은 불편한 존재인지, 웨이터가 와서 쫓아내려고 한다. 말하자면 시모네와 리디아에게 코모호수 주변의 화려함은 그들도 즐기고 싶은 부의 상징이자, 신분 상승이라는 욕망의 대상이다.

마조레 호수, 그리고 로카르노 영화제

'이탈리아식 코미디'의 거장 가운데 우리에게 비교적 덜 알려진 대표적인 감독이 디노 리지(Dino Risi)다. 밀라노 출신으로 어릴 때 고아가 됐는데, 친척 집에 얹혀살며 자란 뒤, 정신과 의사가 된 사뭇 입지전적인 인물이다. 그런데 그는 의사 일은 금방 관두고, 당시의 노장감독인 마리오 솔다티의 연출부에 들어가 영화감독으로서의 경력을 쌓기 시작한다. 이탈리아식 코미디의 가장 큰 특징은 로맨스의 배경에 사회비판의 주제를 날카롭게 빚어내는 것인데, 유머와 비판적인 시각을 갖춘 디노 리지에겐 안성맞춤인 장르였다.

그의 대표작 가운데 코모호수를 배경으로 찍은 작품이 〈어려운 인생〉(Una vita difficile, 1961)이다. 로마에서 건축학을 전공하던 청년(알베르토 소르디)은 파시즘 시절 레지스탕스에 참여한다. 겨우 살아남은 그는 해방 이후 노동자들을 대변하는 좌파 언론의 기자가 된다. 그가 일하는 신문사의 이름은 '노동자'다. 사회의 부패와 부정을 고발하는 탐사보도에 전념하던 그는 일부 상류층 인사들이 탈세의 목적으로 재산을 외국에 숨겨놓은 사실을 알아낸다. 청년은 특종의 기쁨에 흥분하지만, 돌아온 결과는 명예훼손죄다. 신문

사는 광고 압박의 두려움 때문에 아무런 도움도 주지 못한다. 레지스탕스는 곤경에 처하고, 파시스트의 후예들은 여전히 부귀를 누리는 '이상한' 상황, 하지만 지금도 지구촌 곳곳에서 종종 목격되는 '어려운 인생'이 펼쳐지는 것이다.

레지스탕스 청년이 과거에 독일군과의 전투에서 쫓겨 도망간 곳이 코모호수 주변의 소도시 리에르나(Lierna)다. 히치콕이 데뷔작을 찍던 그곳이다. 청년의 몰골이 하도 불쌍하여 방앗간에 숨겨 준 현지의 처녀(레아 마사리) 덕분에 레지스탕스는 목숨을 건진다. 전쟁 중이지만 여기서 코모호수는 사랑이 싹트는 '정지된 시간'처럼 등장한다. 갈 곳을 잃은 레지스탕스와 처녀는 세상에는 오직 자기들 둘만 존재한다는 듯 방앗간에 틀어박혀 영원할 것 같은 사랑을 나눈다. 언덕 위 방앗간에서 바라본 호수의 넓고 평화로운 모습은 두 연인의 마음일 테다.

〈어려운 인생〉에서 코모호수는 청년이 훗날 기자로 일하는 로마와 대립적으로 제시됐다. 이를테면 두 곳은 사랑과 일, 낭만과 현실, 감각과 이성, 물과 돌 등으로 대조된다. 코모호수의 에로틱한 물은 로마의 딱딱한 돌과 대조되는 식이다. 정의감에 불타는 청년은 로마에서 온갖 수모만 당하고, 그 상처는 나중에 코모의 호수에서 치유될 것이다. 코모호수는 어머니의 품처럼 방황하는 남자를 감싼다.

호수에 대한 〈어려운 인생〉의 감정, 곧 원초적인 고향에 되돌아온 것 같은 느낌은 헤밍웨이의 소설 〈무기여 잘 있거라〉에서도 잘 드러나 있다. 이 소설의 클라이맥스에 등장하는 호수, 곧 주인공이

국경을 넘는 곳은 '마조레 호수'(Lago Maggiore)다. 밀라노의 북쪽엔
세 개의 호수가 나란히 있다. 오른쪽부터 왼쪽으로 코모호수, 루가
노 호수, 그리고 마조레 호수가 있는데, 이 가운데 가장 큰 호수가
마조레(큰 호수란 뜻)다. 소설의 연인들은 호수의 이탈리아 쪽 도시
인 스트레자(Stresa)에서 출발하여, 스위스의 국경도시인 브리사고
(Brissago)로 넘어갔다. 대략 35km의 거리이고, 둘은 8시간 동안 노
를 저었다. 스위스의 땅에 도착하자, 무섭게만 느껴졌던 호수도 다
시 아름답게 보이기 시작한다. 이들은 스위스에 도착한 걸 자축하
기 위해, 식당에 앉아, 호수의 물을 바라보며 아침을 먹는다.

  마조레 호수 주변에는 영화와 관련해 잊지 못할 도시가 하나 있
다. 바로 스위스의 로카르노(Locarno)이다. 브리사고 바로 위쪽에
있다(약 10km 거리). 알다시피 이곳에선 1946년 이래 국제영화제
가 매년 열린다. 그런데 로카르노는 좀 과장하자면 이탈리아나 다
름없는 곳이다. 스위스에는 독일어권, 프랑스어권, 그리고 이탈리
아어권의 세 지역이 합쳐져 있는 것은 잘 알려진 대로다. 로카르노
가 있는 지역은 과거 밀라노의 시뇨리아인 비스콘티 집안의 영지
였다. 곧 이곳의 이탈리아 문화는 초기 르네상스 때로 거슬러 올
라갈 정도로 오래됐다. 여기선 주로 이탈리아어로 말한다. 로카르
노영화제는 미래의 거장을 발굴하는 데 남다른 안목을 갖고 있다.
여기서 네오리얼리즘이 조명을 받았고, 자크 리베트, 마르코 벨로
키오 등 당대에 숨겨진 작가들이 이 영화제를 통해 유명세를 얻었
다. 최근의 대상수상작, 곧 황금표범상 수상작만 봐도 로카르노영
화제의 미래에 대한 안목을 짐작할 수 있다. 최근의 수상작을 보면

2013년 알베르 세라의 〈내 죽음의 이야기〉, 2014년 라브 디아즈의 〈과거의 것으로부터〉, 2015년 홍상수의 〈지금은 맞고 그때는 틀리다〉, 그리고 2019년엔 페드로 코스타의 〈비탈리나 바렐라〉가 황금표범상을 받았다.

로저 코먼, 호수에서 꿈을 꾸다

로저 코먼은 흔히 '미국독립영화계의 교황'이라고 불린다. 1960년대에 애드가 앨런 포의 공포소설을 각색한 저예산 영화로 단숨에 자신의 명성을 알렸다. 포가 지금도 인기를 누리는 데는 코먼의 영화가 한몫했을 테다. 〈어셔가의 몰락〉(1960), 〈생매장〉(1962), 〈까마귀〉(1963) 같은 포의 소설을 각색하고, 주로 빈센트 프라이스가 주연으로 나온 작품들을 3,4일 만에 후딱 제작하여 발표하곤 했다. 적은 돈으로 빨리 찍는 것은 로저 코먼의 특기다. 그렇지만 그의 유명한 말대로 "할리우드에서 1달러도 잃지 않고 백여 편을 만든" 전설이 됐다. 프랜시스 포드 코폴라, 마틴 스코세지, 제임스 카메론 같은 감독들, 그리고 피터 폰다, 잭 니컬슨 같은 숱한 배우들을 길러낸 멘토로서도 유명하다.

그의 영화는 주로 인공적인 느낌이 그대로 드러난 값싼 세트에서 촬영됐는데, 코먼의 팬들은 그런 '싸구려' 느낌의 공간을 감독의 명예로운 낙인으로 받아들인다. 대충 종이로 만든 것 같은 지하실 세트에는, 엉성한 거미줄이 걸려 있고, 신경쇠약 직전의 빈센트 프라이스가 나와서 뭔가 놀라는 표정을 지으면, 코먼의 호러가 시작되는 것이다. 다산성을 자랑하던 코먼은 1970년대 들어 감독보다는 제작에 주로 매달렸다. 1971년 연출한 〈폰 리히트호펜과 브라운〉을 끝으로 감독 생활은 하지 않았다. 그런 뒤 약 20년 만에 새로운 연출작을 내놓았는데, 그것이 지금까지 그의 마지막 연출작으로 남아 있는 〈프랑켄슈타인 언바운드〉(Frankenstein Unbound, 1990)이다.

메리 셸리의 원작소설 〈프랑켄슈타인〉에서 모티브를 딴 작품이다. 과학자 부캐넌 박사(존 허트)가 실험실의 사고로 1817년 스위스로 되돌아간다. 그곳에서 부캐넌은 '유명한 괴물'을 만든 괴짜 과학자인 빅터 프랑켄슈타인 박사(라울 홀리아)를 만난다. 괴물은 이미 실수로 사람을 죽였고, 또 언제 살인이 벌어질지 모르는 상황이다. 그런데 과거의 스위스 장면이 일반적인 코먼 영화와는 달리 싸구려 세트에서가 아니라 전부 현지촬영으로 찍혔다. 넓고 평화로운 호수와 주변의 푸른 숲이 대단히 아름답게 묘사돼 있는데, 이곳이 바로 코모호수다. 부캐넌은 흠모해마지않던 작가 메리 셸리(브리짓 폰다)를 만나는 횡재까지 누린다. 시간은 아직 메리 셸리가 소설을 쓰기 전이다. 로저 코먼의 상상에 따르면, 메리 셸리는 미래의 남편인 퍼시 비시 셸리는 물론, 바이런 경과도 사귀고 있고, 미래에서 도착한 부캐넌 박사에게도 호감을 보인다. 부캐넌에게는 호수에서의 모든 일이 마치 깨어나지 않으면 좋을 것 같은 꿈처럼 전개되는 것이다.

'꿈같은 호수'의 모티브는 시드니 폴락의 멜로드라마 〈보비 디어필드〉(1977)에서도 보인다. 수작이라곤 못하겠지만 〈보비 디어필드〉에는 〈추억〉(1973), 〈아웃 오브 아프리카〉(1985) 등에 잘 드러나 있는 시드니 폴락 특유의 부드럽고 나른한 정서가 매력적으로 그려져 있다. 아마 주연인 알 파치노의 개성 덕도 봤을 테다. 포뮬러 원(F1) 카레이서인 보비(알 파치노)는 동료의 사고를 본 뒤, 죽음의 강박에서 좀체 벗어나지 못한다. 스위스의 병원에 입원해 있는 동료를 방문했다가, 그곳에서 죽음을 깃털처럼 가볍게 여기는 신비한 여성인 릴리언(마르테 켈러)을 만난다. 그와 함께 코모호수를 여행하며, 보비는 알 수 없는 사랑의 마법 속으로 빨려 들어간다. 호수는 희미한 안개에 싸여 있고, 정체를 알 수 없는 여성의 신비한 마력은 계속 보비를 이탈리아로 끌고 들어가는 것이다. 〈프랑켄슈타인 언바운드〉와 〈보비 디어필드〉는 지나치게 아름다워 세상 저 너머에 있는 것 같은 코모호수의 분위기를 극의 모티브로 잘 이용하고 있는 셈이다.

다음엔 밀라노 왼쪽으로 가깝게 있는 토리노에 가겠다. 제노바처럼 친(親)프랑스적인 도시이고, 무엇보다도 이탈리아 산업의 대표도시다. 피아트 공장이 여기에 있다. 토리노, 밀라노, 그리고 제노바를 연결한 지역은 '산업의 삼각주'라고도 불린다. 도둑들의 수법을 그리는 '케이퍼 필름'의 고전 〈이탈리안 잡〉(피터 콜린스 감독, 1969)이 좋은 길잡이가 될 것이다.

루키노 비스콘티, 〈레오파드〉(1963).
시칠리아의 귀족 집안이 배경이다.

안드레이 타르코프스키, 〈**노스탤지아**〉(1983).

토스카나의 몬테르키 인근에서 시작한다.

우디 앨런, 〈에브리원 세즈 아이 러브 유〉(1996).
뉴욕, 파리, 베네치아가 강조된 작품. 사진은 베네치아의 운하 옆 식당.

케네스 브래너, 〈헛소동〉(1993).

셰익스피어 원작의 배경은 시칠리아의 메시나.
환경이 너무 변해 영화는 토스카나의 키안티 지역에서 촬영했다.

페데리코 펠리니,〈달콤한 인생〉(1960).

로마의 트레비 분수 시퀀스.

피터 콜린슨, 〈이탈리안 잡〉(1969).
피아트의 도시 토리노에서 전개되는 케이퍼 필름이다.

베르나르도 베르톨루치, 〈스틸링 뷰티〉(1996).

토스카나의 시에나 인근.

압바스 키아로스타미, 〈사랑을 카피하다〉(2010).
토스카나의 중세도시 루치냐노.

© Alamy

12. 토리노

귀족의 도시, 니체의 도시

줄리우 브레사네, 〈토리노에서의 니체의 나날들〉, 2001

릴리아나 카바니, 〈선악의 저편〉, 1977

벨라 타르, 〈토리노의 말〉, 2011

킹 비더, 〈전쟁과 평화〉, 1956

디노 리지, 〈여인의 향기〉, 1974

통일 이탈리아의 첫 왕도

프리드리히 니체는 병에 시달렸다. 결국에 스위스 바젤대학의 교수직도 35살 때 그만뒀다. 불과 25살 때 임용돼, 학계의 비상한 주목을 받았던 자리였는데, 병이 강단 경력을 중지시킨 셈이다. 이후 니체는 건강을 돌보기 위해 맑은 공기를 찾아 여름이면 스위스 알프스의 실스마리아(Sils-Maria)로, 그리고 겨울이면 따뜻한 지중해 연안의 니스, 제노바 등으로 옮겨가며 집필 생활을 이어갔다. 그런데 이때, 곧 건강을 걱정하며 떠돌 때, 니체는 필생의 역작들을 써냈다. 니체 최고의 작품으로 평가되는 〈차라투스트라는 이렇게 말했다〉(1883)는 제노바의 바닷가와 실스마리아의 숲에서 잉태됐다. 니체가 매일 제노바와 그 주변의 해변을 미친 듯 종일 걸은 뒤, 〈차라투스트라는 이렇게 말했다〉의 1부를 불과 10일 만에 써낸 것은 유명한 일화로 남아 있다. 알프스와 지중해 도시를 떠도는 방랑 생활과 저술 활동은 서로 비례하며 상승곡선을 그렸다. 그런데 이런 생활에 종지부를 찍는 일이 발생했으니, 바로 그 유명한 '토리노의 말' 사건이다. 이탈리아 북부의 산업도시 토리노에서 니체는 사실상 철학자로서의 죽음을 맞이했다.

미친 철학자 니체, '토리노의 말'

카를로 알베르토 거리 6번지(via Carlo Alberto 6). 이곳이 니체의 주소다. 토리노 시내의 한복판이고, 카를로 알베르토 광장을 끼고 있는 곳이다(카를로 알베르토는 이탈리아 통일 왕조인 사보이 왕가의 19세기 초 왕이다). 1889년 1월 3일 프리드리히 니체는 토리노에 있는 하숙집 주변에서 산책했다. 그런데 광장에서 이륜마차를 끌던 한 마부가 채찍으로 말을 심하게 때리는 것을 봤다. 니체는 갑자기 그곳으로 달려가, 마부의 채찍질을 말리고, 말의 목을 끌어안고 울었다. 그리고는 쓰러졌는데, 이후 사실상 미친 상태로 10여 년을 살다 죽고 말았다. '초인'을 주장하고, 약자에 대한 동정심과 연민을 싸구려 감정으로 질타하던 '사자' 같은 철학자가 매 맞고 있던 말을 (아마도)동정하여 미쳐버렸으니, 이런 아이러니컬한 사건도 없었다.

수많은 전공자가 니체의 죽음에 관해 설명했다. 채찍에 맞는 말은 수난을 당하는 예수의 은유라느니, 혹은 예수와 대적하여 자신을 '안티크리스트'로 여긴 니체 자신의 은유라느니, 많은 말들이 이어졌다. 하지만 그날 이전에 이미 광기의 조짐을 보인 남자의 행동을 논리적으로 설명한다는 것 자체가 어쩌면 더 혼란스러운 미궁으로 빠지는 행위일 테다. 니체의 학자적 삶은 이탈리아의 토리노에서 끝나고 말았다. 이후 10여 년간은 독일의 고향 나움부르크에서 정신을 잃은 상태로, '미친 천재'를 보러오는 방문객들 앞에 사실상 '전시'되는 신세가 되고 말았다. '토리노의 말' 사건 이후, 니체는 미쳤지만, 더 유명해졌고, 여동생이 오빠의 유명세를 잘 이용했다. 말하자면 토리노는 니체가 제정신으로 철학에 매진하던 마지막 도시였다. 이곳에 머물며 그는 말년의 걸작들, 곧 〈안티크리스트〉(1888)와 〈이 사람을 보라〉(1888) 등을 썼다. 그래서인지 토리노의 하숙집은 지금도 니체의 팬들에겐 필수 방문지다. 토리노 시는 1944년 니체 탄생 1백 주년을 맞아, 건물의 벽에 이곳에 니체가 살았다는 사실을 기록한 기념석을 새겨놓았다.

토리노에서 니체는 1년도 채 살지 않았다. 하지만 불같은 열정으로 집필활동을 이어갔다. 그때 니체는 무슨 생각을 하고 살았을까? 자신의 광기와 죽음이 점점 다가오고 있다는 사실을 알았을까? 브라질의 지적인 감독인 줄리우 브레사네(Júlio Bressane)는 당시에 집필된 니체의 책들, 지인들에게 보낸 편지를 바탕으로, 토리노에서의 니체의 마지막 날들을 그렸다. 〈토리노에서의 니체의 나날들〉(2001)이 바로 그 작품인데, 영화는 시작하자마자 니체가 한때 그렇게도 좋아했던 리하르트 바그너의 〈트리스탄과 이졸데〉의 음악을 배경으로, 토리노의 하숙집으로 철학자가 막 들어가는 모습을 보여준다. 영화에 따르면 니체는 건강을 상당히 잃었다. 니체는 곧 쓰러질 듯 다리를 끌며 토리노에 도착했다.

니체는 바젤대학교의 동료 교수이자 유명 미술사학가인 야콥 부르크하르트에게 편지를 쓰며 토리노의 인상을 털어놓는다. 니체에게 토리노는 '품위 있는 귀족의 도시'이고, 맑은 공기, 아름다운 풍경, 밤의 아름다움까지 간직한 놀라운 곳이었다. 말하자면 도시와 니체의 궁합이 잘 맞았다. 편지에서 니체는 '이곳에 와서 아주 기쁘다'라고 밝힌다.

〈토리노에서의 니체의 나날들〉은 일종의 전기영화다. 니체의 글을 기초로 하여, 그의 삶을 반추하는 형식을 취하고 있어서다. 대사는 거의 없고, 니체가 자신의 글을 읽는, 또는 들려주는 내레이션만으로 영화는 진행되는데, 이때 인용되는 작품들은 대부분 니체 자신을 설명하는 것으로 해석된다. 이를테면 〈트리스탄과 이졸데〉는 이미 왕의 아내가 된 '임자 있는 여인' 이졸데를 사랑하는 왕의 조카 트리스탄의 비극적 이야기인데, 니체는 자신을 트리스탄으로, 그리고 열렬히 사랑했던 바그너의 아내 코지마를 이졸데의 위치에 놓고 있는 식이다. 트리스탄이 죽는 순간에도 이졸데에 대해 변하지 않는 사랑을 약속했듯, 죽음이 다가오는 토리노의 하숙방에서 니체는 코지마의 이름을 반복하여 부르는 것이다.

이것뿐 아니다. 니체는 걸작이라고 찬양했던 비제의 오페라 〈카르멘〉을 보며, 남자들을 자기 마음대로 휘두르는 카르멘의 모습에서 자신을 냉정하게 버리고 떠났던 루 살로메를 그리워하고, 그리스 고전 〈오이디푸스 왕〉에서는 자신을 살부(殺父)의 주인공 오이디푸스와 동일시하고, 셰익스피어의 〈오셀로〉에서는 아내를 의심하는 장군의 모습에서 살로메를 의심했던 자신을 기억하는 식이다. 결국에 니체가 인용하는 작품과 캐릭터는 니체 자신의 비극적 운명과 연결된 셈이다. 어쩌면 가장 처절한 장면은 니체가 미쳐 쓰러진 뒤, 하숙방에서 나체로 혼자 춤을 추거나 소리를 지르는 순간일 테다. 그럴 때면 니체는 자신을 '토리노의 시저'라고 부른다. 로마의 영웅 시저가 니체의 영웅이었던 점은 잘 알려진 사실이다. 니체는 역사적 인물 가운데 시저, 알렉산더 대왕, 나폴레옹을 자주 거론하며 '초인'의 힘을 묘사했다. 특히 1821년에 죽은 나폴레옹은 니체(1844년 생)에게 가장 실감 나는 영웅일 것이다. 토리노에서 쓴 자서전, 혹은 유서 같은 저작 〈이 사람을 보라〉에선 니체의 나폴레옹에 대한 사랑이, 또는 그와의 동일시가 종종 발견된다.

〈선악의 저편〉, 살로메와의 비극적 사랑

철학에는 천재였지만, 사랑에는 미숙했던 니체는 평생 두 여성을 사랑했는데, 한 명은 코지마이고, 아마도 더 유명한 또 다른 한 명은 러시아 출신의 학자이자 예술가인 루 살로메였다. 니체의 친구이자 대학 후배인 파울 레가 소개한 여성인데, 문제는 두 남자 모두 살로메를 사랑했던 점이다. 두 남자는 젊은 학자들답게 당돌한 살로메의 제안에 따라 두 남자와 한 여자가 함께 동거하는 '실험'에 동의했다. 니체의 모교가 있는 독일의 라이프치히에서 동거가 시작됐고, 니체는 내심 사랑의 승리를 확신했다. 그때 이들은 그 유명한 사진을 찍는다. 살로메는 채찍을 들고 있고, 두 남자는 '토리노의 말'처럼 마차를 끄는 모습이다. 그런데 동거 한 달쯤 지난 뒤, 파울 레와 살로메가 동시에 집에 돌아오지 않았다. 미련하게도 니체는 그게 뭘 의미하는지 몰랐다. 두 사람이 베를린으로 사랑의 도피를 감행한 사실은 며칠이 지나서야 알았다.

이탈리아의 릴리아나 카바니 감독이 만든 〈선악의 저편〉(1977)은 이들 세 명의 삼각관계를 그린 멜로드라마다. 라이프치히에서 세 사람이 공동생활을 하던 1882년 10월이 강조돼 있다. 그 앞뒤로 로마에서의 만남, 베를린으로의 줄행랑, 그리고 토리노에 혼자 남은 니체의 비참한 생활 등이 이어진다. 잉마르 베리만의 배우로 유명한 엘란드 요셉슨이 혼이 나간 니체의 연기를 얼마나 실감 나게 하는지, 니체의 비극을 다룬 영화가 어이없는 부조리극처럼 종종 헛웃음을 짓게 한다. 배신과 버림받음의 고통 속에서 니체는 아편에 의지하고, 영화는 결국 그 사랑의 상처가 니체 광기의 중요한 원인인 것으로 묘사하고 있다. 이 영화에서도 니체는 토리노의 카를로 알베르토 광장에서, 말의 목을 끌어안고 울다가 미쳐버린다.

한 가지 흥미로운 점은 '니체처럼 과감한' 릴리아나 카바니(논란 많았던 〈비엔나 호텔의 야간배달부〉 감독)가 니체뿐 아니라 파울 레까지 두 남자 모두를 동성애자처럼 묘사하는 사실이다. 남성 동성애를 표현하는 두 발레리노의 이중무(二重舞) 시퀀스는 〈선악의 저편〉의 가장 뛰어난 장면으로 남아 있는데, 이는 카바니가 갖고 있던 무대공연, 특히 오페라 연출가로서의 역량이 유감없이 발휘되는 순간이기도 하다. 니체의 동성애는 소수 학자에 의해 이미 제기된 바 있다. 여기선 특히 두 남녀가 줄행랑을 친 뒤, 그 상처에 의해 촉발된 자기 학대처럼 동성애를 표현하고 있다. 영화에 따르면, 니체는 부끄러워서라도 라이프치히에 머물 수 없고, 그길로 이탈리아의 베네치아로 가서 '수려한 남자들'과 어울린다.

벨라 타르와 니체의 니힐리즘

벨라 타르의 마지막 장편인 〈토리노의 말〉(2011)은 카를로 알베르토 광장의 그 사건에서 모티브를 따왔다. 그런데 카메라의 초점은 미쳐버린 니체가 아니라, 채찍으로 맞던 그 말에 맞춰 있다. 니체는 미처 누웠고, 그러면 채찍에 맞던 말은 어떻게 됐을까? 이런 질문과 함께 화면은 시골길에서 힘들게 마차를 끄는 늙은 말을 보여준다. 영화는 벨라 타르의 조국인 헝가리의 부다페스트 근처에서 촬영됐다. 하지만 텍스트의 논리대로라면 영화의 도입부는 19세기 말 토리노의 근교라고 봐야 할 것이다.

니체의 '말씀'(니체는 '안티크리스트'로서 자신을 예수, 그리고 자신의 언어를 복음과 견주었다) 가운데 가장 수용하기 어려운 부분이 '약자'에 대한 공격일 테다. 그 약자에 대한 공격이 지나칠 때면, 니체에게 기독교는 동정심에 근거한 '무리한' 평등주의의 선동이고, 이와 마찬가지로 법 앞에 만인의 평등을 설파하는 민주주의도 인류의 나태와 타락을 부추기는 선동이란 것이다. 말년에 토리노에서 쓴 〈안티크리스트〉에선 이런 위험한 발언이 어안이 벙벙할 정도로 넘쳐난다. 니체의 책에서 모티브를 따왔고, 발표 당시에 논란을 몰고 온 라스 폰 트리에 감독의 〈안티크라이스트〉(한국 개봉 영화 제목, 2009)는 책에 비하면 순진한 수준이다. 숨길 수 없는 사실이자, 불편한 사실인데, 니체는 민주주의를 반대한 귀족주의자이고, 귀족의 고귀한 정신과 순결한 피를 믿고 찬양했다(나치들이 니체를 추앙한 첫째 이유가 아마 이것일 것). 그는 말년에 자신이 '폴란드 귀족의 후예'라고 떠들고 다녔다.

벨라 타르가 〈토리노의 말〉을 만든 것은 니체의 '말'(言)에 찬성해서일 것 같지는 않다. 혈기방장한 니체가 보면 분명 '약자'라고 공격할 늙은 부친과 딸에 대한 연민을 자극하고 있어서다. 제목을 〈토리노의 말〉이라 해놓고, 니체의 존재를 거의 지운 것 자체가 니체에 대한 간접적인 비판이다. 〈토리노의 말〉은 말에게 채찍질할 수밖에 없었던 가난하고 늙은 마부와 딸, 그리고 그 말의 이야기다. 그날의 사건 이후 일주일 동안, 이들이 어떻게 소멸해 가는지의 과정이 벨라 타르 특유의 롱테이크와 세밀한 묘사로 전개된다. 처음엔 말이 먹이를 먹지 않고, 우물에 물이 마르고, 사람들도 먹지를 못하고, 최종적으로는 오두막집에 모든 불이 꺼지는 결말이다. 사실상의 세상의 종말, 파국인 것이다. 〈토리노의 말〉은 사람들이 나빠지고, 세상이 나빠지고, 그래서 결국 종말로 치닫는 니힐리즘의 정석처럼 진행된다.

'잘난 니체'보다 사회에서 밀려난 마부와 그 딸의 편을 드는 것이 벨라 타르의 평소의 태도일 것이다(그는 세계화, 신자유주의를 적극적으로 비판했다). 마부의 이웃이 나타나, '잘난' 사람들은 과거보다 더욱 나빠졌고, 거의 모든 나쁜 부(富)를 독점하고, 그래서 종말이 올 것이라고 마치 니체처럼 포효하듯 말하는데, 이는 니체의 귀족주의를 혐오하는 필부의 웅변으로 봐도 될 것 같다. 흥미로운 것은 벨라 타르는 니체의 귀족주의를 에둘러 비판하며, 세상의 종말이 임박했음을 예시했는데, 귀족주의를 주장하던 니체도 사실은 세상의 종말을 예언하던 비관주의자였던 점이다. 논란이 많은 주장이지만, 역설적이게도 파국을 극복하기 위해 니체는 '고귀한 정신'의 귀족주의가 도래하기를 바랐다.

토리노, 통일 이탈리아의 첫수도이자 왕도

토리노는 통일 이탈리아의 첫수도였다. 곧 통일을 이끈 사보이 왕가(Casa Savoia)의 왕도다. 지금도 사보이 왕가에 관련된 건물들, 곧 '왕궁'(Palazzo Reale), '카리냐노 궁전'(Palazzo Carignano) 등은 전부 유명 관광지이자, 유네스코의 세계유산에 등록된 유적지다. 왕도여서인지, 이탈리아 최고급의 포도주인 소위 '3B', 곧 바롤로(Barolo), 바르바레스코(Barbaresco), 바르베라(Barbera) 등이 모두 이곳 토리노 주변에서 생산된다. 메디치 가문과 관련된 피렌체 주변의 키안티 포도주가 귀족의 포도주라면, '3B'는 왕족의 포도주인 셈이다. 포도밭이 많아서인지 토리노 주변은 야트막한 언덕들이 쉽게 눈에 띄는데, 이곳의 풍경이 절경이고, 그래서 영화의 촬영지로도 자주 등장한다. 이를테면 킹 비더의 대서사극 〈전쟁과 평화〉(1956)는 나폴레옹의 프랑스군과 러시아군의 전투 장면을 이곳 토리노 근처에서 찍었다. 들판에서 양쪽의 대군이 대오를 갖춰 전투 준비를 하는 장면도 장관이지만, 너무나 아름다운 전장의 들판은 전쟁의 허무함을 역설적으로 강조하고 있기도 하다. 그런 풍경이라면 모든 무기를 손에서 내려놓고 싶을 정도로 자연은 숭고한 자태를 뽐낸다.

토리노의 귀족문화는 지금도 현재진행형이다. 통일을 이끈 왕도로서의 역사적 자부심, 문화의 중심지로서의 자부심, 그리고 이탈리아 산업의 견인차로서의 자부심이 배여 있다. 이탈리아 출판의 명예인 '에이나우디'(Einaudi), 이탈리아 자동차 산업의 본산인 피아트가 토리노에 있다. 토리노는 뭐든 최고이고, 최고여야 한다는 생각들이 이들 시민에게서 느껴진다. 최고로서의 자부심을 대중적인 면에서 찾자면 유벤투스 축구팀이 떠오른다. 최다 우승 기록 같은 성적보다는, 유벤투스가 내세우는 '협력과 희생'의 이미지가 아마 이 팀을 이탈리아에서 가장 사랑받는 축구클럽으로 만들었을 것이다. 알다시피 그런 미덕은 다른 팀에선 쉽게 볼 수 있는 게 아니다.

토리노인의 귀족문화를 풍자의 대상으로 삼은 대표적인 코미디가 디노 리지 감독의 〈여인의 향기〉(Profumo di donna, 1974)이다. '초인'을 흉내 내는 '마초맨'이 주인공으로 나온다. 전역한 파우스토 대위(비토리오 가스만)는 군대에서의 폭발사고로 시각장애인이 됐다. 그는 최고의 군인이 되고자 했고, 지금도 남성적인 군대식 예절을 최고로 여긴다. 그런데 앞을 보지 못하는 처지가 되자, 그는 삶의 의욕을 잃었고 비밀리에 자살 계획을 세운다. 파우스토는 차라리 죽는 게 자신의 명예를 지키는 것이라고 여긴다. 세속화된 혹은 얼치기 니체 숭상주의자를 상상하면 파우스토의 모습이 그려질 것이다.

파우스토는 어린 신병의 도움을 받아, 토리노에서 나폴리까지 여행길에 오른다. 그곳엔 함께 죽기로 합의한 전우가 살고 있다. 그도 사고로 눈을 잃었다. 파우스토는 언제나 얼굴을 빳빳하게 들고 있으며, 주위의 동정을 느낄 때면 불같이 화를 낸다. 그에게 가장 큰 모욕은 다른 사람이 도움을 주거나, 자신을 배려하거나, 동정심을 드러내는 것이다. 허세와 자기기만으로 가득 찬 이 퇴역 장교가 나폴리의 바닷가에서 처음엔 동정을 받았다고 느꼈던 모욕을 사랑으로 받아들임으로써 삶의 전환점을 맞이하는 결말이다. 당시 이탈리아 영화계의 스타였던 비토리오 가스만이 마치 자신이 나폴레옹이나 된 듯 온갖 허세를 떠는 연기로 강한 인상을 남겼는데, 그는 이 영화로 칸영화제에서 남우주연상을 받았다. 이 영화를 할리우드에서 리메이크한 작품이 알 파치노 주연의 〈여인의 향기〉(1992)이다. 파치노도 여기에서의 연기로 아카데미 남우주연상을 받았다. 두 영화 모두에서 귀족적 허세, 또는 귀족적 품위가 남성의 매력으로 제시됐다.

왕도 토리노는 귀족의 도시이기도 하지만, 동시에 노동자의 도시이기도 하다. 이탈리아공산당의 창건자 안토니오 그람시의 활동 거점이 바로 토리노였다. 토리노는 니체의 도시이자 동시에 그람시의 도시인 것이다. 다음엔 그람시의 도시 토리노로 가겠다. 마리오 모니첼리의 〈동지들〉(1963) 같은 코미디가 좋은 길잡이가 될 것이다.

13. 토리노

노동자의 도시, 그람시의 도시

리노 델 프라, 〈안토니오 그람시: 감옥에서의 나날들〉, 1977

마리오 모니첼리, 〈동지들〉, 1963

잔니 아멜리오, 〈그들은 그렇게 웃었다〉, 1998

마르코 툴리오 조르다나, 〈베스트 오브 유스〉, 2003

피터 콜린슨, 〈이탈리안 잡〉, 1969

미켈란젤로 안토니오니, 〈여자 친구들〉, 1955

북부 산업의 중심지

　안토니오 그람시는 척추장애자(꼽추)다. 어릴 때 등에 혹이 하나 있었는데, 집이 너무 가난하여 제대로 치료받지 못했다. 모친은 혹에 요오드를 바르며 밤새 마사지도 해봤고, 또 시골 의사의 조언에 따라 소년을 천장에 매달기도 했다. 하지만 혹은 더 커졌다. 장애자가 된 그람시는 평생 질병과 그에 따른 고통에서 벗어나지 못했다. 어릴 때부터 굶는 일은 다반사였고, 이에 따른 영양실조로 몸은 점점 쇠약해져 갔다. 남들처럼 잘 뛰어놀지도 못했고, 결국 키도 150cm 정도에 머물렀다. 소년은 내성적이고, 우울한 성격으로 변했다. 그람시는 혼자 책을 읽었다. 특히 토리노에서 군 복무 중이던 큰 형이 보내준 사회주의 계열의 잡지, 팸플릿 등은 그람시에겐 복음이었다. 사르데냐섬의 시골에서 자란 그람시는 '붉은 도시' 토리노로 가고 싶었다. 방법은 한 가지밖에 없었다. 생계 지원을 받는 장학생이 되는 것이다. 의사는 심한 공부는 건강을 더욱 해칠 것이라고 경고했지만, 그람시는 시험 준비에 독하게 매달렸다. 가난 때문에 하루에 겨우 한 끼 정도 먹었는데, 현기증을 느끼면서도 책상 앞에 앉아 버텼다. 1911년 가을 그람시는 동경하던 토리노에 도착했고, 토리노대학 문학부에 장학생으로 입학했다. 그의 나이 20살 때였다.

안토니오 그람시, 토리노대학에 들어가다

이탈리아의 리노 델 프라 감독의 〈안토니오 그람시: 감옥에서의 나날들〉(1977)은 이탈리아 공산당의 창건자인 그람시의 말년을 조명하고 있다(로카르노 영화제 황금표범상 수상). 1926년 로마에서 파시스트 정권에 의해 체포된 뒤, 20년 형을 선고받고, 이탈리아의 남단 투리(Turi)에서 보낸 감옥생활을 마치 다큐멘터리처럼 그린다. 정치범들이 주로 수감된 이곳에서 그람시는 동지들, 또는 동지로 위장한 파시스트들과 토론을 벌이고, 다투기도 하며, 자기 생각을 더욱 가다듬는다. 모스크바의 변화에 민감하던 당시의 좌파들은 스탈린의 권력 장악을 대체로 인정하는 편이었고, 그람시는 그의 권력욕에 강한 의구심을 드러냈다. 동지들과의 논쟁 속에서 더욱 분명해진 생각들을 기록한 3천 페이지 이상의 노트가 바로 그람시의 〈옥중수고〉(Quaderni del carcere)다. 대략 1929년부터 건강이 나빠져 로마의 병원으로 이송되는 1935년까지, 투리 감옥에서 쓴 것이다(2년 뒤, 그람시는 46세의 나이로 병사한다).

사실 감옥생활을 할 때, 그람시는 이미 돌이킬 수 없을 정도로 건강이 나빠져 있었다. 토리노의 대학생 때도 하루에 겨우 한 끼 정도 먹었다. 그람시는 단 하루라도 '두통과 현기증을 느끼지 않고 살기'를 소원했다. 수감 될 때는 이미 이빨 12개가 빠져 있었고, 요독증으로 구토와 두통에 시달렸고, 신경쇠약에 의한 발작 등을 종종 일으켰다. 그런 상황에서도 그람시는 기록을 멈추지 않는다. 심지어 폐병으로 각혈하는 순간에도 그는 기록에 매진했다. 사르데냐섬의 착취 받는 농부들을 보며 자랐고, 돈이 없어 학업을 일시 중단했던 11살 때는 하루 10시간의 노동도 경험했다. 미성년자 노동이 일상처럼 벌어질 때였다. 꼽추였던 그람시는 일을 마치고 집에 오면 밤새 침대에서 끙끙 앓다가, 다음날 새벽이면 다시 일하러 나가야 했다. 혁명에 대한 열망이 없었다면 '기적적인' 수고는 불가능했을 것이다. 〈옥중수고〉는 그람시의 생명의 대가로 남은 결과인 셈이다.

감옥에서 그람시가 과거를 기억하는 장면에서 가장 아름다운 순간은 역시 토리노에서 정치적 활동을 적극적으로 벌일 때와 모스크바 인근에서 미래의 아내가 될 러시아 여성 줄리아 슈흐트(Julia Schucht)를 만날 때다. 줄리아는 10대 시절 로마에서 바이올린을 전공했고, 이탈리아 말을 잘했다. 그람시는 줄리아와의 사이에 두 아들을 두었는데, 짧은 행복은 그가 옥중생활을 할 때 두 사람의 관계가 사실상 단절됨으로써 끝나고 말았다.

'붉은 도시' 토리노는 한때 '이탈리아의 페트로그라드'라고 불렸다. 러시아의 왕도 상트페테르부르크에서는 20세기 초 산업화에 따른 노동자 운동이 줄기차게 전개됐는데, 그때의 도시 이름이 '페트로그라드'였다. 1905년의 비극적인 노동자 봉기인 '피의 일요일 사건' 등이 기억날 것이다. 이 도시는 레닌 시대 이후 '레닌그라드'로 개명되기도 했다. 말하자면 20세기 초의 '페트로그라드'는 러시아뿐 아니라 유럽 전체 노동자 운동의 상징이었고, 이탈리아 내에서 토리노가 바로 그런 역할을 했다. 그람시는 '이탈리아의 페트로그라드'에서 1920년 총파업이 벌어질 때, 그 운동의 리더로 부각되며 이탈리아 좌파의 유력한 지도자로 성장한다. 〈안토니오 그람시: 감옥에서의 나날들〉은 이탈리아공산당의 창건자 그람시가 '붉은 도시' 토리노에서 정치의 발판을 마련한 과정에 대한 헌사이기도 한 셈이다.

토리노, '이탈리아의 페트로그라드'

그람시가 토리노에 등장할 즈음에, 이 도시 노동자들의 일상은 어땠을까? 〈안토니오 그람시: 감옥에서의 나날들〉은 혁명가 그람시의 삶에 초점을 맞춘 탓에 그를 지지하던 평범한 노동자들의 일상은 별로 소개돼 있지 않다. '이탈리아식 코미디'의 장인인 마리오 모니첼리의 〈동지들〉(I compagni, 1963)은 바로 그 노동자들의 일상을 풍자한 작품이다. 이탈리아식 코미디의 특징대로 〈동지들〉은 당대의 사회문제를 풍자하고 있는데, 여기의 테마는 노동자의 비인간적인 삶의 조건이다. '영리한' 모니첼리답게 시대적 배경을 1960년대 당대가 아니라, 19세기 말로 잡아 민감한 논쟁을 살짝 피했다. 토리노의 섬유공장이 배경이다. 옛 이야기하듯 당대 노동자들의 삶의 조건을 풍자하는 것이다.

하루 14시간 노동에, 점심시간이 30분인 공장의 노동자들이 회사에 요구하는 것은 노동시간을 한 시간 줄여달라는 것이다. 장시간 노동으로 동료 한 명이 지친 나머지, 기계에 다친 사고가 난 뒤다. 회사는 '더욱 집중하라'라며 노동자의 요구를 거절하고, 노동자들은 1시간 일찍 퇴근하는 부분 파업을 계획한다. 그런데 막상 그 시간이 다가오자 아무도 용기 있게 기계 옆을 떠나지 못한다. 이때 등장한 인물이 노동운동가인 시니갈리아 교수(마르첼로 마스트로이안니)다. 제노바 경찰의 추적을 피해 토리노에 왔던 그는 노동자들이 답을 찾지 못해 전전긍긍하는 회의를 우연히 엿들었는데, 호기 있게 자신의 경험을 제안한다. "동지들! 당장 파업하자"라는 것이다. 그런데 파업이 길어지며, 아무런 수입이 없게 되자, 노동자들은 동요하고, 회사는 대체 노동자를 수급한다.

시니갈리아 교수는 동지들 앞에 다시 선다. "동지들! 공장을 점거하자. 하루 14시간씩 일하며, 피와 땀을 쏟은 이곳은 바로 동지들의 것!"이라며 말 그대로 피를 토하는 연설을 한다. 노동자들은 공장점거에 나서고, 회사는 병력 요청을 하고, 러시아에서 벌어졌던 '피의 일요일 사건'이 상상되는 긴장감이 감돈다. 그런데 노동자와 병력이 충돌하는 사이, 소년 노동자가 그만 죽고 말았다. 영화의 엔딩은 대단히 비관적이다. 노동자들은 여전히 14시간 노동을 채우기 위해 꼭두새벽부터 공장 앞에 줄을 서 있고, 그 가운데는 죽은 소년의 어린 동생도 보인다. 죽은 형이 '공장 노동자의 운명'을 물려주지 않기 위해, 어렵사리 학교에 보냈던 동생이다. 이제 10살쯤 됐을까? 막 잠에서 깨어난 소년이 눈을 껌벅이며 공장으로 들어가는 것으로 영화는 끝난다. 모니첼리의 〈동지들〉에 따르면, 토리노는 이탈리아 산업의 중심도시이자, 동시에 노동자 착취의 도시로 남아 있는 셈이다.

19세기 말의 산업화 과정에서 벌어졌던 노동자 착취의 역사는 현대에 와서는 어떻게 됐을까? 피아트 공장이 있는 부유한 도시 토리노는 이제 그 부가 노동자 계급에까지 분배됐을까? 1990년대 이탈리아 영화의 대표적인 리얼리스트인 잔니 아멜리오 감독의 〈그들은 그렇게 웃었다〉(1998)에 따르면 사정은 별로 나아진 것 같지 않다. 영화의 배경은 '경제 성장의 붐'이 일던 1960년대다. 〈동지들〉의 형제처럼, 여기서도 형(엔리코 로 베르소)은 무슨 일을 해서든 동생을 공부시키려 한다. 시칠리아 출신인 그는 자기처럼 문맹에, 아무런 기술도 갖지 못한 사람은 어떤 운명을 살아야 하는지 너무나 잘 알기 때문이다.

형은 채소 시장의 쓰레기를 비를 맞으며 밤새 치운 끝에 받은 돈으로 동생의 '비싼' 책을 사주는데, 동생은 아쉽게도 공부에 매진하지 않는다. 아니 못한다. 동생은 혼자만 공부하는 데 죄책감을 느끼고 있다. 게다가 학교에선 토리노 학생들로부터 따돌림을 당하고 있다. 동생은 차라리 형처럼 노동하는 게 더 마음이 편할 것 같다. 공부에 매진할 것을 기대하는 형 앞에서 철없는 동생은 그 '귀한' 책을 땅바닥에 던져버리기까지 한다. 형은 그런 책을 한 번 읽어 보는 게 소원이었는데, 책이 길바닥에 나뒹굴고 있으니, 가슴이 찢어질 듯 아팠을 것이다. 그런데도 형은 아무렇지도 않은 듯 책을 다시 집어 들고, 손으로 정성스럽게 닦으며, 오히려 동생의 아픈 마음을 달래고 위로한다. 형은 동생을 더욱 좋은 조건에서 공부시키기 위해 못 할 짓이 없을 것 같은 독기를 품는다. 그는 돈을 벌기 위해 어떤 일도 마다하지 않는다. 여기서 형제의 운명에 비극이 잉태되는 것이다.

〈그들은 그렇게 웃었다〉는 1960년대를 배경으로, 하층민이 토리노에 적응하는 데 어떤 희생을 치러야 하는지를 잘 보여주고 있다. 시칠리아 출신의 노동자들에겐 집을 빌려주지 않아, 형은 지하에서 겨우 침대 하나 얻어 잠을 자기도 한다. 비스콘티 감독의 〈로코와 그의 형제들〉(1960)에서 남부 출신인 로코의 가족이 밀라노의 반지하에서 겨우 셋집을 마련하는 것과 비슷한 상황이다. 이런 사정은 영화가 발표된 1990년대 당대, 그리고 지금까지도 크게 변하지 않은 차별일 것이다. 형제들이 겪은 차별은 아마도 지금은 외국에서 들어온 노동자들이 주로 경험할 것 같다. 아멜리오 감독이 호소하는 것도 '형제애'라곤 없이 반복되는 차별의 부조리일 것이다(베네치아영화제 황금사자상 수상).

〈이탈리안 잡〉, 토리노를 병풍 삼은 캐이퍼 필름

불행하게도 1970년대 이탈리아는 '테러의 땅'이었다. 극좌파인 '붉은 여단'이 보수정치의 리더이자 전 총리인 알도 모로를 납치한 뒤, 살해한 사건이 벌어질 때다(1978년). 정치인들에 대한 테러가 주로 로마에서 일어났다면, 경제인들에 대한 테러는 토리노에서 잦았다. 이를테면 이탈리아의 배우인 발레리아 브루니 테데스키와 프랑스 전 총리 사르코지의 아내인 카를라 브루니 테데스키는 자매인데, 이들은 어릴 때 테러 위협 때문에 부친을 따라 프랑스로 이주했다. 그의 부친이 토리노의 대표적인 타이어회사(CEAT)의 소유주였다. '붉은 여단'이 공개적으로 테러로 위협하는 바람에 가족들은 1970년대 초에 프랑스로 이주했다. 이처럼 1970년대 토리노에는 테러의 공포가 늘 감돌았다. 권력과 부를 서로 나누던 일부 보수 정치인과 자본가에 대한 분노는 대학생들과 노동자들 사이에서 가장 컸는데, 이는 불행하게도 테러의 한 원인이 됐다.

시대적 상황이 그랬으니, 그때를 살았던 사람들도 변해갔다. 마르코 툴리오 조르다나의 〈베스트 오브 유스〉(2003)에는 토리노대학에 다니던 캠퍼스 커플이 주요 인물로 등장하는데, 남편은 의사로 성장하고, 아내는 점점 정치적으로 돌변하더니 '붉은 여단'의 일원이 된다. 당시에 유행하던 '마오주의'에 따라, 아내는 자본가와는 한 치의 타협도 할 수 없다는 극단주의자로 변한다. 그런 '혁명가'를 둔 가정이 어떻게 변할지는 다들 상상이 될 것이다. 아마 그래서인지 조르다나 감독은 토리노 시퀀스를 찍을 때 불행한 미래의 전조처럼 안개가 자욱한 '몰레 안토넬리아나'(Mole Antonelliana)를 보여줬는지 모르겠다. 탑처럼 하늘을 향해 치솟아 있는 이 건물은 토리노의 대표적인 상징인데, 그 상징이 짙은 안개 속에 가려져 있는 것이다(지금 이 건물은 영화박물관으로 쓰이고 있다).

토리노의 경제, 곧 부유함이 늘 비극적인 테마로 영화에 등장하는 것은 물론 아니다. 영화적으로 볼 때, 토리노를 세계의 관객에게 알린 작품은 '케이퍼 필름'(도둑질의 디테일을 묘사하는 스릴러)의 고전인 〈이탈리안 잡〉(1969)일 것이다. 일단의 영국인 도둑들이 리더(마이클 케인)의 계획에 따라 토리노에서 한탕을 노리는데, 그 목표물은 중국 정부에서 피아트 회사로 건네지는 4백만 달러어치의 황금이다. 부자 도시와 자동차 도시라는 토리노의 이미지가 영화의 배경이 된 셈이다.

여기서도 토리노의 첫인상은 '몰레 안토넬리아나'로 보여준다. 하늘을 찌르는 건물은 권력의 도시 토리노의 상징인 것이다. 토리노는 이탈리아 통일왕국의 첫 왕도였다. 도둑들은 토리노 시내에서 황금을 훔쳐낸 뒤, 경찰의 추적을 피해 이탈리아를 빠져나갈 작전을 짠다. 그래서 이들은 차들로 꽉 막혀 있는 토리노 시내 한복판의 '카스텔로 광장'(Piazza Castello), 그리고 바로 옆의 '마다마 궁전'(Palazzo Madama) 옆을 지나가는데, 그러는 사이 토리노라는 도시의 아름다움이 저절로 드러나게 돼 있다. 옛 건물과 신식건물이 조화를 이룬 토리노는 한쪽에선 금방 '왕과 신하들'이 나올 것 같은 역사를 자랑하고 있고, 또 다른 쪽에선 피아트의 '예쁜' 차들이 그런 도시에 현대적인 매력을 섞어놓고 있다. 〈이탈리안 잡〉은 도둑들의 수법도 흥미롭지만, 그보다는 도시 토리노의 아름다움을 진정한 주인공처럼 그리고 있다. 덧붙여 토리노 외곽의 '그림 같은' 알프스 풍경은 도시의 매력을 한층 더 돋보이게 하는 선물일 것이다(토리노는 2006년 동계올림픽 개최지다).

〈여자 친구들〉, 체사레 파베제의 멜랑콜리

밀라노와 더불어 토리노는 이탈리아식 '아메리칸 드림'의 역할을 한다. 경제 붐이 일던 1960년대는 그런 경향이 더욱 강했다. 전국에서, 특히 일을 잡기 어려웠던 남부 이탈리아 출신들이 '꿈을 좇아' 토리노로 몰려갔다. 토리노의 피아트 공장에서 일한다는 것은 안정된 삶을 보장받는 첫걸음이었다. 게다가 '친퀘첸토'(배기량이 500cc란 의미), '세이첸토'(600cc) 같은 작지만, 매력적인 소형차를

자가용으로 살 수 있다는 희망은 미래에 대한 꿈을 더욱 부풀게
했다.

미켈란젤로 안토니오니의 초기작 〈여자 친구들〉(1955)은 로마
에서 토리노로 이주한 여성 디자이너의 정착기를 그리고 있다. 상
층계급으로의 진출을 꿈꾸는 클레리아(엘레오노라 로시 드라고)는 토
리노에 도착하자마자 호텔의 옆방에서 자살을 기도한 여성을 발
견한다. 그를 구한 뒤, 클레리아는 회복한 그의 친구들을 만나며
자연스럽게 토리노 사람들과 친분을 쌓는다. 세 명의 여자 친구들
이 등장하는데, 이들은 자유를 찾아 이혼을 고민 중인 최상류층 여
성, 조각가로서 재능을 보이는 예술가, 그리고 남자를 만나는데 거
리낌이 없는 자유분방한 여성 등이다. 자살을 기도했던 여성은 언
제나 멜랑콜리한 기분에서 크게 변하지 않아, 주위 사람들을 여전
히 불안하게 만든다.

〈여자 친구들〉은 토리노의 대표적인 작가인 체사레 파베제의
소설을 각색한 것이다. 파베제는 파시즘 시절 정부에서 암암리에
금지했던 미국 소설을 번역하고(허먼 멜빌의 〈모비 딕〉 등), 결국 레
지스탕스 운동에 참여하고, 전쟁 이후에는 도시인의 고독을 대단
히 섬세하게 표현하는 매력 등으로 특히 젊은 독자들의 전폭적인
사랑을 받았다. 파베제의 멜랑콜리한 소설 분위기는 안토니오니
의 소외된 영화 분위기와 대단히 닮았고, 그래서 영화를 보는 내내
외롭고 우울한 기분에 빠지게 된다. 〈여자 친구들〉은 파베제가 '아
름다운 여름'이란 제목으로 3부작을 묶어 발표한 소설집의 마지
막 작품이다. 순서대로 〈아름다운 여름〉(1940), 〈언덕 위의 악마〉

(1948), 그리고 〈여자들 사이에서만〉(1949)으로 구성돼 있다. 〈여자 친구들〉은 〈여자들 사이에서만〉을 각색한 것이다. 파베제는 〈여자들 사이에서만〉을 발표한 1년 뒤, 영화 속의 멜랑콜리한 여성처럼 좌절된 사랑의 상처를 비관하며 자살했다. 불과 42살이었고, 이런 사실은 그의 유명세를 더욱 높여 주었다. 파베제의 팬들은 〈여자 친구들〉에서 실연 때문에 자살을 기도한 그 여성을 파베제의 작품 속 분신으로 봤다. 안토니오니의 〈여자 친구들〉은 파베제가 그린 토리노의 메마른 정서를 필름에 옮긴 대표적인 작품으로 남을 것이다.

다음엔 제노바로 가겠다. 제노바 옆에는 아름다운 바다가 많기로 유명하다. 남쪽의 아말피 해안과 더불어 이탈리아 최고의 바다로 꼽히는 '친퀘테레'와 그 주변도 함께 가겠다. 미켈란젤로 안토니오니의 〈구름 저 편에〉(1995)가 좋은 길잡이가 될 것이다.

14. 제노바와 바다

영국의 낭만주의 향기

마이클 윈터바텀, 〈제노바〉, 2008
미켈란젤로 안토니오니, 〈구름 저편에〉, 1995
조셉 맨케위츠, 〈맨발의 백작 부인〉, 1954
마이클 윈터바텀, 〈트립 투 이탈리아〉, 2014

르네상스의 옛길과 바다

영국의 중견 감독 마이클 윈터바텀은 이탈리아 말을 제법 잘한다. 이탈리아에서의 관객과의 대화 같은 자리에선 '더듬거리지만' 통역 없이 직접 이탈리아 말로 관객과 소통한다. 아마 그런 솔직하고 용기 있는 태도 덕분인지, 윈터바텀은 이탈리아의 시네필 사이에서 제법 인기가 높다. 외국어를 한다는 것은 대개 그 나라의 문화를 사랑한다는 뜻일 테다. 윈터바텀은 인터뷰 등에서 자신이 이탈리아의 팬이란 점을 종종 밝힌다. 이탈리아의 자유롭고 경쾌한 공기, 활기찬 에너지, 중세와 현대가 공존하는 통시성 등을 대표적인 이유로 꼽는다. 그는 온 세계를 돌아다니며 영화를 찍는 감독으로도 유명한데, 이탈리아에서도 제법 영화를 만들었다. 이탈리아를 살짝 지나가는 〈인 디스 월드〉(2002) 같은 작품은 제외하고, 주요 배경이 이탈리아인 장편 영화는 세 편이다. 발표 순서대로 〈제노바〉(2008), 〈트립 투 이탈리아〉(2014), 〈페이스 오브 엔젤〉(2014) 등이 이탈리아 배경의 작품들이다. 이들 작품에서 가장 강조된 도시가 바로 제노바다.

마이클 윈터바텀의 제노바 사랑

이탈리아 서쪽 북단의 항구도시 제노바는 십자군 전쟁 때, 주요 무역항으로 부상하며 지중해의 패권 도시로 성장한다. 유럽의 군대들은 제노바, 혹은 동쪽 북단의 베네치아에 집결한 뒤, 다시 동방으로 출정하곤 했다. 두 항구도시는 도시의 명성에 걸맞은 모험가를 배출했다. 베네치아에선 〈동방견문록〉의 저자이자 무역상이었던 마르코 폴로, 그리고 제노바에선 신대륙 발견의 탐험가인 크리스토퍼 콜럼버스가 태어났다. 아마 제노바에서 가장 많은 동상의 주인공도 콜럼버스일 것 같다. 콜럼버스가 지금은 탐험가이기도 하지만, 잔인한 식민주의자로서도 오명을 갖지만 말이다(콜럼버스는 영어식 표기이고, 이탈리아에서 그는 크리스토포로 콜롬보로 불린다).

고도(古都) 제노바가 현대인들에게 다시 주목의 대상이 된 계기는 2001년에 열렸던 G8(서방 8개국) 정상회담과 그때 벌어졌던 '비극'일 것이다. 당시 '세계화'에 반대하는, 곧 서방 선진국 중심의 경제 주도에 반대하는 시민들의 시위는 격렬했고, 제노바 시내에는 15만 명 이상의 시위자들이 몰려들었다(제노바 인구는 약 60만 명). 이탈리아 정부는 시내의 정상회담 지역에 차단벽을 쳐서 시위대에 대처했는데, 진압과정에서 그만 청년 한 명이 경찰의 총에 맞아 죽고 말았다. 이름은 카를로 줄리아니이고, 무슨 운명의 장난인지 그는 노동운동가의 아들이었다. 23살 청년의 죽음은 아름다운 고도 제노바를 비극으로 몰아넣었다. 이탈리아는 1970년대에도 의견이 다른 진영끼리 폭력을 휘둘렀던 암흑의 시기를 보냈는데, 그런 지우고 싶은 과거가 되돌아오는 듯한 불안이 느껴지기도 했다.

청년 줄리아니의 비극은 프란체스카 코멘치니 감독의 다큐멘터리 〈카를로 줄리아니, 청년〉(2001)에 담담하게 기록돼 있다(프란체스카 코멘치니는 1960년대 이탈리아식 코미디의 장인인 루이지 코멘치니의 딸이다). 다큐멘터리는 희생자의 비극을 과도하게 강조한 면이 없진 않지만, 당시 많은 청년이 품고 있던 '신자유주의'의 미래에 대한 불안, 또는 민주주의의 미래에 대한 불안을 읽는 데는 모자람이 없었다. 알다시피 '제노바의 비극' 이후, G8 회담은 기괴한 코미디처럼 점점 더 산속 같은 격리된 장소에서 열리기 시작했다. 시민들을 사실상 피해서 개최하는 국가 지도자들의 회의, 아마 그 자체에 민주주의의 미래에 대한 불안이 숨겨져 있을 것이다.

〈제노바〉, 골목길을 걷는다는 것

윈터바텀이 만든 이탈리아 배경의 첫 작품인 〈제노바〉(2008)는 여전히 2001년의 아픈 기억이 남아 있을 때 발표됐다. 정부와 시민이 맞부딪히는 폭력의 격렬함은 제노바의 아름다움에 적지 않은 상처를 냈는데, 영화 〈제노바〉는 바로 그 도시를 모든 상처를 보듬는 치유의 공간으로 재탄생시켰다. 영화에 그려진 제노바는 상처를 거의 씻어냈고, 밝은 대리석 건물들은 제 모습을 되찾았다. 주인공들은 미국인 가족이다. 아버지 조(콜린 퍼스)와 10대의 두 딸이 제노바에서 새로운 삶을 출발하는 내용이다. 조는 사고로 아내를 잃었고, 그 기억이 새겨져 있는 고향 시카고에선 더 이상 살 수가 없다. 특히 사고의 원인 제공자인 막내딸의 죄의식을 치유하기 위해선 어디든 다른 곳으로 가야만 했다. 이들이 도전한 곳이 제노바다.

마이클 윈터바텀의 제작 특징 가운데 하나가, 허구의 인물들을 현실 속에 살게 하는 것이다. 그래서인지 〈관타나모로 가는 길〉 (2006) 같은 그의 다큐드라마는 물론이고, 일반 드라마에도 이상하게 삶과 현실의 생생함이 강하게 느껴지곤 한다. 윈터바텀은 세 가족을 제노바의 현실 속으로 들어가게 했다. 제노바 사람들이 사는 집에 살게 하고, 제노바의 골목길을 걷게 하고, 제노바의 피아노 선생에게 레슨을 받게 하고, 제노바의 바닷가에서 제노바 사람들과 섞여 수영을 즐기게 했다. 제작진은 배우들이 행동하는 대로 따라다녔다. 윈터바텀이 밝힌 현장의 스태프는 단 6명, 지원팀을 모두 합쳐 20명이 채 안 되는 단출한 조직으로 제작을 진행했다. 이들은 마치 제노바의 여름을 여행하듯, 신속하게 움직이며 한 편의 드라마를 만들어 낸 것이다.

〈제노바〉는 유네스코의 세계문화유산으로 기록된 시내, 곧 '새로운 길'(Le Strade Nuove)에서 본격적으로 시작한다. 이탈리아 특유의 돌길과 오래된 건물들이 길게 연결된 곳이다. 길 이름에 들어있는 형용사 '새로운'(nuove)은 여기가 최근에 건설된 것처럼 오해를 불러올 수 있는데, 중세의 길과 비교할 때 '새롭다'라는 뜻이다 (대부분 5백여 년 전인 르네상스 때 건설됐다). 유리창의 초고층 빌딩들이 빽빽한 첨단의 도시 시카고와 비교하면, 세월의 때가 묻어 친근감을 느끼게 하는 제노바의 나지막한 건물들은 길을 걸을 때면 늘하늘을 볼 수 있게 한다. 낮고 탁 트인 시야 자체가 어머니의 아늑한 품처럼 다가오는 것이다. 가족들은 제노바의 좁고 오래된 골목길을 자주 걷는다. 함께 걸을 때, 가족의 상처란 것도 조금씩 치유

될 희망이 보일 것 같다. 이처럼 아늑한 느낌의 도시 제노바는 사람들을 설레는 마음으로 걷게 만들고, 〈제노바〉는 그런 걷기의 매력을 잘 포착하고 있다.

〈제노바〉에서 시내의 오랜 길과 건물만큼 강조된 다른 공간이 도시 주변의 바닷가다. '바다'는 모친의 비유일 테고, 세 가족은 여기서 물에 몸을 풍덩 담그며 즐겁게 시간을 보낸다. 그때의 모습은 세 명 모두 영락없는 아기들 같다. 특히 강조된 바다가 제노바 인근의 카몰리(Camogli)라는 작은 마을에 있는 '산 프루투오조'(San Fruttuoso) 해변이다. 조그만 학교 운동장 크기의 모래사장이 있고, 뒤로는 수도원을 끼고 있는 곳이다. 홀로 떨어져 있는 곳이어서인지, 이곳의 조용한 바다는 세속의 공간이 아니라 작은 낙원 같은 느낌이 들게 한다. 모성이 강조된 바로 이곳에서 죄의식에 빠져 있던 막내딸은 죽은 어머니의 영혼과 다시 만나고, 영화는 큰 전환점을 맞는다.

오래된 길과 건물들이 옛 모습 그대로 보존돼 있다는 것, 아마 이것처럼 모성을 자극하는 것도 드물 것 같다. 우리가 서울의 북촌, 혹은 전주의 한옥마을을 걸을 때면 종종 느낄 수 있는 고향에 와 있는 듯한 행복한 착각 같은 것이다. 고향이란 말이 탄생과 관련 있듯, 그곳은 모친의 은유일 테다. 이탈리아엔 잘 보존된 오래된 길이 많지만, 제노바의 '새로운 길'은 그중에서도 특히 사랑받는 곳이다. 조와 두 딸은 어쩌면 모성을 자극하는 도시 제노바에 와서, 가족의 상처를 치유할 수 있었던 것 같다. 아름다운 바다는 덤으로 주어진 모성의 선물일 테다.

존 말코비치와 소피 마르소의 포르토피노

지중해 일대에서 최고의 바다로는 보통 프랑스 남부와 이탈리아 서북부에 걸친 '라 리비에르'(La Rivière)를 꼽는다. 코트다쥐르(Côte d'Azur)라고도 불리는 곳이다. 열차를 타고 여행하면, 창밖으로 끝없이 바다와 모래사장이 펼쳐지는 절경이다. 이곳의 이탈리아 이름이 '리비에라'(Riviera, 해변이란 뜻)이다. 프랑스의 칸, 니스 등에서 시작하여 이탈리아의 산레모, 제노바, 그리고 저 아래로는 친퀘테레에까지 이르는 해변을 말한다. 이탈리아 리비에라의 중심이 제노바이다. 제노바를 가운데 두고 양옆으로 절경의 해변이 끝없이 펼쳐져 있다.

이 지역 바다의 아름다움은 너무나 유명하여, 수많은 영화에 등장한다. 〈아이 엠 러브〉(2009)와 〈리플리〉(1999)에선 산레모의 바다와 그 주변, 그리고 〈본 아이덴티티〉(2002)의 도입부에선 주인공 본(맷 데이먼)이 구사일생으로 살아나는 장소인 임페리아(Imperia)라는 작은 항구도시가 강조되는 식이다. 하지만 이런 영화들에서 제노바 인근의 바다는 짧게 지나가는 장식품에 머문다. 현대 영화 관객에게 이 지역 바다의 아름다움을 온전히 전달한 작품은 아마 미켈란젤로 안토니오니의 〈구름 저편에〉(1995)일 것이다. 안토니오니는 〈여성의 정체〉(1982)를 발표한 뒤, 반신마비가 되는 바람에 영화제작을 할 수 없었다. 현대인의 고독을 그만큼 잘 표현한 감독도 드물었고, 따라서 안토니오니의 칩거는 영화계로선 안타까운 손실이었다. 그런데 그를 흠모하던 독일의 빔 벤더스가 조감독을 자청하여, 안토니오니는 실로 13년 만에 신작을 내놓을 수 있었다. 83살의 노감독은 휠체어에 앉아 지시하고, 이미 〈파리, 텍사스〉(1984)와 〈베를린 천사의 시〉(1987) 같은 대표작을 내놓아 작가 대접을 받던 50살의 유명감독 벤더스가 노인의 지시를 따르는 흔치 않은 일이 벌어진 셈이다.

〈구름 저편에〉는 모호한 사랑 이야기를 담은 네 개의 에피소드로 구성돼 있다. 두 번째 에피소드가 바로 제노바 인근의 어촌 포르토피노(Portofino)에서 촬영됐다. '항구의 끝'이란 뜻의 이 마을이 아마 제노바 인근의 바다 가운데 가장 유명할 것 같다. 그만큼 포르토피노의 수려한 풍경은 널리 알려져 있고, 또 여러 영화에도 자주 등장해서다. 미국의 중년 영화감독(존 말코비치)이 스토리와 캐릭터를 찾아 유럽을 여행 중에, 불현듯 방문한 곳이 포르토피노다. 어촌의 앞으로는 푸른 바다와 하늘이 펼쳐지고, 뒤로는 야트막한 산이 둘러서 있다. 어촌의 중심에는 명품들을 파는 예쁜 가게들, 카페들이 들어서 있다. 가을의 쌀쌀한 아침에 감독은 포르토피노의 언덕길을 내려오다, 우연히 아름다운 처녀(소피 마르소)와 눈이 마주친다. 그다음부터는 두 사람의 시선이 교환되고 또 회피되며 극을 긴장 속으로 끌고 가는 드라마가 펼쳐진다. 말코비치의 팬이라면 그의 시선이 얼마나 도발적이고, 사뭇 공격적인지 잘 알 것이다. 〈라 붐〉(1980)의 청순한 소녀 소피 마르소는 이젠 29살의 처녀가 됐고, 그래서인지 두 사람의 연기엔, 특히 시선의 교환엔 입을 다물고 있어야 할 긴장이 느껴진다.

포르토피노의 항구엔 해안의 둑을 따라 바닷물이 넘칠 듯 밀려오고, 하늘은 짙은 안개와 구름으로 희뿌옇게 덮여 있는데, 아마

두 사람의 관계가 이와 비슷할 것이다. 넘칠 듯 다시 밀려가는 파도와 같고, 앞이 잘 보이지 않는 구름 같아서다. 제노바 인근에 숨어 있던 작은 어촌 포르토피노는 순식간에 유명 장소로 거듭났는데, 이런 변화에 〈구름 저편에〉가 큰 역할을 한 셈이다.

포르토피노, 할리우드가 발견한 절경

1950년대에 할리우드는 매카시즘이라는 큰 낭패를 만난다. 짧게 말해 이데올로기 전쟁인데, 공산주의자이거나 이들의 동조자로 찍히면 사실상 사회활동이 저지될 때다. 조셉 로지 감독처럼 '레드(red)'로 찍힌 적지 않은 영화인들이 외국으로 피신했고, 존 휴스턴 감독처럼 '동조자'로 몰린 사람들은 이리저리 외국을 떠돌았다. 외국에 나가 있던 이들이 발견한 최적의 영화촬영지가 이탈리아다. '치네치타'(Cinecittà)라는 대규모 스튜디오가 갖춰져 있고, 숙련된 영화 스태프가 있으며, 상대적으로 비용이 적게 들었다. 할리우드 영화사들은 이때 이탈리아에서 많은 영화를 제작했다. 혹자는 당시를 '할리우드의 로마 침공'이라고도 말한다. 그만큼 이탈리아에서 찍은 할리우드 영화들이 많았다. '동조자' 윌리엄 와일러가 스튜디오가 아니라, 이탈리아에 가서 〈로마의 휴일〉(1953)을 찍은 데는 당대의 정치적 상황도 하나의 이유가 됐다.

당시 험프리 보가트도 '동조자'의 혐의 때문에, 외국을 떠돌았다. 보가트는 이탈리아에 자주 머물렀는데, 이때 남쪽 아말피 해안 배경의 〈비트 더 데블〉(존 휴스턴 감독, 1953)과 북쪽 리비에라 해변 배경의 〈맨발의 백작 부인〉(조셉 맨케위츠 감독, 1954)에서 주연으로 출연했다. 〈맨발의 백작 부인〉(1954)의 배경은 스페인, 할리우드, 이탈리아인데, 스튜디오가 아니라 현지 촬영이 이뤄진 곳은 이탈리아이다. 내용은 스페인의 하층민 출신인 '맨발의 댄서' 마리아 (에바 가드너)가 영화감독(험프리 보가트)에게 발탁돼 할리우드의 스타가 되고, 최종적으로 '백작 부인'이 되는 이야기다. 신데렐라 모티브를 갖고 있지만, 해피엔딩은 아니다. 마리아의 귀족 남편인 이탈리아인 백작이 사는 곳이 바로 포르토피노 근처의 작은 마을이다. 여기서 마리아는 더 이상의 방황을 중지하고, 백작의 아내로서의 정착이라는 희망을 품는다. 포르토피노의 동화 같은 풍경, 리비에라 해변의 맑은 바다와 푸른 숲들은 마리아의 그런 흥분을 대신 표현하는 공간인 셈이다. 그러면서 포르토피노라는 주민 5백 명도 채 안 되는 어촌은 영화계의 주목을 받기 시작했다. 말하자면 포르토피노와 주변 바다의 아름다움은 할리우드의 영화인들에 의해 본격적으로 알려졌던 것이다.

최근에 발표된 할리우드 영화 가운데 포르토피노의 절경이 잘 표현된 작품으로는 마틴 스코세지의 〈더 울프 오브 월스트리트〉 (2013)가 있다. 뉴욕 증권계의 '늑대' 조던 벨포트(실제 인물이고, 레너드 디카프리오가 연기했다)는 투자전문가인데, 30대에 이미 졸부가 됐다. 마치 전쟁을 하듯 돈을 벌고, 섹스하고, 마약을 하던 그가 결국 법의 추적을 받기 시작할 때 이탈리아가 등장한다. 그는 마지막 남은 재산을 회수하기 위해 외국으로 도망갔는데, 그곳이 바로 포르토피노와 친퀘테레이다. '다섯 개의 땅'이란 뜻의 친퀘테레 (Cinque Terre)는 포르토피노 아래쪽에 있는 다섯 개의 작은 어촌을 합쳐 부르는 이름이다. 친퀘테레는 남쪽의 아말피 해안과 더불어 이탈리아 최고의 해안으로 꼽히며, 동화 같은 마을 풍경과 쪽빛 바다로 유명하다. 조던이 뉴욕에서 늘 전쟁을 하듯 살다, 이곳에 나타나니, 화면엔 갑자기 아늑하고 기분 좋은 '나태'의 감성이 표현되기 시작한다. 스코세지는 절경 속에 나태라는 기묘한 기분을 섞어놓았는데, 아마 쉼이라는 기분은 바로 이런 것일 테다. 절경을 배경으로 아무것도 하지 않고 드러눕는 것 말이다. 타락의 끝으로 달리던 조던이 그런 생활을 그만 중단하기로 마음먹고, 길게 누워 있을 때, 뒤로는 포르토피노와 친퀘테레의 풍경이 조용히 자리 잡고 있다.

제노바, 바이런과 셸리의 이탈리아 고향

리비에라 해변, 포르토피노, 친퀘테레 등은 모두 제노바 주변의 유명지이다. 이탈리아의 서쪽에 위치해서인지, 제노바는 프랑스뿐 아니라 영국과도 오랜 친분을 갖고 있다(베네치아가 독일과 친한 것과 대조된다). 19세기 낭만주의의 '영웅'인 바이런 경이 오래 머문 곳도 제노바이다. 제노바에 있는 바이런의 집은 지금도 관광 명소다. 그 집은 친구 퍼시 비시 셸리가 자주 방문한 곳이기도 하다. 이들에게 제노바는 제2의 고향인 셈이다. 마이클 윈터바텀의 이탈리아 배경의 두 번째 영화 〈트립 투 이탈리아〉(2014)는 바로 이 두 영국 시인, 곧 바이런과 셸리의 발자취를 따라가는 이탈리아 여행기다. 영화는 제노바에 있는 바이런의 집을 방문하고, 셸리가 바이런의 요트를 빌려 타다 익사한 인근의 바다를 찾아가는 식이다. 나중엔 로마에서 역시 이들의 친구였던 낭만주의 시인 존 키츠의 묘지까지 방문한다. 윈터바텀도 낭만주의 시인들처럼 이탈리아 기행은 제노바에서 본격적으로 시작한 셈이다(그의 이탈리아 배경의 세 번째 영화 〈페이스 오브 엔젤〉은 토스카나가 배경이다).

다음엔 남쪽 이탈리아의 문화를 대표하는 도시 나폴리로 가겠다. 절세의 테너 엔리코 카루소의 고향이다. 그곳이 어떤지는 로셀리니의 〈이탈리아 기행〉이 좋은 길잡이가 될 것이다. 예술의 도시, 또는 마피아의 도시 나폴리가 다음 목적지다.

15. 나폴리
남부 문화의 중심

웨스 앤더슨, 〈스티브 지소와의 해저생활〉, 2004
로베르토 로셀리니, 〈이탈리아 기행〉, 1954
프란체스코 로지, 〈도시 위의 손〉, 1963
마테오 가로네, 〈고모라〉, 2008
비토리오 데 시카, 〈나폴리의 황금〉, 1954
에미르 쿠스트리차, 〈축구의 신: 마라도나〉, 2008

지중해의 낭만, 죽음의 위엄

괴테는 〈이탈리아 기행〉에서 나폴리의 아름다움을 극찬했다. "나폴리에 대해 얼마나 많은 사람이 말하고, 이야기하고, 그림을 그렸던가. 하지만 나폴리는 그 모든 것 이상이다. 나폴리의 풍경은 사람의 감각을 잃게 한다." 그리고 괴테가 이 책에서 소개한 뒤 더욱 유명해진 말이 "나폴리를 보고, 죽어라"이다. 요즘 식으로 말하자면 '죽기 전에 꼭 봐야 할 도시 나폴리'인만큼, 도시의 풍경이 뛰어나다는 주장일 테다. 밀라노가 북부 이탈리아 문화의 중심이라면, 남부 이탈리아 문화의 중심은 나폴리다. 그런데 밀라노 같은 북부 산업도시를 본 뒤, 나폴리에 도착한다면, 아마 여행객들은 괴테의 말을 믿기 어려울 것 같다. 풍광 이전에 혼란과 가난에 먼저 놀라기 때문이다. 나폴리의 아름다움을 느끼려면 며칠 동안의 여행으론 불가능할지도 모른다. 누군가에겐 괴테와 같은 아름다운 기억을, 또 누군가에겐 절대 돌아가고 싶지 않은 기억을 남길 수 있는 두 얼굴의 도시가 나폴리일 것이다.

'스티브 지소'의 지중해 낭만

웨스 앤더슨의 〈스티브 지소와의 해저생활〉(2004)은 허먼 멜빌의 장편소설 〈모비 딕〉에서 모티브를 따온 코미디다. 해양연구가 스티브 지소(빌 머레이)와 그 일행은 해저 탐험을 하며, 관련 영화를 만들고, 영화제작을 통해 다시 투자를 받아 연구를 지속하는 삶을 살고 있다. 그런데 일행 중 한 명이 괴물 상어에 먹히는 바람에, 스티브 지소가 '복수'를 계획하며 영화는 전환점을 맞는다. 이때부터 스티브 지소는 〈죠스〉(1975)를 좇는 선장 혹은 경찰서장처럼 상어잡이에 열을 올린다. '만사가 귀찮은' 캐릭터로 유명한 빌 머레이가 복수를 결심하며 상어잡이에 나서는 게 영 어색하긴 하지만 말이다. 그때 생각지도 않았던 '아들'(오웬 윌슨)이 등장하면서, 영화는 웨스 앤더슨 특유의 '아버지와 아들' 사이의 갈등이 빚는 흥미로운 코미디로 제 모습을 찾아간다.

영화의 도입부에서 스티브 지소 일행이 출항을 앞두고, 그리스 신화의 그림으로 장식된 옛 극장에서 영화 시사회를 진행하고, 인터뷰도 하고, 뒤이어 선상 파티도 여는 곳이 나폴리와 그 앞의 바다. 오래된 도시 속의 따뜻한 느낌이 나는 노란 색 집들, 무뚝뚝하고 약간 괴짜인 현지의 나폴리 사람들, 그리고 조명으로 장식된 제법 아름다운 스티브 지소의 요트가 서로 어울려, 영화는 도입부에서부터 유럽의, 아니 지중해의 매력을 물씬 풍긴다. 게다가 지소의 선원으로 나오는 브라질 가수 세우 죠르즈(Seu Jorge)가 부르는 포르투갈어 버전의 데이비드 보위 노래들은 이런 이국정서를 더욱 자극하고 있다(음악팬들에겐 포르투갈어로 불린 보위의 노래들만으로도 이 영화는 매력적일 테다). 선원들도 미국인, 이탈리아인, 브라질인, 독일인, 스페인인, 인도인, 러시아인, 일본인 등 다양한 국적의 사람들로 구성돼 있다.

〈스티브 지소의 해저생활〉은 나폴리를 중심으로, '지중해의 낭만'을 자극한다. 지중해에서 만날만한 다양한 국적의 사람들이 땅에는 거의 머물지 않고, 대부분 바다 위를 떠돈다. 그것 자체가 일상으로부터의 일탈을 유혹하는 매력을 갖고 있다. 사회의 질서에서 벗어난 바다 위의 작은 배, 배 위로 불어오는 바람처럼 자유로운 분위기, 그리고 그 배에 늘 떠도는 세우 죠르즈의 기타와 이국적인 노래는 아마 대부분 관객에게 지중해로의 환상여행을 유혹할 것 같다.

스티브 지소의 요트 뒤로 보이는 나폴리 해변은 아스라한 조명을 받아, 대단히 환상적으로 보인다. 실제로 나폴리의 해변은 괴테 같은 문인들에 의해, 또 많은 영화에 의해 여러 번 강조됐다. '파노라마'라는 말, 곧 카메라로 패닝하며 바라볼 만큼 거대하고 아름다운 풍경은 나폴리의 해변을 묘사하는데 제격인 용어일 테다. 반원형의 바닷가 모습은 먼저 해안에 중세의 성들을, 이어서 해변도로 뒤로 도시와 언덕을, 그리고 저 멀리 베수비오 화산을 끼고 있어, 괴테의 상찬이 과장이 아님을 확인케 한다. 이렇듯 나폴리의 절경은 대개 바닷가에서 시작하는 것이다.

로셀리니의 시선, '죽음의 존엄'

로베르토 로셀리니의 〈이탈리아 기행〉(1954)은 나폴리의 특징인 해변 풍경을 시퀀스 전환용처럼 이용하고 있다. 하나의 중요한 사건이 끝나고, 다음 사건이 새로 시작될 때, 나폴리의 바닷가 장면을 파노라마처럼 보여주는 식이다. 이를테면 주인공들이 나폴리에 도착한 첫 아침, 열린 호텔 창문을 통해 나폴리 어부들의 외침 소리가 들리는데, 카메라는 오른쪽에서 왼쪽으로 움직이며 천천히 저 멀리 바다로부터 시작하여 호텔 건너편의 베수비오 화산, 그리고 최종적으로는 바닷가와 해안도로 옆의 건물들을 보여주는 식이다. 보통 '나폴리의 파노라마'라고 불리는 이런 장면들을 로셀리니는 반복해서 이용하며, 바다의 도시 나폴리의 특성을 소환하는 것이다.

로셀리니가 나폴리에서 강조하는 것은 종교적 비합리성의 문화다. 영화는 영국인 부부인 알렉스 조이스(조지 샌더스)와 캐서린 조이스(잉그리드 버그먼)의 시점에서 그려지는데, 특히 합리적이고 이성적인 캐릭터인 남편의 눈에 나폴리는 이해되지 않을 뿐만 아니라 지겨운 곳이기도 하다. 도로 위의 차들은 제멋대로 다니고, 게다가 아직도 소 떼가 차도를 막아선다. 곳곳에 성상들이 넘치고, 그런 성상들 앞에서 성호를 긋는 나폴리 사람들의 독실한 카톨릭 신앙도 그에겐 미신인지 종교인지 헷갈린다. 게다가 무슨 낮잠(시에스타)을 그리 오래 잘까? 합리성의 입장에서 보면, 나폴리에는 쓸데없는 일들이 너무 많아 보인다. 알렉스는 나폴리에 와서도 영국에 있을 때와 비슷하게, 바에 가서 술을 마시거나, 클럽에서 즐기면서 시간을 보낸다. 그런데 그건 영국에서도 가능한 소일거리일 테다.

반면에 캐서린은 나폴리에 점점 매력을 느낀다. 거리를 뛰어다니는 천진난만한 아이들, 유모차를 끌고 다니는 젊은 엄마들, 임산부들, 짐을 잔뜩 싣고 다니는 조그만 체구의 노새들까지, 캐서린의 눈에 나폴리는 활기를 가진 매력적인 도시로 다가온다. 그런가 하면 나폴리에는 동시에 '죽음의 존엄'이 생생하게 드러나 있기도 하다. 남편은 카프리로 혼자 놀러 가고, 캐서린은 그래서 작정하고 나폴리 여행을 즐긴다. 그런데 그 여행을 통해 죽음과 강한 친화력을 가진 나폴리의 독특한 문화에 점점 매혹돼 가는 것이다.

캐서린은 '나폴리 국립고고학박물관'(Museo archeologico nazionale di Napoli)에서, 로마인들에 의해 복제된 거대하고 살아 있는 것처럼 생생한 그리스 조각들을 보며 죽음이 수천 년을 넘어 바로 자기 앞에 현현하는 느낌을 받는다. 신화시대의 유적지인 '시빌라 쿠마나'(Sibilla Cumana, 종종 '쿠마이의 시벨레'라고 불리는 곳) 동굴은 로마시대 기독교인들의 공동묘지로도 쓰였는데, 그래서인지 죽음의 냉기가 느껴질 정도로 공기가 차갑다. 또 약 4만 개의 해골들을 보존하고 있는 '폰타넬레 묘지'(Cimitero delle Fontanelle)에는 살아 있다는 게 허무하게 느껴질 정도로 죽음이 압도하고 있다. 여기는 흑사병이나 전쟁 등으로 희생된 무명의 죽음을 진혼하는 곳인데, 별다른 장식도 없이 수북하게 쌓여 있는 해골들 앞에서, 필멸의 운명을 가진 모든 존재는 그냥 입을 다물 뿐이다.

'죽음의 승리'를 목도하는 결정적인 순간은 영화의 결말부에 전개되는 '폼페이 시퀀스'일 것이다. 화산이 폭발할 때, 화산재에 묻혀 죽었던 사람들의 몸은 오랜 시간을 통해 부패해 사라졌고, 속이

비어 있는 그 장소를 찾아 석고를 부어 넣으면 죽음 당시의 사람 모습이 조각처럼 재현되는 작업이 진행 중이다. 알렉스와 캐서린은 이혼을 작정했고, 두 사람의 사이가 아주 악화됐을 때, 현장에 도착했다. 그런데 뜨거운 화산재에 묻혀 죽는 그 순간에도 서로 손을 맞잡고 있는 남녀의 (석고)몸을 보자, 캐서린은 눈물이 복받쳐 오르는 복잡한 감정을 느낀다.

로셀리니의 표현에 따르면, 대개의 외부인은 나폴리를 알렉스처럼 볼 것 같다. 혼란스럽고 가난하고 미신이 지배하고 미개하기까지 한 곳이다. 〈이탈리아 기행〉은 그런 알렉스의 시선은 시간이 지남에 따라 캐서린의 시선으로 변할 수 있다는 가능성을 열어 놓았다. 고대와 현재, 종교와 일상, 무엇보다도 죽음과 삶이 서로 어깨를 맞대고 공존하는 곳으로 말이다. 바다 옆의 한 도시가 어느 순간 현실적인 시공간의 경계를 넘어, 비현실의 존재처럼 느껴진다면, 아마 당신은 캐서린처럼 '나폴리 기행'을 평생 가슴에 새길 것이다.

부활한 소돔과 고모라

하지만 최근에 발표된 나폴리 배경의 영화들은 대개 '마피아' 관련 작품들이다. 외신에 소개된 나폴리 관련 기사도 주로 폭력에 관련된 것이거나, 아니면 시정이 마비돼 도로 위에 쓰레기가 널려 있는 불쾌한 뉴스가 태반이다. 나폴리의 문제를 전면에 내세워, 자신의 영화 세계를 구축한 대표적인 감독이 프란체스코 로지(Francesco Rosi)다. 그는 데뷔작 〈도전〉(1958)에서부터 나폴리 마피아인 '카모라'(Camorra)를 정면으로 다루었다. '마피아'라는 용어는 조직범죄단 전체를 의미하는 것이고, 지역에 따라 고유의 이름이 있다. 나폴리 마피아는 카모라이고, 이들은 경제적 이권개입에 잔인하기로 유명하다(〈대부〉 시리즈로 유명한 시칠리아의 마피아는 '코자 노스트라'이며, 이들은 종종 정치권과 충돌을 빚어 악명을 날렸다).

나폴리 출신인 프란체스코 로지는 마피아들 사이의 권력다툼을 다룬 데뷔작으로 베네치아영화제에서 심사위원상을 받으며, 단숨에 이탈리아 영화계의 주목을 받았다. 그의 마피아 묘사는 자칫 감독의 안전을 위협할 정도로 아슬아슬했는데, 로지는 계속하여 관련 작품들을 발표하면서 입지를 굳힌다. 특히 마피아와 정치 권력을 이용한 건설업자의 부패를 다룬 〈도시 위의 손〉(1963)은 로지를 1960년대 이탈리아 리얼리즘의 대표작가로 각인시킨다. 가난한 도시 나폴리, 그리고 하층민들의 집에 대한 열망을 악용하여 돈을 버는 건설업자(로드 스타이거)의 모습은 너무도 생생하여 지금 봐도 섬뜩할 정도다. 돈만 노린 부실시공으로, 아파트가 갑자기 내려앉는 장면은 지금도 세상의 많은 개발지역에서 반복되는 참상일 테다. 로지의 작품 속 나폴리는 대개 범죄와 부패의 희생양으로 그려져 있다.

프란체스코 로지의 '나폴리 리얼리즘'을 계승한 감독이 마테오 가로네다. 첫 출세작 〈박제사〉(2002)의 주요 배경이 나폴리다. 카모라의 통제를 받는 박제사가 주인공인데, 마피아들은 그의 솜씨를 이용하여, 박제된 동물의 몸속에 마약을 숨겨 유통시킨다. 도입부에 등장하는 나폴리의 을씨년스런 건물들, 칠이 벗겨진 집들, 지역 전체가 버려진 것처럼 황량한 마을들의 모습이 나폴리의 현실을 한눈에 알게 한다. 게다가 아무 데서나 너무 쉽게 보이는 총들은 나폴리에 안전이란 게 있을지 의문이 들게 한다. 가난과 범죄의 인상이 나폴리를 지배하는 것이다.

가로네가 칸영화제에서 심사위원특별상을 받아 일약 유명감독으로 주목받게 한 작품은 〈고모라〉(2008)인데, 이 작품은 카모라의 악행을 기록한 로베르토 사비아노의 동명 르포를 각색한 것이다. 영화 제목 '고모라'(Gomorra)는 구약에 등장하는 부패도시 고모라를 연상시키지만, 발음에서 알 수 있듯 나폴리의 마피아인 카모라도 지목하고 있다. 가로네는 카모라가 통제하고 있는 나폴리의 악명 높은 지역인 '스캄피아'(Scampia)에서 주로 촬영했다. 나폴리 북쪽에 있는 스캄피아는 가난과 마약밀매로 유명한 곳이다. 동네는 지독하게 가난하고, 주민들은 대개 마피아이거나 이와 관련된 사람들이다. 말하자면 스캄피아는 작은 나폴리, 혹은 부활한 소돔과 고모라다. 세상과 담을 쌓고 자기들끼리만 사는 것 같은 스캄피아는 가로네 특유의 '폐소공포증 테마'를 자극하기도 한다. 실제로 주민들은 지옥 같은 이곳에 갇혀 점점 미쳐가는 것으로 보이기 때문이다. 가로네에 따르면 나폴리는 고모라다.

발터 벤야민이 사랑에 빠졌을 때

가난은 나폴리의 천형처럼 보인다. 그런데 발터 벤야민은 나폴리의 가난에서 지역 특유의 미덕을 읽는다. 벤야민은 1924년 나폴리 바로 앞에 있는 섬 카프리에서 라트비아 출신 볼셰비키 연극인인 아샤 라치스(Asja Lācis)를 만나 사랑에 빠진다. 두 사람은 나폴리에서도 그 인연을 이어갔다. 벤야민에게 나폴리는 '사랑의 성지'다. 두 사람은 나폴리에 머물며 이 도시의 특성을 읽는 글을 (함께)썼다. 〈성찰들〉(Reflections)에 들어 있는 '나폴리'가 그 글인데, 벤야민은 나폴리의 특성을 '다공성'(porosity)이라고 해석했다. 구멍이 숭숭 나 있는 돌처럼, 공간 사이에 경계가 없고 서로 침투 가능한 물질 같다는 뜻이다. 집 안에 있어야 할 가구가 거리에 나와 있고, 집 안에 있어도 바깥의 분위기가 그대로 느껴지는 상호침투성을 상상하면 되겠다. 이런 조건 때문에 나폴리에는 '사적 영역'이란 게 대단히 축소돼 있다고 봤다. 북유럽 문화에선 당연하게 지켜져야 할 '개인적인 삶'이 여기선 '공공의 삶'과 뒤섞인다는 것이다. 이런 다공성은 다른 추상적인 영역에까지 확장된다. 밤과 낮, 가족과 사회, 평화와 갈등 사이의 경계를 모호하게 만들기도 하는데, 여기서 나폴리(인)의 미덕인 경계를 넘어선 무한한 상상력이 자란다고 봤다. 그 상상력이 예술의 도시 나폴리의 중요한 원천이라는 것이다.

가난을 오히려 유머의 대상으로 삼아, 웃음을 잃지 않는 나폴리 문화의 특성을 잘 표현한 작품으로는 비토리오 데 시카의 〈나폴리의 황금〉(1954)이 대표적이다. 6개의 에피소드로 구성돼 있는데, 각 에피소드에 들어 있는 나폴리적인 특성이 바로 '나폴리의 황금', 곧 가장 소중한 가치란 것이다. 여기서 훗날 '이탈리아 최고의 배우'로 성장하는 나폴리 출신의 소피아 로렌이 피자집 안주인으로 나와 스타탄생을 알리기도 했다(당시 20살). 그녀는 가난한 동네의 피자집 안주인인데, 남편 몰래 연인과 바람을 피우는 당돌한 여자다. 어느 날 너무 급하게 사랑을 나누다, 연인 집에서 반지를 잃어버렸고, 남편이 알기 전에 이 반지를 되찾으려고 동분서주하는 코미디다. 사랑에 적극적인 나폴리 사람들, 아름다운 여성 앞에선 찬사를 멈추지 않는 남자들, 남의 집 일에 발 벗고 나서는 이웃들(곧 다공성의 성격), 미래에 대한 맹목적일 정도의 낙관주의 등이 이 에피소드의 소재들이다. 다른 에피소드에는 마피아의 횡포, 길거리의 가난한 아이들, 한 푼도 없으면서 귀족이라고 오만을 떠는 허풍쟁이, 너무 많은 매춘부, 심술궂은 부자들이 등장하는데, 데 시카에 따르면 의미가 긍정적이든 부정적이든 이 모든 것은 '나폴리의 황금'이라는 것이다.

마라도나교(敎)의 성지 나폴리

가난과 관련한 나폴리 최고의 대중스타를 꼽자면 디에고 마라도나 같다. 에미르 쿠스트리차는 2005년부터 약 3년간 그를 따라다니며 다큐멘터리 〈축구의 신: 마라도나〉(2008)를 만든다. 여기에 가난한 집 아들로 태어나 '축구의 신'이 되는 마라도나의 반골 기질이 잘 드러나 있다. 마라도나가 가장 오래 선수 생활을 했던 팀이 나폴리다. 보통의 축구 스타들은 그 리그의 가장 부자 팀에서 뛴다. 이탈리아에선 단연 유벤투스, 밀란, 인테르 같은 북부의 팀들이다. 그런데 그는 스페인의 바르셀로나에서 2년 뛴 뒤, 7년간 나폴리에서 전성기를 다 보냈다(24살부터 31살). 축구를 좋아했지만, 부자들을 위해 뛰기 싫어했던 '반골' 마라도나가 선택한 차선

책이었다. 나폴리 사람들은 마라도나를 마치 신처럼 대했다. 100년이 넘는 이탈리아 축구 역사에서 로마 아래의 남쪽 팀은 딱 세 번 우승했는데, 두 번이 마라도나가 뛸 때의 나폴리였고, 다른 한 번은 전설 루이지 리바가 뛸 때의 칼리아리(1970년)이다. 마라도나는 가난한 도시 나폴리에 처음으로 우승컵을 안겼고, 마지막 우승컵도 그가 선물한 것이다.

그도 부자 클럽에서 뛰며, 더 많은 재산을 모으고, 또 그런 클럽들이 통제하는 여러 좋은 자리들을 보장받고 싶지 않았을까. 마라도나가 씩 웃으며 말한다. "예수도 흔들렸는데 나라고 흔들리지 않았겠어?" 하지만 천성이 그를 나폴리에 머물게 했다. 스포츠 가운데 축구는 대표적인 친서민 종목이다. '가난'과 깊게 연결돼 있다. 아마 나폴리 사람들에겐 마라도나가 권세 있는 사람들이나 부자들이 아니라, 자기들을 위해, 핍박받고 가난한 남부 사람들을 위해 뛰는 성인처럼 비쳤을 것 같다. 그러기에 그에 대한 애정이 종교적일 정도로 광적이다. 나폴리로서는 도시의 성격에 맞는 축구 영웅을 가진 셈이다.

나폴리 바로 앞엔 조그만 섬이 세 개 있다. 카프리, 이스키아, 프로치다라고 불리는 곳이다. 카프리뿐 아니라 다른 두 섬도 절경을 자랑한다. 다음엔 나폴리 앞의 세 섬을 찾아가겠다. 〈일 포스티노〉(1994) 같은 영화가 도움이 될 것이다.

16. 나폴리의 세 화산섬

카프리, 프로치다, 이스키아

장-뤽 고다르, 〈경멸〉, 1963
마이클 래드포드, 〈일 포스티노〉, 1994
로버트 시오드막, 〈진홍의 해적〉, 1952
르네 클레망, 〈태양은 가득히〉, 1960
앤서니 밍겔라, 〈리플리〉, 1999

아름답고, 외롭고, 허무한

장-뤽 고다르는 〈경멸〉(1963)을 준비하며, 두 가지의 새로운 경험을 기대했다. 먼저 프랑스 최고 스타였던 브리지트 바르도와 협업하는 것이며, 그리고 미국의 제작자를 통해 할리우드의 시스템을 (간접적으로)경험하는 것이었다. 두 개의 소망은 모두 실현됐다. 그런데 작업과정은 고통과 이에 따른 외로움의 연속이었다. 브리지트 바르도도, 미국의 제작자 조셉 레바인(대표작은 〈졸업〉, 1967)도 고다르의 새로운 미학을 이해하지 않았고, 이해하려고도 하지 않았다. 영화 속에서 미국인 제작자 역할을 맡은 잭 팰런스는 아예 말도 건네지 않았다. 고다르는 스타와 제작자로부터 거의 외면당한 채 촬영을 진행했다. 〈경멸〉의 주요 무대는 로마와 나폴리 앞의 섬 카프리이다. 촬영 당시의 현장 분위기 때문인지, 아름답기로 소문난 카프리도 고다르의 영화에선 '이방인의 태양처럼' 고독하고, 부조리해 보인다.

카프리에서 겪은 고다르의 외로움

〈경멸〉은 이탈리아의 유명 작가인 알베르토 모라비아의 동명 소설(1954)을 각색한 작품이다. 이야기의 큰 틀은 변하지 않았다. 자신을 지식인으로 여기는 연극 작가가 오직 돈 때문에 어쩔 수 없이, 경멸하는 상업영화 제작자와 함께 일하고, 역시 경멸하는 상업영화 시나리오를 쓰는 것이다. 작가가 원치 않은 일을 맡은 것은 그 돈이 있어야, 아름다운 아내를 행복하게 할 수 있다고 여긴 탓이다. 소설의 주요 무대가 로마와 카프리다. 각색에서의 조그만 변화라면, 영화 〈경멸〉은 소설 속 이탈리아인 등장인물들을 다른 나라 사람들로 바꾼 것이다. 작가(미셸 피콜리)와 그의 아내(브리지트 바르도)는 프랑스인, 제작자(잭 팰런스)는 미국인으로 설정했다. 잭 팰런스가 고다르와 말도 섞지 않은 첫째 이유는, 자신도 제작자들에게 사적인 감정이 있지만, 대놓고 미국인 제작자를 멍청이처럼 묘사한 데 동의하기 어려웠고, 게다가 자신이 '바보 같은' 그 역을 맡는다는 사실 때문이었다. 시나리오는 처음과 달리 많이 변해 있었다.

바르도도 팰런스 정도는 아니지만, 고다르와 거리를 두기는 마찬가지였다. 두 사람 모두 고다르 스타일의 영화 만들기, 특히 배우에게 연기 지침을 내리지 않고 현장의 즉흥성을 강조하는 방식을 이해하지 못했고, 또 이해한들 동의하지도 않았다. 알다시피 당시의 고다르는 즉흥성을 중시하는 '로셀리니주의자'였다. 전통적인 연기와 제작 환경에 익숙한 두 배우는 영화가 끝날 때까지 현장에 적응하지 못했다. 감독과 배우 사이의 냉랭한 관계는 결국 촬영이 끝날 때까지 해소되지 않았다. 팰런스는 가능한 한 감독과 마주치려고도 하지 않았다.

〈경멸〉에서 미국인 제작자가 준비 중인 영화는 〈오딧세이〉이다. 그런데 제작자에 따르면 작가의식이 강한 감독(프릿츠 랑)은 영화를 예술로만 고집하는 것 같다. 제작자에겐 주인공 율리시즈와 아내 페넬로프의 사랑과 불륜이 더 흥미롭고, 그리스 신화 속 요정들의 육체적 아름다움이 더 매력적이었다. 지중해의 비취색 바다를 수영하는 요정들의 아름다운 몸매를 상상해보라. 제작자는 촬영 중에 시나리오를 변경하기 위해 작가를 부른 것이다. 그리고 변경된 내용을 찍기 위해 제작팀이 찾아간 곳이 나폴리 앞의 섬 카프리이다.

말 그대로 비취색의 바다가 한눈에 들어오며 카프리 시퀀스가 시작된다. 직접 조감독 역을 맡은 장-뤽 고다르가 배 위에서 배우와 스태프에게 촬영을 준비시키고, 감독 역을 맡은 프릿츠 랑이 '액션'을 지시하는 현장의 분주한 상황으로 카프리 시퀀스가 열린다. 〈경멸〉의 카프리에서, 바다 위의 영화 현장만큼 비중 있게 찍힌 게, 제작자의 아름다운 빌라다. 이곳에서 제작자는 작가의 아내에게 노골적으로 접근하고, 작가는 그런 불편한 상황을 적극적으로 저지하지 못한다. 그러자 아내는 남편의 당당하지 못한 태도에 대한 실망 때문인지, 처음엔 거부하던 제작자의 접근을 점점 더 용인하기 시작하는 것이다. 이런 이상한 삼각관계가 진행되는 제작자의 별장은, 그 관계처럼 '삼각형' 비슷하게 생긴 '말라파르테 빌라'(Villa Malaparte)이다. 계단이 테라스 형식의 지붕까지 연결된 특이한 건물이다. 포스터에선 작가로 출연한 미셸 피콜리가 계단을 통해 지붕 위로 올라가고 있다.

고다르, 카프리, 말라파르테

사람을 흥분시키는 푸르고 투명한 바다와 동화 같은 빌라가 등장하지만, 〈경멸〉 속 카프리 시퀀스는 마치 건조한 사막처럼 찍혔다. 감독과 배우들 사이의 냉랭한 관계가 스크린 속에 그대로 새겨져 있는 셈이다. 바르도는 감정이 죽은 인형 같고, 팰런스의 표정에는 싫은 역을 억지로 하는 지겨움 같은 것도 느껴진다. 그렇다면 결과적으로 고다르의 계획이 성공한 셈이다. 〈경멸〉은 스토리를 강조한 전통적인 영화가 아니라, 영화의 속성을 천착한 모더니즘 계열의 작품이어서다. 〈경멸〉은 '자기반영성' 테마의 걸작으로 남아 있다. 자기반영성의 특징인 영화 만들기 과정이 드러남으로써, 당시 배우들이 어떤 감정 상태로 현장에 적응하는지를 상상할 수 있는 장면들이 만들어졌다. 고다르는 허구의 이야기가 아니라, 영화의 속성을 전시하려 했고, 결과적으로 그 목적에 이른 것이다. 〈경멸〉의 카프리는 절경의 섬이기보다는 관계의 파괴에서 느껴지는 고립과 단절의 외로운 공간으로 강하게 남아 있다.

투명한 바다, 푸른 언덕, 그리고 그 언덕을 장식하고 있는 '하얀집'(카사 비앙카)들로 유명한 카프리는 로마 시대부터 사랑받은 섬이다. 특히 아우구스투스 황제와 그의 후계자 티베리우스 황제가이곳에 사원과 별장, 그리고 정원들을 건설하면서 카프리는 귀족들의 대표적인 휴양지가 된다. 지금도 그런 성격은 계승돼, 유럽의부호들, 유명인들의 여름 방문지로 명성이 높다. 그래서인지 조그만 섬 안에 세계의 명품점들이 많이 들어와 있고, 물가도 높은 편이다. 섬 곳곳에 아름다운 집들, 역사적으로 유명한 저택들이 있어, 그런 건축물들을 따라 천천히 산책하다 보면 몽롱한 기분마저 든다. 그만큼 자연풍광뿐 아니라, 집들, 골목길들이 모두 예술품처럼 아름답다.

〈경멸〉속의 '말라파르테 빌라'는 이탈리아의 20세기 소설가 쿠르치오 말라파르테(Curzio Malaparte)의 별장이었다. 밀란 쿤데라가 예술비평 에세이집 〈만남〉(2009)에서 입에 침이 마르도록 상찬한 작가다. 말라파르테는 원래 기자 출신의 리얼리즘 계열 작가였는데, 그의 명성은 파시즘 시절 세상의 부조리를 풍자한 〈망가진 세계〉(1944) 같은 작품으로 높아진다. 지옥 같은 세상을 묘사한 그의 스타일에서 쿤데라는 카프카의 악몽을, 또 마르케스의 환상을 읽고, 그래서 말라파르테를 20세기 모더니즘의 선구자 중 한 명으로 꼽는다. 스토리의 전달을 우선시하는 전통적인 소설이 아니라, 관습 파괴의 형식을 추구했다는 점에서, 말라파르테는 고다르의 미학과도 일맥상통한 점이 있다. 말라파르테는 1957년에 죽었고, 〈경멸〉을 찍을 때 빌라는 훼손된 채 거의 방치돼 있었다. 고다르가 이곳을 촬영지로 잡은 데는 작가에 대한 사적인 흠모가 작동했을 것이다. 〈경멸〉덕분에 버려져 있던 '말라파르테 빌라'는 다시 주목을 받았다. 그리고 모더니스트 말라파르테가 재조명되는 데도 고다르의 〈경멸〉이 한몫했다.

〈일 포스티노〉, 프로치다 섬의 순수와 야만

2차 대전 이후 이탈리아에서 네오리얼리즘이 나왔을 때, 문학에선 일찍이 이 열풍이 시작됐었다. 네오리얼리즘 문학의 대표적인 작가가 〈경멸〉의 알베르토 모라비아이다. 〈경멸〉뿐 아니라 비토리오 데 시카의 〈두 여인〉(1960), 베르나르도 베르톨루치의 〈순응자〉(1970) 등 유난히 영화로 각색된 작품들을 많이 발표했다. 그만큼 대중적 인기가 높았다는 방증일 테다. 그의 아내인 엘사 모란테 (Elsa Morante)도 소설가인데, 모라비아 못지않은 명성과 사랑을 누렸다. 어찌 보면 남편은 전후 이탈리아 문학사의 주인공이었고, 모란테는 독자들의 주인공일 것 같다. 모라비아는 공적인 면에서 더욱 평가되고, 모란테는 사적인 면에서 더욱 사랑받은 작가로 보이기 때문이다. 마치 멕시코의 화가 부부 디에고 리베라와 프리다 칼로 같다. 많은 사람이 '멕시코 벽화 운동'의 선구자인 리베라의 미술사적 업적을 알고 있음에도 불구하고, 칼로의 그림에 더 끌리는 현상과 비슷해서다.

엘사 모란테의 대표작이 카프리 바로 옆에 있는 조그만 섬, 프로치다(Procida) 배경의 장편 〈아서의 섬〉이다(주인공 이름은 '아르투로'인데 번역서는 영어식 표기인 '아서'를 따랐다). 소년의 성장기 소설이다. 섬에서 고립된 채 자라, 세상에 대해선 거의 무지한 '야만의 소년'이 15살에서 16살이 될 때까지의 사랑의 경험을 담았다. 소년은 자기 집에 처음 들어선 여성과 사랑에 빠지는데, 하필이면 그녀는 아버지의 새 아내였다. 친모는 소년이 태어나자마자 죽었고, 소년은 여성이 없는 집에서 자랐다. 어릴 때의 유모도 남자였다(염소젖으로 소년을 키웠다). 〈아서의 섬〉은 이브를 처음 본 아담처럼 순결한 소년의 경험을 그리고 있다. 이처럼 프로치다 섬을 배경으로, 순결한 사랑을 그려 유명한 영화가 〈일 포스티노〉(감독 마이클 래드포드,

1994)이다.

프로치다는 나폴리 바로 앞에 있는 화산섬이고, 그냥 육안으로 보일 정도로 가까이 있다. 1950년대가 배경인 〈일 포스티노〉는 마치 휴머니즘의 동화처럼 기억되고 있는데, 사실 이탈리아 문화계 특유의 성격인 공산주의에 대한 아련한 애정이 표현돼 있어, 그냥 만만하게 볼 영화는 결코 아니다. 〈일 포스티노〉는 2차대전 이후 칠레 공산당의 상원의원이자, 민중 시인인 파블로 네루다가 고국에 불어닥친 공산주의자 탄압을 피해 전 세계를 돌아다니며 도피 생활을 할 때를 배경으로 한 픽션이다. 네루다(필립 누아레)는 이탈리아의 조그만 섬 프로치다로 망명했다. 그곳의 청년 마리오(마시모 트로이지)는 임시직 우체부로 고용돼, 시인에게 부쳐진 우편물을 전담하는 임무를 맡는다. 우체국에는 단 한 명의 정직원인 우체국장이 있는데, 그도 공산주의자이고, 네루다를 '동지'라고 부르며 친근감과 애정을 드러낸다. 마리오도 선거가 되면 공산당에 투표하는 청년이다.

일기 정도를 끄적거리던 어부의 아들 마리오가 네루다로부터 '은유'를 배운 뒤, '시'라는 새로운 세계에 눈뜬다. 어떻게 하면 은유를 더 잘 쓸 수 있느냐는 마리오의 질문에 네루다는 프로치다 섬의 해변을 혼자 산책해보라고 권유한다. 그러면서 스크린엔 프로치다의 아름다움이 하나씩 펼쳐지는 것이다. 아마도 가장 기억에 남는 풍경은 마리오가 고국에 돌아간 네루다에게 프로치다의 매력을 녹음해서 보내는 장면일 테다. 마리오는 섬의 파도 소리, 바람 소리, 아버지의 '슬픈 그물' 소리, 교회 종소리, 하늘의 별 소리

등을 녹음한다. 무명이나 다름없던 프로치다 섬이 서정시의 대상이 된 절정의 순간인 것이다.

　이곳에서 마치 〈아서의 섬〉의 소년처럼, 홀아비 아래서 외롭게 성장한 마리오가 베아트리체(마리아 그라치아 쿠치노타)라는 여성을 본 뒤, 처음으로 사랑에 빠지는 이야기가 네루다와의 우정과 교차되며 강조돼 있다. 마리오는 자신이 베아트리체를 사랑한 단테 같은 남자라고 생각한다. 그들처럼 영원하고 순결한 사랑을 꿈꾸고 있는 '시인'이어서다. 마리오를 연기하는 마시모 트로이지의 눈동자가 어떻게나 맑은지, 그가 베아트리체와 있을 때면, 프로치다는 문명에 결코 오염되지 않을 단테의 '천국'처럼 보인다. 아마 촬영 중에 트로이지는 자신의 죽음을 알고 있었을 것 같다. 그는 더 이상 미래를 염두에 둘 수 없는 배우의 마지막 남은 간절한 집중력을 보여주었다. 오래 심장병을 앓던 트로이지는 당시 나폴리를 대표하는 희극 배우이자 감독이었는데, 너무 빠른 죽음(41살)은 많은 사람의 가슴을 아프게 했다. 그는 촬영이 끝나자마자 죽었다. 〈일 포스티노〉가 그의 마지막 작품이 되는 바람에, 프로치다는 트로이지의 공간으로도 남았다. 그럼으로써 섬의 예술적 주인공은 두 명이 됐다. 〈아서의 섬〉의 야만의 소년, 그리고 〈일 포스티노〉의 순수한 우체부가 그들이다. 두 주인공에 의해 '숨어 있던 섬' 프로치다는 오래 기억에 남을 예술적 공간이 됐다.

〈태양은 가득히〉, 이스키아 섬의 허무를 그리다

　나폴리 앞의 세 화산섬 가운데 가장 큰 섬이 '이스키아'(Ischia)

다. 하지만 크기만 컸지, 작은 섬 카프리에 밀려 별로 알려지지 않았는데, 유명세를 타기 시작한 것은 로버트 시오드막의 할리우드 모험극인 〈진홍의 해적〉(1952) 덕분이었다. 카리브해를 배경으로 버트 랭커스터가 해적 두목으로 나오며, 서커스에 가까운 연기를 보여 더욱 유명한 영화다. 그런데 이 영화에 비친 아름다운 바다와 중세풍의 마을이 실제로는 카리브해가 아니라 이탈리아의 작은 섬이란 사실이 알려지며, 이스키아는 유명세를 타기 시작했다.

이스키아를 전 세계 영화인들에게 낙원 같은 장소로 각인시킨 작품은, 신인 알랭 들롱을 스타로 등극시킨 〈태양은 가득히〉(르네 클레망 감독, 1960)이다. 패트리샤 하이스미스의 스릴러 〈재능 있는 리플리〉(1955)를 각색했다. 소설 속에서 이탈리아에 있는 허구의 장소로 제시된 '몬지벨로'(Mongibello)가 영화에선 대부분 이스키아로 표현됐다. 부잣집 아들 그린리프(모리스 로네)를 샌프란시스코의 집으로 데려오면 그의 부친으로부터 보상금을 받는 조건으로 리플리(알랭 들롱)는 이스키아에 왔는데, 그 아들을 만난 뒤 그만 변하기 시작하며 영화는 반전을 맞는다. 하층민 출신인 리플리는 그린리프의 호화롭고 풍요로운 삶에 매료됐고, 허영에 가까운 일상의 낭비에 혼을 잃어버린다. 언제 이런 사치를 즐겨볼 수 있는가. 이스키아의 낙원 같은 풍경, 그런 곳에 있는 그린리프의 아름다운 빌라, 그린리프와 그의 애인인 마지(마리 라포레)의 세련된 매너, 화려한 요트, 비싼 옷들까지, 리플리는 이곳에서 영원히 살고 싶다는 욕망을 품고, 바로 그 때문에 파멸에 이르는 것이다.

어쩌면 〈태양은 가득히〉는 알랭 들롱의 청춘을 새긴 이유 덕분에 오래 남을 작품이 됐다. 그의 외모가 얼마나 빛났던지, 그가 범죄자임에도 불구하고 대부분 관객은 죄가 밝혀지지 않기를 애타게 빌었을 것 같다. 마지막 장면에서 알랭 들롱이 '태양이 가득한' 이스키아의 해변에 길게 누워 있을 때, 곧 불행이 닥치겠지만, 그 순간만은 아름다운 '청년' 알랭 들롱과 '푸른' 바다의 이스키아가 더없이 어울려 보였다.

〈태양은 가득히〉가 발표된 뒤, 외부인들에겐 무명에 가까웠던 이스키아는 졸지에 유명 장소로 거듭났고, 세계적인 관광의 명소로 부각됐다. 현재 6만 명이 사는 이 섬이, 1년에 4백만 명의 여행객이 찾는 특급 관광지가 된 데는 〈태양은 가득히〉를 리메이크한 〈리플리〉(앤서니 밍겔라 감독, 1999)의 영향도 컸다. 〈리플리〉의 주요 배경도 이스키아다. 리플리(맷 데이먼)가 '몬지벨로'라고 소개된 섬에 막 도착하여 버스에서 내리는 장소는 이스키아의 주요 거점인 '이스키아 폰테'(Ischia Ponte)라는 곳이다. 버스 정류장 바로 뒤로 보이는 중세풍의 '아라곤 성'(Castello Aragonese)은 이 지역의 랜드마크이기도 하다. 〈리플리〉에서 이스키아가 아닌 곳에서 찍은 유명한 장면은 '몬지벨로'의 시내 모습이다. 이 장면은 이스키아가 아니라, 프로치다 섬에서 찍었고, 〈일 포스티노〉에 대한 오마주로 시내의 경사진 골목길을 거의 비슷한 화면구도로 잡고 있다.

〈리플리〉에서의 이스키아도 〈태양은 가득히〉의 그곳처럼 '허영의 불꽃'으로 묘사돼 있다. 일상의 숙제는 지워졌고, 퇴폐와 타락의 단맛을 즐길 수 있는 신화의 공간 같은 곳이다. 그런 기대가 현실적일 수 없다는 사실을 잘 알기에 이스키아 시퀀스는 허무의 끝을 자극한다. 비현실적일 정도로 투명한 바다, 파도처럼 넘실대는 재즈 멜로디, 아름다운 보석들, 그리고 사랑하는 사람들까지, 이 모든 것이 한순간이면 사라질 '바니타스'의 상징처럼 보이는 것이다. 그럴 정도로 영화 속 이스키아는 현실 너머의 공간에 존재하는 꿈처럼 그려져 있다. 이렇듯 이스키아의 아름다움은 역설적으로 허무와 만나고 있다(고다르 관련 일화는 리처드 브로디 지음, 〈Everything Is Cinema: The Working Life of Jean-Luc Godard〉에서 참조했음).

다음엔 나폴리 부근의 아름다운 바닷가 '아말피'(Amalfi) 해안으로 가겠다. 북쪽 제노바 근처의 '친퀘테레'(Cinque Terre)와 더불어 이탈리아 최고의 해안으로 꼽힌다. 너무나 아름다운 곳이기 때문인지, 이곳 배경의 영화는 유난히 로맨틱 코미디가 많다. 노먼 주이슨의 〈온리 유〉(1994) 같은 코미디가 좋은 길잡이가 될 것 같다.

17. 나폴리와 아말피 해안

소렌토, 포지타노, 아말피, 라벨로

수잔 비에르, 〈다시, 뜨겁게 사랑하라〉, 2012

노먼 주이슨, 〈온리 유〉, 1994

피에르 파올로 파졸리니, 〈데카메론〉, 1971

존 휴스턴, 〈비트 더 데블〉, 1953

로만 폴란스키, 〈무엇?〉, 1972

'이상한 나라의 앨리스', 동화를 여행하다

'돌아오라 소렌토로'는 '오 솔레 미오'와 더불어 이탈리아 사람들에게 가장 사랑받는 가곡이다. 두 곡 모두 남부 이탈리아의 노래다. 태양을 찬양하는 '오 솔레 미오'는 나폴리의 노래이고, '돌아오라 소렌토로'는 나폴리 바로 아래 있는 조그만 도시 소렌토의 노래다. '오 솔레 미오'는 밝고 힘찬 사랑의 찬가다. 반면에 '돌아오라 소렌토로'는 떠나가는 연인에게 호소하는 구슬픈 연가다. 노래의 첫 소절인 '바다를 보라, 얼마나 아름다운가!'에서부터 감정이 풍부한 사람은 눈물을 떨어뜨린다. 고향의 '바다'라는 단어에서 금방 애절한 감정이 느껴지기 때문일 테다. 산업화 과정에서 낙후된 남부의 가난한 사람들은 일을 찾아, 이탈리아의 북쪽으로, 또 외국으로 대거 떠났다. 떠난 연인의 마음을 되돌리기 위해 동원하는 단어가 고향의 바다, 공기, 오렌지 나무 같은 소렌토의 자연이다. 그만큼 소렌토의 자연은 사람의 마음을 빼앗을 만큼 매력적이라는 방증일 테다.

아말피 해안을 알린 로맨틱 코미디들

소렌토(Sorrento)에서 남쪽 살레르노(Salerno)까지를 보통 '아말피 해안'이라고 부른다. 자동차로 넉넉잡아 1시간 거리다. 바다를 끼고 언덕의 중턱에 해안도로가 연결돼 있어서, 도로의 위로는 숲과 아름다운 저택들이, 그리고 도로의 아래로는 비취색 바다가 끝없이 펼쳐지는 곳이다. 북쪽 제노바 근처의 '친퀘테레'(Cinque Terre, 다섯 개의 땅이란 뜻)와 더불어 이탈리아 최고의 해안 풍경을 자랑한다. 아말피 해안에서 가장 소문난 도시는 노래 덕분인지 소렌토일 것 같다. 소렌토는 표준어이고, 이 지역에서는 '수리엔토'(Surriento)라고 불린다. 노래의 원래 제목도 '돌아오라 수리엔토로'(Torna a Surriento)이다. 2012년 덴마크 감독 수잔 비에르가 만든 〈다시, 뜨겁게 사랑하라〉는 소렌토의 명성을 재확인하는 계기가 되기도 했다. 그리고 소렌토만큼은 아니지만 '아말피 해안'이라는 이름이 유래한 곳인 아말피(Amalfi)와 그 주변의 포지타노(Positano), 라벨로(Ravello) 등이 가장 유명하다. 각각 5천 명, 4천 명, 2천5백 명 정도의 주민이 거주하는 소도시다. 아말피 해안의 도시를 좁혀 말하면, 대개 이 세 도시를 지칭한다.

아말피 해안이 유명해지는 데는 미국의 영향이 컸다. 2차대전 중에 나폴리가 미국의 군항으로 이용되면서, 그 주변은 미군들, 미군 가족들의 주요 휴양지가 됐다. 나폴리는 물론이고 소렌토 같은 주변 도시들이 이때 외지인들의 주목을 받는다. 그리고 〈분노의 포도〉(1939)의 소설가이자 여행 에세이스트인 존 스타인벡이 당시는 무명이던 포지타노를 중심으로 이 지역을 소개하고, 이후 재클린 케네디가 가족의 여름 휴가지로 이곳을 자주 방문하면서, 아말피 해안은 급속하게 세계의 관광지로 알려졌다. 아말피 해안은 이제 너무 유명하여, 성수기 때 방문하면, 풍광의 감상은커녕 사람들에게 치이다 시간 다 보낼 수 있다. 그만큼 남부 이탈리아를 대표하는 최고의 관광지가 된 것이다.

도시들이 너무나 아름답기 때문일까? 이 지역 배경의 영화로는 꿈같은 사랑을 표현하는 로맨틱 코미디가 주로 발표됐다. 아말피 해안을 현대의 영화팬들에게 각인시킨 대표적인 로맨틱 코미디는 노먼 주이슨 감독의 〈온리 유〉(1994)일 것이다. 과거에 소피아 로렌이 주연한 〈소렌토의 염문〉(디노 리지 감독, 1955) 같은 이곳 배경의 이탈리아 고전들은 이미 있었지만, 그런 영화들의 유명세는 이탈리아 내부에 머물렀지, 외부에까지 알려지지는 않았다. 〈온리 유〉는 운명적인 남자와의 결혼이라는 낭만적인 꿈을 좇는 여성 페이스(마리사 토메이)의 모험담이다(이 영화는 2015년 탕웨이 주연의 〈온리 유〉로 리메이크됐는데, 배경은 다르다. 이 영화는 주로 토스카나에서 촬영했다). 피츠버그 출신의 페이스가 '상상의 남자'를 좇아가는 곳이 이탈리아다. 그러면서 영화는 자연스럽게 이탈리아의 풍광을 이용하는 여행 코미디가 된다. 페이스는 결정적인 순간에 계속 '운명의 남자'를 놓치는데, 영화의 후반부에서 마지막이란 심정으로 찾아간 곳이 아말피 해안의 소도시 포지타노이다. 로마에서 출발한 차는 아말피 해안도로를 달리고, 이때 펼쳐지는 풍경은 코미디의 내용을 잊어도 좋을 만큼 빼어나다. 푸른 바다, 흰색 빌라들, 도로 위의 양 떼들이 어울려, 이곳은 고대 그리스의 목가적인 풍경화와도 닮았다. 아말피 해안의 세 도시 가운데, 로마에서 출발하면 처음 만나게 되는 포지타노는 바닷가 바로 옆의 산기슭에 펼쳐진 어촌의 동화 같은 모습으로 유명하고, 바로 이곳에서 역설적으로 '페이스의 동화'는 꿈에서 깨어난다. 아마 포지타노의 풍경이 동화의 상상을 뛰어넘는 비현실의 매력을 갖고 있기 때문일 테다. 포지타노는 동화보다 더 동화 같은 공간인 것이다.

파졸리니의 '민중' 데카메론

　피에르 파올로 파졸리니는 세 번째 장편인 〈마태복음〉(1964)의 성공 덕에 제법 안정적으로 영화를 만들 수 있었다. 〈마태복음〉은 마르크스주의자가 그린 '성화(聖畵)'라는 이유로 발표 당시 대단한 논란거리였다. 예상과는 달리 파졸리니의 동료들인 좌파들 가운데 다수가 이 영화는 '순응적'이라며 비판하고 나섰기 때문이다. 그런데 유럽 좌파의 리더라고 할 수 있는 장 폴 사르트르가 '민중적 매력'을 평가하면서 파졸리니를 옹호했고, 덩달아 영화는 더욱 유명해졌다. 결과적으로 〈마태복음〉은 비평과 흥행 모두에서 좋은 성과를 냈다(베네치아영화제 은사자상). 그런데 이 작품 이후 파졸리니는 리얼리즘과는 거리가 있는 〈매와 참새〉(1966), 〈테오레마〉(1968), 〈돼지우리〉(1969) 같은 알레고리 드라마들, 그리고 그리스 비극을 각색한 〈외디푸스 왕〉(1967), 〈메데아〉(1969) 등을 발표했는데, 약간 난해한 이런 작품들은 대중들과 만나는 데는 성공하지 못했다. 진지하고 사뭇 학문적인 작품들을 내놓던 이때는 소위 '파졸리니의 귀족시대'라고 불리는데, '68혁명' 전후의 주관성이 강조된 이런 작품들로, 파졸리니는 대중 관객들과는 멀어지는 결과를 빚고 말았다.

파졸리니가 관객과의 거리를 좁히기 위해 발표한 작품이 〈데카메론〉(1971)이다. 조반니 보카치오의 원작에 실린 백 개의 이야기 가운데, 9편을 선택했다. 보카치오의 소설은 피렌체 인근이 주 무대이고, 이야기를 펼치는 인물들도 피렌체 출신의 신사 숙녀들이다. 이들이 사용하는 언어도 교육받은 사람들이 쓰는 토스카나의 지역어이다. 당대의 토스카나 말은 단테, 페트라르카 등의 문학작품 속에 등장하듯, 사실상의 '표준어'였다. 그런데 파졸리니는 원작을 '민중적'으로 바꾸었다. 파졸리니는 원작에서 하층민이 주인공인 이야기를 선택했고, 그럼으로써 영화의 배경도 자연스럽게 이탈리아 남부의 나폴리와 그 주변이 됐다. 당연히 언어도 나폴리의 지역어이고, 그것도 별로 교육을 받지 못한 사람들이 쓰는 상스러운 말을 이용했다. 무엇보다도 중요한 변화는 테마를 사랑, 아니 '섹스'로 압축한 점이다.

순진한 청년이 여성의 사기에 속아 똥통에 빠지는 첫 번째 에피소드부터 영화 〈데카메론〉은 예사롭지 않을 것이란 예상을 하게 했지만, 두 번째 '수녀원 에피소드'부터 관객은 곧바로 경악하게 된다. 두 번째 이야기는 섹스에 대한 호기심 때문에, 한 청년이 일부러 언어장애인 척하고 수녀원에 정원사로 들어가면서 시작한다. 아름다운 바다를 끼고 산기슭에 세워진 순결한 인상의 수녀원이 바로 아말피 해안의 라벨로에 있는 '성모 승천 교회'(Chiesa della Santissima Annunziata)다. 이 지역 특유의 흰색 건축물과 수녀들이 부

르는 찬가, 그리고 종소리는 수녀원을 순결의 상징으로 표현하기
에 모자람이 없다. 이곳에 건강한 청년이 등장하니, 긴장감을 느끼
지 않을 수 없는 것이다. 한 수녀가 그와 사랑을 나누면서, '금기'는
순식간에 풀어지고 만다. 화면엔 곧바로 당시의 금기를 깨는 발칙
한 위반들이 연속하여 등장한다. 남녀의 전신 나체(특히 남성 나체의
강조), 남녀 성기의 클로즈업, 발기된 성기의 표현들이 잇따랐다.
이런 금기는 당시로선 이탈리아 영화 최초의 것이었다. 그리고 갖
가지 체위들이 이어졌다.

　알다시피 이탈리아는 카톨릭의 본산이고, 성지의 중심 바티칸
이 있는 곳이다. 파졸리니는 작심하고 반교회적인 위반을 적나라
하게 펼쳤는데, 그럼으로써 〈데카메론〉은 민중들을 위한 코미디일
뿐만 아니라, 제도의 권위에 도전하는 정치적 선언이 됐다. 성적
금지에 압축된 제도권의 권위주의에 분노하며, 이를 파괴하려던
파졸리니의 열정은 스크린 가득히 느껴질 정도이고, 이는 자신의
생명을 위협할 정도로 뜨거웠다. 소위 '생명 3부작'인 〈데카메론〉,
〈캔터베리 이야기〉(1972), 〈천일야화〉(1974)는 파졸리니의 탐미적
인 형식이 절정에 이른 것이기도 하고, 동시에 반권위주의의 열정
이 가장 뜨거울 때의 작품들이기도 하다. 마지막 작품인 〈살로, 소
돔의 120일〉(1975)이 발표될 때까지, 1970년대의 파졸리니는 이탈
리아 사회와 극심한 불화 속에 놓여 있었다. 그가 비극적인 죽음을
맞은 것은 당시에 발표된 '민중적' 드라마들의 도발과 관계없진 않
을 것이다. 그 포문을 연 작품이 바로 〈데카메론〉이다(베를린영화제
은곰상). 그럼으로써 아말피 해안의 아름다운 소도시 라벨로는 절

경과 더불어 '파졸리니의 위반'도 겹쳐 떠오르게 했다.

존 휴스턴과 험프리 보가트의 '이탈리아 기행'

아말피 해안에 숨어 있던 라벨로를 파졸리니보다 먼저 찾은 감독은 존 휴스턴이다. 존 휴스턴은 험프리 보가트와 오랜 술친구다. 보가트가 7살 위인데, 두 사람은 무명배우와 시나리오 작가 시절, 거의 매일 만나 술을 마시며 우정을 쌓았다. 두 남자 모두 헤밍웨이처럼 여행과 사냥을 좋아하는 남성적인 타입이었다(헤밍웨이는 휴스턴의 친구이기도 하다). 휴스턴은 작가 시절, 자신이 감독으로 데뷔하면 주연을 맡아달라고 보가트에게 부탁했고, 그 약속이 결실을 맺은 게 〈말타의 매〉(1941)이다. 두 사람은 이후에도 〈시에라 마드레의 보물〉(1948), 〈키 라르고〉(1948), 〈아프리카의 여왕〉(1951) 등에서 협업하며 자신들의 경력과 우정을 쌓았다.

이들의 정치적 성향도 비슷했는데, 미국에서 국수주의 매카시즘이 기세를 올릴 때, 그 반대쪽에 서서 영화인들의 입장을 대변하기도 했다. 매카시즘의 공격은 집요했고, 두 사람은 영화를 계속 만들기 위해, 또 그 공격을 피하기 위해, 외국으로 '여행'을 떠나기 시작했다. 〈아프리카의 여왕〉을 찍으려 우간다와 콩고로 갔고, 말 그대로 휴식을 갖기 위해 간 곳이 이탈리아의 아말피 해안이었는데, 여기서 만든 작품이 범죄물인 〈비트 더 데블〉(Beat the Devil, 1953)이다. 당시 시칠리아에 머물던 작가 트루먼 캐포티가 각본을 마무리하기 위해 이곳에 합류했다. 이들이 주로 머문 곳이 〈데카메론〉에서 수녀원 에피소드가 촬영된 라벨로이다.

미국인 부자 빌리(험프리 보가트)는 아내 마리아(지나 롤로브리지다)와 함께 시내의 호텔에 머물며, 비밀리에 음모를 꾸미고 있다. 무슨 약점이 잡혔는지, 빌리는 나치 잔당으로 보이는 '악당 4인방'의 통제를 받고 있다. 악당들은 아프리카로부터 은밀히 우라늄 광산을 취득하기 위해 작전을 짜는 중이다. 여기에 영국인 여성(제니퍼 존스)과 그의 귀족 남편까지 끼어든다. 정리하자면 일확천금을 보장하는 우라늄을 손에 넣기 위해 여러 사람이 달려들었고, 최종적으로 우라늄은 전혀 예상하지 못한 사람의 손에 들어가는 범죄물이다. 휴스턴의 데뷔작 〈말타의 매〉의 이야기 구조와 비슷한 셈이다.

빌리든, 악당들이든, 또 영국인 부부이든 이들은 모두 자신들이 이미 부를 성취한 특별한 사람인 듯 허세를 떠는 데, 그런 허세의 배경으로 아말피 해안의 아름다운 도시 라벨로가 이용되고 있다. 빌리는 허영 끼가 넘쳐 보이는 영국인 부인 제니퍼 존스(금발로 분장했다)를 데리고, 라벨로 해안을 장식하고 있는 화려한 빌라들을 마치 자기 집처럼 친근하게 소개한다. 빌라 장면의 절정은 험프리 보가트가 제니퍼 존스와 함께 해안의 바위 위에 지어진 '빌라 침브로네'(Villa Cimbrone)에 갔을 때다. 여기서 빌리는 작전을 위해 접근했던 영국인 여성에게 사적인 감정까지 느낀다. 빌라 침브로네는 11세기에 지어진 라벨로의 대표적인 별장인데, 특히 아말피 해안의 절경이 한눈에 보이는 '영원의 테라스'(Terrazza dell'Infinito)로 유명하다. 이곳에서 바라본 아말피의 바다가 가장 아름답다는 이유에서다. 2014년 영국의 마이클 윈터바텀은 〈트립 투 이탈리아〉에서 '영원의 테라스'를 방문하며, 휴스턴의 〈비트 더 데블〉에 오마주를 표현하기도 했다.

로만 폴란스키가 그린 '아말피의 휴일'

'아말피 해안'이라는 이름이 유래한 도시인 아말피는 로만 폴란스키의 부조리극 〈무엇?〉(1972)의 덕을 봤다. 폴란드 태생인 폴란스키는 미국에 도착하자마자 〈악마의 씨〉(1968)로 세계의 유명감독으로 우뚝 섰는데, 알다시피 '유명한 불행'이 뒤따랐다. 당시의 아내이자 배우인 샤론 테이트가 살해되는 끔찍한 사고가 났다. 당시까지 매년 한 편씩 왕성하게 영화를 만들던 폴란스키는 사건의 충격 때문인지, 다시 유럽으로 돌아갔고, 런던에 머물며 칩거에 들어갔다. 정신적 고통에 빠져 있던 그를 이탈리아의 아말피로 초대한 제작자가 카를로 폰티다. 소피아 로렌의 남편으로 유명한 거물 제작자다. 그가 폴란스키에게 제안한 것은 아말피를 배경으로, 휴양하듯, 조그만 코미디를 하나 만들자는 것이었다. 그 작품이 〈무엇?〉이다.

〈무엇?〉은 폴란스키의 경력 초반부인 런던 시절에 발표됐던 폐소공포증의 테마를 이용한 코미디다. 당시 폴란스키의 콤비인 프랑스 작가 제라르 브라흐가 각본을 썼다. 브라흐는 밀폐된, 혹은 고립된 하나의 공간에서 스릴 넘친 이야기를 펼치는 데 발군의 솜씨를 보인 작가다. 〈막다른 골목〉(1966)의 농가, 〈박쥐성의 무도회〉(1967)의 고립된 성, 그리고 〈무엇?〉에선 아말피의 빌라 하나가 영화의 전체 배경이다. 제작자 폰티가 아말피 해안에 소유한 빌라

한곳에서 주요한 이야기가 모두 촬영됐다.

미국인 관광객 낸시(시드니 롬)는 아말피 해안에서 길을 잃고, 지나가던 차를 얻어 탄다. 친절해 보이던 남자 세 명은 갑자기 낸시를 폭행하려 하고, 낸시는 가까스로 차에서 빠져 나와 길옆의 거대한 빌라로 무작정 도망쳐 들어간다. 그런데 마치 루이스 캐럴의 동화〈이상한 나라의 앨리스〉처럼 낸시는 이 빌라에 들어간 뒤, 평생에 한 번도 만날 것 같지 않은 괴상한 사람들을 계속 경험하게 된다. 이상하기는 낸시도 마찬가지다. 도망치는 과정에서 옷이 거의다 찢겨버려, 낸시는 영화가 끝날 때까지 거의 반라(半裸)로 등장한다.

해안의 바위 위에 건축된 흰색 빌라에는 주인은 보이지 않고, 이탈리아 특유의 바람둥이 같은 남자 알렉스(마르첼로 마스트로이안니), 낸시의 방에 구멍을 뚫고 몰래 쳐다보려는 '변태들', 종일 탁구만 치는 남자 커플 등 괴상한 사람들로 가득 차 있다. 이들은 갑자기 등장한 낸시가 누구인지, 어디서 왔는지, 전혀 관심을 보이지 않는다. 낸시가 알렉스와 복장도착과 마조히즘의 변태적 섹스를 나눈 뒤, 다른 사람들을 만나며, 더욱 알 수 없는 세계 속으로 뒤죽박죽 빠져가는 게〈무엇?〉의 주요 내용이다. 낸시는 앨리스처럼 현실이 아니라, 동화 같은 비현실의 공간을 헤매고 있는데, 지나치게 아름다운 아말피는 그런 비현실을 자연스럽게 느끼게 만든다.

아말피에서 꾸는 꿈 같은 영화

말하자면〈무엇?〉은 꿈과 비슷한 전개를 따른다. 영화의 마지막에서 낸시는 겨우 이상한 빌라를 빠져나가는데, 알렉스가 뒤따라오며 "지금 무엇 하냐?"라고 묻자, "나도 몰라, 아마 영화일 거야"라고 답한다. 다시 말해 〈무엇?〉은 영화를 한 편의 꿈으로 접근했고, 꿈은 곧 영화라는 '영화에 대한 영화', 곧 메타시네마로서의 골격을 드러낸다. 그 꿈이 아말피의 꿈같은 해안에서 전개되는 건 결코 우연이 아닐 테다. 제목 〈무엇?〉은 결국 영화를 의미하는 것이고, 우리는 한 편의 꿈처럼 뒤죽박죽 얽혀 있는 이야기를 본 것이다.

다음엔 더욱 남쪽으로 내려가, 시칠리아를 여행하겠다. 프랜시스 포드 코폴라의 안내를 받아, 마피아 영화들을 통해 시칠리아를 보겠다. 셰익스피어는 시칠리아에서 낭만적 코미디 〈겨울 이야기〉를 상상했는데, 사실 시칠리아는 '한'(恨)이 서린 땅에 더 가깝다. 원래 그리스의 식민지였고, 수많은 외침을 받았고, 지금도 중앙정부로부터 약간 소외된 느낌이 드는 곳이다. 말하자면 시칠리아는 코미디보다는 비극적인 정서가 더 어울리는 곳이다. 물론 그런 가운데 이탈리아 특유의 넉넉한 유머도 발전했다.

18. 시칠리아

코폴라의 마음의 고향

프랜시스 포드 코폴라, 〈대부〉, 1972
프랜시스 포드 코폴라, 〈대부 2〉, 1974
프랜시스 포드 코폴라, 〈대부 3〉, 1990

고대 그리스의 목가적 이상향을 꿈꾸며

이탈리아 사람이 아니라면, 시칠리아는 약간 허구적인 공간으로 비칠 것 같다. 양 떼들이 거니는 아름다운 자연과 순수한 얼굴들에 대한 인상이 대단히 깊어서이다. 시칠리아의 '신화'가 전 세계로 확산된 데는 〈대부〉(1972)의 역할이 컸다. 주로 유럽인들에게만 알려져 있던 시칠리아는 〈대부〉가 발표된 뒤, '지중해의 낭만'을 자극하는 데는 그리스와 맞먹는 세계적 명소로 격상된다. 알다시피 프랜시스 포드 코폴라는 이탈리아 이주민의 아들이다. 그는 시칠리아를 신화의 공간으로 바라보고 있다. 마이클(알 파치노)이 전쟁 같은 경쟁을 벌이던 살벌한 도시 뉴욕을 벗어나자마자 도착한 곳이 시칠리아의 작은 마을 코를레오네(Corleone)이다. 부친 비토 코를레오네(말론 브랜도)의 이름은 이 고향의 지명에서 비롯됐다. 이곳은 동시대의 공간이기보다는 그리스의 신화를 그린 풍경화처럼 제시된다. 니노 로타의 감성적인 음악은 그런 기분을 증폭시켰는데, 뉴욕에서 시칠리아로의 이동은 마치 비현실의 꿈속으로 들어가는 듯했다.

신화의 땅 시칠리아

'대부' 비토 코를레오네는 셋째 아들 마이클만은 폭력의 세계에 끌어들이고 싶어 하지 않았다. 라이벌들의 총격에서 겨우 살아남은 비토는 침상에 누워, 가족의 '명예'를 구하려다 이제 대학생에서 살인자로 변해버린 막내아들 걱정에 깊은 시름에 빠진다. 그때 오버랩 되는 곳이 양 떼들이 보이는 코를레오네의 평화로운 풍경이다. 뜨거운 태양과 살랑거리는 바람, 그리고 황금빛 들판은 목가적 이상향과 별로 다를 게 없어 보인다. 마이클은 두 경호원과 함께 엽총을 매고 시간을 낚는 한가한 사냥꾼처럼 들판을 가로질러 마음껏 자연의 평화를 즐기고 있다. 그런데 이런 목가적인 풍경이 끝까지 평화를 보장하지는 못할 것이라는 암시는 니노 로타의 음악에 숨겨져 있다. 이탈리아 특유의 감성 깊은 음악이 듣기에 따라서는 그렇게 슬플 수가 없다. 우리 식으로 말하면 어떤 한(恨) 같은 게 느껴지는 음악이다. 니노 로타의 음악은 시칠리아의 상징이자, 마이클의 상징이기도 하다. 굴곡진 시칠리아의 운명이, 그리고 마이클의 비극적인 삶 자체가 그 음악과 대단히 닮아 있어서다.

약 3시간 길이의 영화에서 시칠리아 시퀀스는 20분도 채 안 된다. 그런데 비정하고 지극히 세속적인 공간인 뉴욕과 대조돼서 그런지 시칠리아의 풍경은 영화 팬들의 기억에 영원히 남기에 부족함이 없었다. 코폴라가 상상한 시칠리아의 코를레오네는 고대 그리스의 아카디아 같은 곳이다. 목동과 양 떼들이 평화롭게 거니는 곳 말이다. 하지만 코를레오네의 현실은 그렇지 못했다. 실제의 코를레오네는 낭만적인 곳이 아니다. 코를레오네는 시칠리아의 주도인 팔레르모에서 정남향 쪽에 있다. 넉넉잡아 자동차로 1시간 안에 도착할 수 있다. 〈대부〉의 시대적 배경은 2차대전 이후인데, 이미 그때 코를레오네는 시칠리아 마피아, 곧 '코자 노스트라'(Cosa Nostra)의 본산으로 악명이 높았다. 코를레오네는 지금도 이름을 들으면 왠지 두려움이 느껴지는 도시다. 시장, 경찰책임자, 노조위원장 등, 마피아는 자기들 일에 방해가 되는 인물이면 누구든 가리지 않고 암살했다. 게다가 1970년대에 〈대부〉가 촬영될 때는 마을이 현대화되어, 더욱 더 낭만성을 기대하기 어려운 곳으로 변해 있었다.

코폴라가 원한 것은 현실이 아니라 신화였다. 결국에 촬영지를 바꾸었다. 원래의 코를레오네에서 오른쪽으로 멀리 가서, 시칠리아 동쪽 끝의 메시나와 타오르미나 사이의 작은 마을에서 영화를 찍었다. 먼저 시칠리아가 등장하는 첫 장면에서 마이클이 경호원들과 사냥복 차림으로 들판을 거닐며 코를레오네라고 소개하는 언덕 위의 고도(古都)는 포르차 다그로(Forza d'Agrò)이다. 인구 1천 명도 안 되는 조그만 마을로, 영화에서 보듯 세월의 풍파가 느껴지는 낡은 건물들이 그대로 남아 있는 곳이다. 마을의 중심에 있는 '수태고지의 성모 교회'(Chiesa della Santissima Annunziata)는 폐허처럼 건물 앞이 많이 손상돼 있어서, 이 마을의 오랜 시간을 한눈에 알게 한다. 시칠리아는 원래 고대 그리스의 식민지로 건설된 곳이다.

마이클은 시칠리아에서 아폴로니아(시모네타 스테파넬리)라는 처녀를 만나 사랑에 빠진다. 첫눈에 반한 그날 단숨에 그녀의 부친이

운영하는 카페인 '바 비텔리'(Bar Vitelli)에서 정식으로 청혼까지 한
다. 아마 사랑이 성취되는 곳이어서 그런지 이 카페는 '대부 시리
즈'의 팬들에겐 가장 인기 높은 곳 같다. 하지만 '바 비텔리'도 영화
속 내용과 달리 코를레오네에는 없고, 포르차 다그로 근처의 사보
카(Savoca)라는 조그만 마을에 있다. 지금도 관광명소로 여전히 인
기 높은 카페다. 시칠리아의 신부 아폴로니아와의 주요한 순간은
대개 사보카에서 촬영됐다. 역시 언덕 위에 있는 인구 2천 명도 안
되는 작은 마을인데, 폐허처럼 보이는 오래된 돌집들 때문에 현대
라는 시간 개념이 지워질 정도다. 마이클이 그녀와 산속의 길에서
데이트하고(전통적인 시칠리아 사람들답게 가족들은 감시도 할 겸 두 사람
을 뒤따라 걷는다), 폐허 같은 산타 루치아 교회(Chiesa di Santa Lucia)
에서 결혼하고, 마을의 중심에 있는 작은 광장에서 새 신부와 춤을
출 때면 사보카는 영락없이 신화 속의 허구의 공간으로 변한다. 마
이클에게 시칠리아는 사랑의 성지가 됐고, 그는 지금 그곳에서 꿈
을 꾸는 것이다.

코를레오네, 시칠리아 마피아의 본산

시칠리아 사람들은 마이클(Michael)을 이탈리아식 이름인 '미켈
레'(Michele)로 부른다. 이탈리아 사람으로 되돌아간 것 같은 미켈
레의 달콤한 신혼 생활도 결국 라이벌 마피아들의 복수 때문에 짧
게 끝나고 만다. 마이클은 아폴로니아와 함께 '노예들의 성'(Castello
degli schiavi)이라고 불리는 저택에서 평생 잊을 수 없는 신혼의 꿈
을 쌓는다. 마이클을 노린 자동차의 폭발 사고로 아내 아폴로니아

를 잃기 전까지는 말이다. 영화에선 코를레오네 인근에 있는 것처럼 그려지는 저택 '노예들의 성'은 아폴로니아의 마을인 사보카 근처의 피우메프레도(Fiumefreddo)에 있다. 오래된 건물은 세월의 때가 묻어 시커멓게 변해 있고, 종려나무들이 있는 정원은 그냥 들판처럼 자연스럽게 꾸며져 있다. 마이클은 이곳에서 첫 결혼을 했고, 결국 이곳에서 마지막 죽음을 맞이한다(〈대부 3〉).

〈대부〉를 발표할 때 코폴라는 약관 33살의 젊은이였다. 코폴라는 사실 대학시절(UCLA)부터 '영재'로 이름을 날렸다. 저예산 독립영화 제작으로 유명한 '로저 코먼 사단'의 청년 영화인들, 곧 코폴라, 루카스, 스코세지, 스필버그 등의 그룹에서 코폴라는 단연 리더였다. 불과 24살에 〈디멘시아 13〉(1963)으로 장편 데뷔했고, 3년 뒤 〈넌 이제 어른이야〉로 칸영화제 경쟁부문에 초대됐다. '영재' 오손 웰스의 최연소, 최초 같은 기록들을 모두 깰 기세였다. 그런데 잘 알려져 있듯, 코폴라는 파라마운트사로부터 처음 〈대부〉의 시나리오를 받았을 때, 너무 실망하여 부친 앞에서 울먹거리기까지 했다.

코폴라는 자신이 예술가라고 생각했다. 테네시 윌리엄스를 흠모했던 코폴라는 로저 코먼이 주목한 대로 먼저 뛰어난 글솜씨를 선보였다. 〈패튼 장군〉(1970)의 시나리오 작가로서 아카데미상도 받았다. 영화적으로 청년 코폴라가 의식했던 감독은 세르게이 에이젠슈타인이었다. 그래서인지 몽타주는 코폴라 영화에서도 주요한 요소가 된다. 코폴라는 특히 프랑스 평단에서 높게 평가하던 '작가' 감독이 되고자 했다. 말하자면 자기만의 예술적인 인장을 만들고 싶었다. 그런데 코폴라의 입장에서 보면, 자기가 준비 중인 시나리오들은 다 연기되고, 갱스터 장르 영화를, 곧 할리우드 상업 영화를 만들자는 제안을 받은 것이다.

코폴라는 갱스터를 현대정치의 은유로 표현하면서 장르 영화의 한계를 뚫고자 했다. 이익이 된다면, 혹은 자기 '가족'을 지키기 위해서라면 못 할 짓이 없는 마피아들의 행동에서 부패한 정치 현실을 떠올리게 했다. 더 나아가 그것은 곧 당대 미국의 이기적인 사회현실인 점도 암시했다. 한편에선 갱스터들을 품위 있게 그렸다는 비판을 하지만(지금도 여전히), 코폴라는 그들이 갱스터이기보다는 잘못된 권력을 가진 사람들의 비유법으로 읽히기를 바랐다. 곧 권력층의 현실이 갱스터의 그것과 별로 다를 게 없다는 냉소주의였다.

결과는 코폴라 자신이 원하던 것 이상이 됐다. '작가' 감독이라는 평가와 함께 흥행에서도 큰 성공을 거두었다. 비평(예술성)과 흥행(대중성) 양쪽 모두에서 만장일치에 가까운 지지를 받았던 또 다른 대표적인 감독이 앨프리드 히치콕일 것이다. 사실 이것도 '상업영화 감독' 히치콕을 작가로 재평가한 카이에 뒤 시네마의 영향이 큰데, 하지만 흥행 감독 히치콕이 왕성한 활동을 벌일 때에도 예술가 대접을 받은 것은 아니었다. 그것은 감독 후반기 때의 명예였다. 그런데 코폴라는 활동 초기부터 '히치콕'이 될 가능성을 보였다. 그런 평가가 여전히 유효한지는 더 지켜봐야 하겠지만, 이후의 수많은 신인이 대중성과 예술성 모두를 목표로 삼는 데는 코폴라의 영향이 대단히 컸다.

시칠리아의 아들 알 파치노

〈대부 2〉(1974)는 더욱 직접적으로 정치권의 부패를 그린다. 마이클(알 파치노)은 이제 '대부'가 되어 사업의 본거지를 카지노의 중심인 네바다로 옮겼으며, 정치권에 여러 조력자를 뒀다. 말하자면 합법적인 틀을 빌려 사업을 확장 중이고, 네바다의 상원의원을 뒤에서 조종한다. 대부 시리즈의 1부가 조직범죄단 사이의 음모와 폭력에 초점이 맞춰 있다면, 2부는 그 방향이 정치권으로, 그리고 3부는 종교계까지 뻗어간다. 역시 코폴라의 염세주의를 읽을 수 있는 대목으로, 소위 정치와 종교 등 현실 세계를 지탱하는 두 개의 중요한 터전이 불행하게도 마피아와 닮았다는 시각이다.

〈대부 2〉는 마이클의 사업 확장과 부친의 과거 뉴욕 입성을 병렬적으로 그리고 있다. 과거 부분은 1부에서 말론 브랜도가 연기했던 비토 코를레오네의 젊은 시절 이야기인데, 그 역을 이번엔 로버트 드 니로가 맡았다. 알 파치노와 로버트 드 니로는 모두 이탈리아 이주민의 후손이다. 드 니로는 부계만 이탈리아인인데, 파치노는 부모 모두가 이탈리아, 특히 시칠리아 출신이다. 게다가 무슨 우연의 일치인지 파치노의 외조모의 고향이 바로 코를레오네이다. 파치노는 어릴 때 어머니로부터 코를레오네의 이야기를 들으며 자랐다. 말하자면 허구 속의 시칠리아 땅에서 파치노가 그렇게 행복한 표정을 짓는 데는 실제의 가족 역사가 끼어든 데도 이유가 있을 것이다.

2부에선 1부와 달리 시칠리아도 폭력의 배경으로 강조돼 있다. 2부의 도입부는 곧바로 시칠리아에서 시작한다. 지역 마피아에게

대항한 비토 코를레오네의 부친의 장례식이 거행되고 있고, 이것
마저 마피아들의 총격으로 중단된다. 비토의 형도 이미 살해됐으
며, 졸지에 고아가 된 어린 비토는 동네 사람들의 보호를 받아 당
나귀에 실린 채 마을을 빠져나가, 그 길로 뉴욕으로 도망간다. 비
토가 당나귀에 몸을 숨겨 피신하는 장면은 숱한 종교화로 남아 있
는 '예수의 이집트행 피신'을 인용한 것이다. 이 장면은 역시 코를
레오네가 아니라 포르차 다그로에서 찍었다. 나귀 장면에서 종교
적 의미를 끌어오기 위함인지, 마피아들이 무기를 들고 감시를 하
는 '수태고지의 성모 교회' 앞을 비토 일행이 빠져나가게 했다.

　〈대부 2〉는 도입부에서 시칠리아를 보여주고, 또 종결부에서 한
번 더 시칠리아를 등장시킨다. 로버트 드 니로가 부친의 복수를 위
해 코를레오네를 방문할 때다. 비토 코를레오네가 뉴욕에서 표면
적으로는 올리브 오일 판매업을 하지만, 사실은 지역의 '대부'로
입지를 마련한 뒤다. 조그만 기차역 코를레오네에 금의환향하듯
도착한 비토는 지역 보스의 집을 방문하여 선물을 주는 척하며, 단
도로 복수를 하는 대단히 폭력적인 장면이 여기서 진행된다. 말하
자면 마이클도 아버지를 위한 복수로 살인자가 됐는데, 그 선대인
비토 역시 부친의 죽음에 대한 복수로 살인자가 됐다. 가족을 위한
복수와 살인은 코를레오네 집안의 끊을 수 없는 운명이 된 것이다.
〈대부 2〉에서의 시칠리아는 더 이상 신화의 땅이기보다는 마피아
의 폭력성이 강조된 세속의 땅으로 표현돼 있다.

실제 촬영 장소는 시칠리아의 동쪽 끝

알 파치노는 시칠리아의 아들이다. 부모들이 2살 때 이혼하는 바람에 대단히 힘들게 성장기를 보냈다. 뉴욕의 브롱크스에서 자랄 때, 이탈리아식으로 '알프레도'(Alfredo)라고도 불렸다. 알은 알프레도의 애칭이다. 학창시절에는 문제아로 지적받았다. 많은 과목에서 낙제했는데, 언어 과목(English)만은 발군이었다. 결국에 파치노는 17살 때 배우가 되겠다며 학교를 그만두었다. 연기학원에 다니기 위해 접시닦이, 배달부, 수위 등 잡일들을 달고 살았고, 연극 무대에 서며 경험을 쌓았다. 겨우 들어간 뉴욕의 '액터스 스튜디오'에서 메소드 연기를 배우며 전환점을 마련했다. 파치노는 1971년 두 번째 영화 출연작인 〈니들 공원의 공황〉(The Panic in the Needle Park)에서 헤로인 중독자를 연기하며 코폴라의 눈에 띄었다. 그는 〈대부〉에 나올 때는 무명이나 다름없었다. 원래 파라마운트 사가 원했던 '마이클'은 잭 니컬슨, 로버트 레드포드 같은 스타들이었다. 그런데 신인급인 파치노는 〈대부〉에서, 등장 자체가 다른 출연자들을 압도하는 '전설' 말론 브랜도와 함께 연기하며, 밀리지 않는 존재감을 드러냈다.

〈대부 3〉(1990)은 노년기를 맞은 마이클을 그린다. 〈대부〉의 말론 브랜도의 위치에 오른 늙은 알 파치노의 삶이 초점이다. 그는 이제 바티칸의 지지를 받아 사업의 확장을 시도하고 있다. 이탈리아의 로마가 자주 등장하는 이유다. 3부에서 마이클은 이제 지쳤고, 남은 소원은 가족들, 곧 아내였던 케이(다이앤 키튼), 테너 가수를 꿈꾸는 아들 앤서니(실제로 성악가인 프랭크 담브로지오가 출연), 그

리고 딸 메리(코폴라의 딸이자 지금은 감독으로 유명한 소피아 코폴라가 출
연)와 함께 사는 것이다. 아들 앤서니의 오페라 데뷔를 앞두고 가
족들이 다시 모이면서 시칠리아 시퀀스가 시작된다.

3부에서 강조되는 곳은 '마시모 오페라극장'이 있는 팔레르모,
그리고 거부들의 저택들이 많은 바게리아(Bagheria)이다. 바게리아
는 첫 작품처럼 신화적인 공간으로, 팔레르모는 2부처럼 폭력의
공간으로 대비된다. 시칠리아의 첫 장면은 팔레르모와 거의 붙어
있는 전원도시 바게리아가 여는데, 길 위에는 양 떼들과 목동들이,
저 멀리 언덕에는 고대 그리스의 신전이 보이는 곳이다. 다시 그리
스의 아카디아 같은 평화가 펼쳐지는 것이다. 이곳의 저택에 머무
는 마이클은 케이에게 여전히 사랑을 고백하며 함께 살 것을 간절
하게 제안한다. 그리고 자신의 뿌리를 보여주겠다며 코를레오네
를 구경시킨다. 물론 진짜 코를레오네가 아니라, 전편들처럼 포르
차 다그로에서 촬영했다. 마이클은 부친 비토 코를레오네가 살았
던 집까지 케이를 데려간다. 오래된 나무 대문이 인상적인 이 집은
지금도 관광객들의 유명 방문지다.

3부의 종결부는 피에트로 마스카니의 오페라 〈카발레리아 루스
티카나〉가 공연되는 팔레르모의 마시모 극장이다. '카발레리아 루
스티카나'라는 말은 '시골의 기사도'라는 의미인데, 시칠리아 특유
의 명예를 중시하는 문화를 지칭한다. 어찌 보면 별것 아닌 것에
명예를 들먹이며 목숨을 거는, 극단적이고 허무한 삶의 태도가 오
페라의 테마가 됐는데, 그것이 '대부 시리즈'의 테마이자, 시칠리
아의 성격이기도 하다. 여기서 마이클은 자기 생명보다 소중한 딸

을 잃는다. 그의 선친 비토가 큰아들 소니(제임스 칸)를 잃듯, 마이클도 결국 혈육을 잃는 대가를 치르는 것이다. 그 비극적인 장면에서의 알 파치노의 통렬한 연기는 1부에서의 말론 브랜도의 연기에 맞먹는 절정의 순간으로 남아 있다. 아마 코폴라는 브랜도는 존경하고, 파치노는 사랑한 것 같다. 시리즈를 통틀어 파치노를 담는 카메라는 마치 사랑하는 여배우를 잡는 남성 카메라의 그것과 비슷해서다. 너무나 긴장되고 정성 들여 보인다. 특히 2부에서 보여준 파치노의 다양한 클로즈업 장면은 1부의 시칠리아 아내 아폴로니아, 그리고 3부의 딸의 얼굴을 잡을 때보다 더 깊은 감정이 느껴질 정도다.

영화 팬들에겐 지금도 시칠리아는 '대부 시리즈'로 기억될 것 같다. 신화와 야만이 공존하는 공간으로 말이다. 시리즈의 마지막 장면은 늙은 마이클이 아폴로니아와 신혼을 보냈던 '노예들의 성'에서 의자에 앉은 채 시칠리아의 황금빛 태양 아래 죽는 순간이다. 마이클이 어머니의 품 같은 시칠리아에서 처음으로 사랑을 실현한 그곳이다. 그럼으로써 '대부 시리즈'의 신화도 끝난다. 사실 코폴라는 시칠리아의 전체 이미지, 곧 황금빛 이미지는 루키노 비스콘티의 〈레오파드〉(1963)에서 배웠다. '대부 시리즈'엔 〈레오파드〉에 대한 오마주 장면이 곳곳에 숨어 있다. 다음엔 비스콘티를 비롯해, 이탈리아의 감독들은 시칠리아를 어떻게 봤는지를 보겠다. 이탈리아 거장들의 시칠리아가 될 것이다.

19. 시칠리아와 이탈리아 감독들

가난과 고립의 은유

엘리오 페트리, 〈누구나 자기만의 방식으로〉, 1967
프란체스코 로지, 〈살바토레 줄리아노〉, 1963
잔니 아멜리오, 〈아이들 도둑〉, 1992
미켈란젤로 안토니오니, 〈정사〉, 1960
루키노 비스콘티, 〈레오파드〉, 1963

'추상적인 분노'를 찾아가는 여행

"나는 추상적인 분노에 사로잡혀 있었다." 이탈리아 모더니즘 문학의 대표 작가인 엘리오 비토리니는 자전적 소설 〈시칠리아에서의 대화〉를 이렇게 시작했다. 네오리얼리즘의 정치와 초현실주의의 환상을 섞은 이 작품에서 비토리니는 어느 인쇄공 남자의 입을 통해 파시즘 시대를 살아가는 고통을 털어놓았는데, 그는 그것을 '추상적인 분노'라고 압축했다. 명확한 이유는 알 수 없지만, 매일 원인 모를 분노 속에 산다는 뜻이리라. 이제 29살인 인쇄공 남자는 15년 만에 시칠리아의 고향을 찾아간다(비토리니도 한때 인쇄공이었다). 그 며칠의 여행 동안 남자는 추상적인 분노의 이유를 조금씩 알아갈 것이다. 그 분노, 오직 그만의 것일까?

정치영화와 시칠리아

1960, 70년대 이탈리아의 정치영화를 말할 때, 경쟁적으로 거론되는 두 감독이 엘리오 페트리(Elio Petri)와 프란체스코 로지(Francesco Rosi)다. 두 감독 모두 좌파를 대표하는 영화인들로, 이탈리아의 정치부패를 다루며 명성을 쌓았다. 민감한 주제와 전투적

인 정치적 입장 때문에 서유럽 등 일부 지역에서만 알려진 게 이들 경력의 약점이었다. 두 감독은 1971년 칸영화제에서 〈노동자 계급 천국에 가다〉(페트리)와 〈마테이 사건〉(로지)으로 황금종려상을 공동 수상하며 세계영화인의 주목을 받았다. 정치적 테마에 민감한 두 감독이 시칠리아와 만나는 것은 어쩌면 당연할 일일 테다. 이들은 이탈리아의, 더 나아가 세계의 문제를 압축한 공간으로 시칠리아를 주목했다.

페트리가 시칠리아를 강조한 대표작은 〈누구나 자기만의 방식으로〉(A ciascuno il suo, 1967)이다. 시칠리아의 오명으로 각인된 마피아의 문제가 사실은 지배층, 더 나아가 사회 전체의 구성과 긴밀하게 관계 맺고 있음을 밝히는 스릴러다. 이 작품이 칸영화제에서 각본상을 받으며 페트리는 유럽 영화계의 유망주로 부각된다. 〈누구나 자기만의 방식으로〉는 도입부의 시칠리아 장면으로 유명하다. 하늘에서 내려오기 시작한 카메라의 시점은 팔레르모 근처의 아름다운 도시 체팔루(Cefalù)의 전체 모습을 보여준다. 도시는 커다란 바위산을 배경으로, 앞으로는 눈부시게 매혹적인 쪽빛 바다를 끼고 있다. 카메라는 바위산을 넘어 바다 쪽으로 진행 중인데, 산 바로 아래에는 체팔루의 주 교회인 두오모(Duomo, 도시의 중심 교회란 의미)가 보인다. 체팔루는 인구 만 오천 명 정도 되는 작은 도시인데, 이곳이 얼마나 오래된 도시인지는 비잔틴 양식의 중세 두오모가 한눈에 알게 한다. 맑은 하늘, 쪽빛 바다, 원시적인 느낌의 바위산, 그리고 역사와 문명의 상징인 교회의 이미지는 서로 섞여, 이곳의 아름다움을 신비스럽게 표현하고 있다. 지금도 체팔루

는 관광지로 유명하여, 여름이면 도시 인구가 세 배로 늘어나는 곳
이다. 도입부의 마지막에서 카메라는 제법 오래 동안 교회의 정면
을 조용히 바라본다. 곧 영화는 교회를 강조하며 시작한다.

1960, 70년대 이탈리아 정치영화를 말할 때 빠뜨릴 수 없는 '배
우'를 꼽자면 단연 잔 마리아 볼론테(Gian Maria Volonté)이다. 세계
영화인들에겐 세르지오 레오네의 '달러 3부작'의 악당으로 더 유
명할 것 같다(1, 2부의 악당). 볼론테는 두 감독, 곧 페트리와 로지의
정치영화에서 주역을 맡으며 '참여 배우'로서의 명성을 쌓는다. 파
시스트 부친의 이른 죽음으로, 어릴 때부터 너무나 가난한 환경에
서 자란 볼론테는 14살 때 생계를 위해 학업을 중단하고, 프랑스에
가서 소젖을 짜며 돈을 벌었다. 그런데 배우의 운명을 타고났는지,
그때 볼론테는 장 폴 사르트르와 알베르 카뮈의 애독자가 됐고, 문
학에 눈떴다. 2년 뒤 귀국하여 극단의 허드렛일을 하며 비로소 연
기에 입문했다. 페트리와 로지가 칸에서 황금종려상을 공동 수상
할 때, 두 작품 모두에서의 주인공은 볼론테였다.

페트리-로지-볼론테 트로이카

볼론테가 〈누구나 자기만의 방식으로〉에서 맡은 역할은 체팔루
에서 팔레르모로 통근(약 70km)하는 문학 교수 파올로이다. 그는
체팔루의 집에서는 방에 틀어박혀 거의 잠만 자는 은둔자다. 그런
데 그의 친구 두 명이 살해되면서 영화는 전환점을 맞는다. 의사와
약사인 그들은 사냥 중에 살해됐는데, 살인자로는 약사 하녀의 남
자 가족들로 지목됐다. 일종의 '명예살인'의 혐의다. 하녀는 약사

의 정부였다. 그리고 의사는 옆에 있다 사고로 죽었다는 것이다.

파올로는 자신의 고향 체팔루가 교회의 고위 성직자, 그의 친척인 유명 변호사, 이들과 친한 사업가들, 그리고 마피아들에 의해 조종되고 있다고 늘 의심해왔다. 그들은 일종의 이너 서클(Inner Circle)인 셈이다. 사실 이것은 체팔루의 주민이라면 '다 아는 비밀'일 테다. 파올로는 의사가 살해되기 전에 지역 유력자의 범법행위를 알리기 위해 혼자 노력했다는 사실을 알아낸다. 파올로는 경찰의 발표와는 다르게, 살해된 자는 의사이고, 약사는 살인의 알리바이를 위해 희생됐다고 생각한다. 문제는 그 사실을 어떻게 알리고, 증명할 수 있느냐는 것이다. 언론도, 경찰 등 관계 기관도, 심지어 피해자를 보호할 변호사들도 전부 이너 서클 속에 포함돼 있을 텐데 말이다.

지극히 아름다운 체팔루가 파올로의 눈에는 소수의 그들이 지배하고 있는 체념의 땅으로 보인다. 파올로는 분노한다. 그는 분노하지만, 주위 사람들은 파올로가 '어리석고, 아직 어리다'라고 나무란다. 영화의 마지막 장면은 실력자 변호사(가브리엘레 페르체티)의 결혼식이다. 어느 마피아 하객은 "진정한 걸작이 완성됐다!"라며 결혼식을 축하한다. 모든 것이 제자리로 돌아갔고, 파올로의 분노는 스쳐 지나간 바람처럼 이미 해결된 뒤다. 교회에서 시작한 영화는 교회에서 끝나는데, 그곳에는 파올로가 의심한 이너 서클의 실력자들, 곧 성직자들, 정치가들, 경제인들, 그리고 마피아들이 모두 모여 있다. 모르긴 몰라도 코폴라가 '대부 시리즈'를 만들 때, 페트리의 영화는 적극적으로 참조했을 것 같다. 파올로는 시칠리아의 비극은 구조화된 부패로 봤다.

'민중의 마지막 산적' 살바토레 줄리아노

프란체스코 로지는 처음부터 마피아 영화를 만들며 감독으로 데뷔했다. 장편 데뷔작이 나폴리의 마피아를 다룬 〈도전〉(La sfida, 1958)이었다. 단독연출로는 첫 작품이다. 그럼으로써 범죄를 잉태하는 이탈리아 사회의 부조리는 그의 평생의 테마가 된다. 로지는 루키노 비스콘티의 〈흔들리는 대지〉(1948)에서 조감독을 할 때, 시칠리아의 상황에 주목했다. 〈흔들리는 대지〉에서 어부 가족의 둘째 아들은 빚 때문에 길거리로 쫓겨나는 신세가 됐을 때, 산으로 올라가며 시칠리아 마피아의 존재 조건을 암시했었다. 로지가 만든 시칠리아 배경의 마피아 영화로는 걸작 〈살바토레 줄리아노〉(1963)가 독보적이다. 시칠리아의 전설적인 산적인 살바토레 줄리아노(Salvatore Giuliano, 1922~1950)에 관한 전기영화다. 역사학자 에릭 홉스봄에 따르면 줄리아노는 '민중의 마지막 산적'이다. 실제로 많은 시칠리아 사람들이 줄리아노에게서 로빈 후드 같은 인상을 받았다. 부자들로부터 뺏어, 가난한 자들에게 나눠줬다는 이유에서다.

그런데 그것은 파시스트 정권 아래서의 평판이었다. 전쟁이 끝난 뒤에도 줄리아노는 총을 버리지 않고 산속에 머물렀다. 그는 시칠리아의 독립을 요구하는 '분리주의자'로 변신한다. 그리고는 팔레르모 근처의 고향인 몬텔레프레(Montelepre)에 머물며 정부군, 경찰과 전투를 벌였다. '의적'이 갑자기 정치의 중심에 나선 셈이다. 관공서 습격, 유명인 납치, 몸값 요구 등의 범법행위가 이어졌다. 그런데도 일부 주민들은 줄리아노를 친구로 생각했다. 이탈리아 본토로부터 독립을 바라는 주민들이 적지 않은 까닭이다. 이들에겐 중앙정부 사람들은 대개 억압자로 비쳤다.

줄리아노가 주민들로부터 외면받기 시작한 것은 '포르텔라 델라 지네스트라의 살육 사건' 때문이다. 팔레르모 근처의 산골 마을 포르텔라 델라 지네스트라(Portella della Ginestra)에서 공산주의자들이 1947년 5월 1일 노동절 축제를 벌이고 있을 때, 줄리아노 일당은 이들을 향해 무차별 총격을 가했다. 부녀자를 포함해 11명이 죽고, 30여 명이 부상당하는 참사였다. 공산주의자들은 대부분 가난한 농부들과 그 가족들이었는데, 이유도 모른 채 살해됐으니, 줄리아노의 '의적' 이미지는 순식간에 훼손됐다. '민중의 친구'라는 명성을 즐기던 줄리아노가 왜 그런 범죄를 저질렀는지는 지금까지도 수수께끼다. 혹시 민중의 친구라는 역할을 공산주의자들에게 뺏겼기 때문일까? 프란체스코 로지는 그 수수께끼를 찾아간다. 영화는 줄리아노가 의문의 시체로 발견된 어느 집 뒤뜰에서 시작한다. 어떻게 해서 줄리아노는 살해됐을까? 곧이어 길고 긴 플래시백이 이어지는 식이다.

시간을 되돌려 보니, 한때 '의적' 소리를 듣던 줄리아노는 정치가와 경찰들과 협상하고, 지역 마피아와 거래도 한다. 파시스트 정권 아래서 산적 생활을 하던 청년이 이제 많이 변질된 것이다. 감독 로지는 그의 죽음의 원인을 분명하게 밝히기보다는 '의적'이란 청년이 어떻게 마피아로 변해 가는지를 추적한다. 그러면서 시칠리아의 너무나 가난한 환경, 부패한 정치가들과 경찰들, 이들과 거래하며 재산을 불리는 마피아들, 글도 읽지 못하는 무지한 주민들의 이미지를 겹쳐 놓았다. 마피아의 탄생과 존재라는 것이 어느 하나의 분명한 이유에 있지 않다는 뜻이다. 시칠리아의 운명이 답답해 보이는 것은 줄리아노가 죽은 뒤에도 한때의 동지들 사이의 복수, 또는 권력의 하수인들에 의한 피의 복수는 계속 이어진다는 점이다. 로지는 시칠리아를 분노의 복수가 끝나지 않는 비극의 도시로 그리고 있다.

〈아이들 도둑〉 속 시칠리아의 황량한 풍경

현재 활동 중인 감독 중에 남부의 문제로 이탈리아 전체 사회의 부조리를 천착하는 대표적인 인물이 잔니 아멜리오(Gianni Amelio)이다. 1960, 70년대 리얼리즘의 대표주자가 페트리와 로지였다면, 1990년대의 대표주자는 아멜리오다. 그가 늘 다루는 테마가 남북문제(산업지역인 북쪽과 농업지역인 남쪽 사이의 여러 차이)이고, 시칠리아를 배경으로 한 대표작은 〈아이들 도둑〉(1992)이다. 〈자전거 도둑〉을 참조한 제목에서 벌써 네오리얼리즘의 강한 냄새를 맡을 수 있을 것이다. 밀라노에 사는 시칠리아 출신의 가난한 가족의 이야기다. 혼자 사는 여성에게 11살 딸과 9살 아들이 있다. 생존에 내몰린 엄마는 어이없게도 어린 딸에게 매춘을 시키고, 결국 이 일이 발각돼 감옥에 간다. 자식들은 로마의 보호소에 보내질 것이다. 젊은 경찰 안토니오(엔리코 로 베르소)는 아이들과 동행하는 임무를 맡았다. 이탈리아 경찰이 대개 그렇듯 안토니오도 남부의 가난한 집안 출신이다. 경찰과 아이 둘, 이들 세 사람의 밀라노에서 남부로의 여행이 시작되는 것이다.

　세 사람은 겨우 로마에 도착했는데, 이곳에선 로제타의 과거를 눈치채고, 관련 서류를 핑계 대며 수용을 거부한다. 안토니오는 어쩔 수 없이 시칠리아의 젤라(Gela)에 있는 두 번째 시설로 향한다. 안토니오는 불쌍한 아이들에게 깊은 동정심을 느끼기 시작한다. 가족의 따뜻함을 기억시키고 싶어, 여행 도중에 고향 집에 잠시 들렀다. 그런데 여기서도 이웃이 로제타를 알아보는 바람에, 안토니오는 아이들을 지키기 위해 도망치듯 시칠리아로 향했다. 감독 아멜리오는 시칠리아에서 아름다움과는 거의 관계없는 곳을 주로 찍는다. 선배 네오리얼리스트들이 관광지 이탈리아를 배제하듯 말이다. 황량한 바닷가, 쓰레기가 뒹구는 모래사장, 가난한 집들, 텅 비어 활기라곤 없는 길거리를 비춘다. 아이들 마음이 그렇다는 뜻일 테다.

　하지만 안토니오의 선행은 시칠리아에서 오해받는다. 경찰 간부는 임무를 빨리 마치지 않고 아이들과 돌아다니는 안토니오를 의심한다. 여관에선 소년, 소녀와 한 방에서 같이 잤냐고도 묻는다. 안토니오는 '아이들 도둑'에, 성적 범죄까지 의심받는 처지가 됐다. 아이들을 보살핀 선한 마음이 평가받을 줄 알았는데, 오히려 모욕을 당한 셈이다. 안토니오의 '가무잡잡한 얼굴'(남부 사람의 특징 중 하나)엔 당황한 표정이 역력하다. 원인 모를 분노는 이런 것일 수도 있다. 선행을 베풀었는데 무시당했을 때의 모욕감 같은 것 말이다.

바로크의 도시 노토에서의 〈정사〉

아멜리오의 시칠리아는 방치되고 고립된 가난한 공간이다. 이런 정서가 돋보였던 고전은 미켈란젤로 안토니오니의 〈정사〉 (1960)다. 전반부의 로마와 무인도 화산섬(리스카 비앙카)도 인상적이었지만, 정작 관객의 마음을 뺏은 것은 중반부 이후의 시칠리아였다. 여자가 실종된 뒤, 두 주인공, 곧 클라우디아(모니카 비티)와 산드로(가브리엘레 페르체티)가 그녀를 찾기 위해 시칠리아를 돌아다닐 때다. 기찻길 옆으로 끝없이 이어지는 시칠리아의 바다, 아랍문화가 끼어 있는 오래된 궁전들, 육지와 달리 너무나 가난해 보이는 벽돌집들, 여자들은 거의 보이지 않고 남자들만 몰려 있는 광장 등 말 그대로 이국정서의 향연이다. 이들 가운데 가장 인상적이었던 장면 하나만 꼽자면 '바로크의 도시' 노토(Noto)이다. 〈아이들 도둑〉에서 경찰과 아이들이 잠시 소풍을 즐기던 도시이기도 하다 (아멜리오는 노토를 통해 안토니오니에게 오마주를 표현한 것 같다).

클라우디아와 산드로는 서로에 대한 호감을 여기 노토에서 고백한다. 실종된 여자에 대한 죄책감 때문에 그동안 숨기고 있던 감정이었다. 그 여성은 클라우디아의 친구이자 산드로의 애인이었다. 조그만 도시를 하늘에서 내려 보듯, 약간 높은 곳에 지어진 노토의 거대한 두오모는 이곳을 몽환적인 공간으로 보이게 했다. 말하자면 잠시지만 현실의 이성이 풀어지는 곳이다. 화려한 바로크양식으로 장식된 두오모의 맞은편에 숙소를 잡은 이들은 처음으로 환한 웃음을 짓는다. 두 남녀는 두오모 근처의 '산 카를로 보로메오 교회'(Chiesa di San Carlo Borromeo)의 지붕에서 장난스럽게 종을 치기도 한다. 이들의 행복한 마음은 교회 종소리의 메아리처럼 도시 전체로 퍼져나간다. 체념과 고독의 죄의식이 지배하던 영화에서 처음이자 마지막으로 미소의 기쁨이 잠시 머무는 곳이 노토였다(〈아이들 도둑〉에서도 그랬다). 그만큼 〈정사〉에 표현된 시칠리아의 외로움은 컸고, 그래서 노토의 미소는 가는 빛 같은 존재였다. 소설가 비토리니처럼 말하자면, 〈정사〉는 '추상적인 외로움'에 빠진 영화였다. 안토니오니에게 시칠리아는 결국 그 격리의 외로움을 배가시키는 공간이었다.

외로움, 고립 같은 소외의 감정을 삶의 운명적인 조건으로 받아들인 남자가 〈레오파드〉(1963)의 주인공 돈 파브리치오(버트 랭카스터)이다. 루키노 비스콘티의 이 걸작은 시칠리아에 대한 오마주로 봐도 된다. 돈 파브리치오의 캐릭터, 곧 존재의 마지막 품위를 지키기 위한 자발적 고립은 바로 시칠리아의 운명인 듯 그리고 있어서다. 가리발디의 통일운동이 시칠리아에도 불어 닥쳤을 때, 구질서를 상징하는 귀족 돈 파브리치오는 가족들과 함께 돈나푸가타(Donnafugata)라는 곳으로 피난을 간다. 영화의 전반부는 팔레르모 근처에 있는 돈 파브리치오의 저택인 '보스코그란데 궁전'(Villa Boscogrande)에서, 그리고 중반 이후는 돈나푸가타가에서 주로 전개된다. 그런데 돈나푸가타는 허구의 도시다. 원작자인 주세페 토마지 디 람페두사가 지어낸 공간으로, 주인공 돈 파브리치오가 바캉스 때면 지내는 피서지로 제시했다. 먼지가 풀풀 나는 마른 땅에, 주민들 대부분은 가난한 농부들인 시골이다.

비스콘티는 허구의 공간과 비슷한 곳으로 팔레르모 근처에 있는 치민나(Ciminna)라는 곳을 선택했다. 인구 4천 명 정도 되는 작은 마을이다. 광장 한가운데는 영화에서 보듯 진홍색 전면이 특징인 '산타 마리아 막달레나 교회'(Chiesa di Santa Maria Maddalena)가 있고, 바로 왼쪽의 황금색 건물이 돈 파브리치오의 저택이다. 왕정, 입헌군주국, 또 공화국 지지자들이 충돌하는 역사의 소용돌이에서 시칠리아는 북쪽의 사보이 왕가가 주도하는 흡수통일의 대상이다. 시칠리아 스스로 자결권을 가진 게 아니었다. 왕정이든 공화국이든 그것은 외부에서 유입된 제도이지, 시칠리아에는 맞지 않는 것이라고 돈 파브리치오는 생각한다. '하이에나'들이 권력을 잡았을 때, 돈 파브리치오는 체념했고, 또 속으로 분노한다. 북부의 정치가가 나타나서 시칠리아에 무슨 시혜를 베풀 듯 이야기를 하는 데서는 모욕감마저 느낀다. 그는 재산과 명예를 노리는 다른 귀족들처럼 시대의 흐름에, 변화에 '슬기롭게' 적응하기보다는 스스로를 고립시킨다. 그것이 그나마 존재의 마지막 품위를 지켜내는 태도라고 여긴 것이다.

소설가 비토리니가 시칠리아에서 나눈 대화

〈시칠리아에서의 대화〉의 중반부 이후에서 밝혀지는데, 소설가 비토리니의 '추상적인 분노'도 모욕에 원인이 있었다. 그가 말한 모욕은 개인적이기보다는 사회적이다. 고향을 찾은 남자가 분노하는 이유는 파시즘의 저급한 정치가 세상을 모욕하고 있기 때문이었다. 안타깝게도 사람들은 자기 일에는 분노하면서, 모욕당하는 세상 때문에는 괴로워하지 않기 때문에 세상은 계속 모욕당

한다고 그는 생각한다. 이 모욕의 분노는 언제 끝날 것인가! 남자
가 감추고 있는 분노의 마음을 처음으로 보여주는 상대는 칼을 가
는 남자다. 알다시피 직업이 '칼갈이'라는 점은 대단히 예시적인
장치다. 파시스트 정부는 언제까지 사람들을 이리도 모욕할 것인
지, 칼갈이는 눈물을 삼키며 가슴으로 운다. 이탈리아 감독들이 만
든 시칠리아 배경의 영화들을 관통하는 감정도 비토리니의 추상
적인 분노와 엇비슷할 테다. 고립과 부조리의 '모욕에서 느끼는 분
노' 말이다.

  지금까지는 모두 시칠리아의 이야기였다. 다음엔 시칠리아 주
변의 작은 섬들로 가겠다. '난민의 시대'를 맞아, 이탈리아 최남단
섬인 람페두사는 이제 주민보다 난민이 더 많은 곳으로 변했다. 시
칠리아 주변의 화산섬들인 '에올리에 제도'까지 포함하여 이 지역
의 섬들을 여행하겠다. 난니 모레티의 〈나의 즐거운 일기〉(1993)가
좋은 길잡이가 될 것이다.

20. 시칠리아 주변 섬들

스트롬볼리, 람페두사, 판테레리아

로베르토 로셀리니, 〈스트롬볼리〉, 1950

난니 모레티, 〈나의 아름다운 일기〉, 1993

마르코 툴리오 조르다나, 〈베스트 오브 유스〉, 2003

엠마누엘레 크리알레제, 〈테라페르마〉, 2011

엠마누엘레 크리알레제, 〈레스피로〉, 2002

루카 구아다니노, 〈비거 스플래쉬〉, 2015

무명의 화산섬들, '영화의 섬'으로 변신하다

　로베르토 로셀리니는 안나 마냐니에게 호기 있게 약속을 하나 했다. "다음 영화는 너의 경력에서 분수령이 될 거야." 마냐니와 함께 〈사랑〉(1948)을 찍은 뒤였다. 그는 다음 영화가 화산섬에서 촬영될 거라는 아이디어만 밝혔다. 황무지에 가까운 척박한 땅, 외지인에 대한 폭력적 배타주의, 문명과 먼 원시적인 일상 등이 화산섬의 특성인데, 로셀리니는 바로 그것이 전후 패전국 이탈리아의 현실이라고 봤다. 마냐니는 그 섬을 배경으로 배타주의의 폭력에 저항하는 주인공을 맡을 예정이었다. 그러나 그 역은 마냐니에게 가지 못했다. 알다시피 잉그리드 버그먼이 로셀리니에게 보낸 '유명한 편지' 때문이다. 로셀리니는 자신과 영화를 함께 만들고 싶다는 할리우드 스타의 편지를 받자마자 미국으로 갔다. 그리고 그 역은 버그먼에게 돌아갔다. 로셀리니와 버그먼이 찍기로 한 화산섬이 스트롬볼리이고, 걸작 〈스트롬볼리〉(1950)는 그렇게 탄생했다.

로셀리니와 버그먼, 스트롬볼리에 가다
　잉그리드 버그먼은 유명 제작자 데이비드 셀즈닉에 발탁돼

1939년 스웨덴에서 할리우드로 갔다. 곧바로 스타가 됐고, 대작 영화의 주인공이 됐다. 그런데 바로 그 점이 그녀를 지치게 했다. 대중의 스타는 달리 보자면 제작자의 인형에 가까웠다. 대자본의 중심에 있는 스타로선 피할 수 없는 상황이기도 한데, 버그먼은 배우로서 꿈꿨던 자유, 예술, 모험 등의 가치와는 너무나 멀어져 있었다. 그때 본 영화가 로셀리니의 〈무방비 도시〉(1945)와 〈전화의 저편〉(1946)이다. 영화가 예술일 수 있는 걸 확인했고, 무엇보다도 스크린 뒤 제작환경의 자유와 모험이 느껴졌다. 당시에 버그먼은 셀즈닉 제작, 히치콕 감독의 〈스펠바운드〉(1945), 그리고 하워드 휴즈 제작, 히치콕 감독의 〈오명〉(1946) 등으로 할리우드의 별이 됐을 때다. 그런데 버그먼은 제작자의 더 많은 요구에 부응해야 했다. 스트레스와 실패에 대한 두려움 때문에 버그먼은 〈오명〉의 주인공처럼 위험할 정도로 술을 마셔댔고, 할리우드를 증오하기 시작했다. "나는 유럽으로 돌아가서 예술영화를 찍을 거야" 당시에 버그먼이 자주 했던 말이다.

　로셀리니와 버그먼은 1949년 4월 4일 스트롬볼리에 도착했다. 여전히 화산 활동이 종종 일어나던 섬이다. 그리고 그때까지도 수도와 전기가 들어오지 않는 벽지였다. 길에는 먼지가 풀풀 일고, 지중해의 태양은 너무 뜨거워 일을 하기는 어려웠다. 그런데도 로셀리니와 버그먼은 새 영화에 대한 기대로 꿈에 부풀었다. 인구 4백 명 정도 되는 섬 주민들 가운데 대부분이 영화 제작에 참여했다. 제작팀의 짐도 옮기고, 고기도 잡고, 아이들은 수영도 하고, 또 엑스트라도 했다. 그리고 로마에서 건너온 구름 같은 많은 기자가 있었다. 현장의 분위기는 버그먼이 기대한 대로 자유가 있고, 또 매일 도전해야 할 모험이 기다리고 있었다.

사실 로셀리니가 화산섬 스트롬볼리를 선택한 이유는 이탈리아의 배타적인 지역주의를 성찰하기 위해서였다. 우물 안 개구리처럼 전통에만 얽매여 있는 협량한 시각을 극복하고 싶었다. 그런데 미국에 갔을 때, 사무엘 골드윈(MGM), 하워드 휴즈(RKO) 등 소위 '할리우드의 타이쿤(제작 거물)'들을 만나면서 배타주의는 불행하게도 이탈리아뿐 아니라, 전쟁이 새겨놓은 세상의 일반적인 악덕임을 확인했다. 배타주의의 극복이라는 테마는 전 세계에 호소력을 가질 수 있는 보편적인 문제였다. 로셀리니는 자신의 제작방식(스크립트 없이 즉흥에 의존하는 것)을 유지하기 위해 제작자들과 다퉜고, 제작자들은 할리우드의 관습을 따르지 않는 로셀리니를 '믿을 수 없는 사람'으로 매도했다(스크립트에 따른 일정에서 제작비용이 산출되기 때문이다). 할리우드에서 로셀리니는 지독한 배타주의에 시달렸다. 타이쿤들은 로셀리니를 '이탈리아의 사기꾼'으로 취급했다. 이에 맞서 로셀리니는 기자들과의 인터뷰에서 할리우드 영화를 '공장에서 만들어진 통조림 소시지'라고 비판하면서 결국 제작자들과 틀어지고 말았다. 최종적으로 잉그리드 버그먼과 친한 RKO 제작자 하워드 휴즈가 그녀의 부탁을 받아들이면서 겨우 제작비를 마련할 수 있었다. 휴즈는 오직 버그먼과의 관계를 유지하기 위해 투자를 했지, '이탈리아 남자' 로셀리니는 쳐다보지도 않았다.

로셀리니와 할리우드 제작 거물들과의 설전

스트롬볼리는 시칠리아 주변에 있는 화산섬이다. 시칠리아의 북단에는 8개의 작은 화산섬들이 있고, 이를 묶어 '에올리에 제도'(Isole Eolie)라고 부른다. 인구 1만 명 정도 되고 제도의 가운데 있는 리파리(Lipari)섬이 가장 크고, 서쪽 끝의 주민 120명 정도 되는 알리쿠디(Alicudi)섬이 가장 작다. 스트롬볼리는 이 섬들 가운데 가장 북쪽에 있다. 이탈리아 사람들에게도 무명에 가까웠던 이 섬들이 주목을 받게 된 데는 로셀리니의 〈스트롬볼리〉가 결정적인 역할을 했다.

리투아니아 출신 전쟁 난민 카린(잉그리드 버그먼)은 오로지 수용소에서 벗어나기 위해 이탈리아 남자와 결혼을 한다. 그런데 그 남자의 집이 스트롬볼리이고, 카린은 생각지도 않았던 화산섬에서 신혼생활을 시작한다. 카린은 화산섬의 '원시적인 환경'에 도무지 적응하지 못하고, 게다가 대부분이 어민들인 이곳 주민들의 지독한 배타주의에 시달린다. 금발에 북유럽 여성 특유의 자유분방한 태도 자체가 주민들에겐 경멸의 대상이다. 카린은 2차대전 중 나치 장교와의 관계 때문에 수용소에 감금됐는데, 나치와의 관계와는 별도로 매춘의 혐의도 받고 있었다. 카린이 스트롬볼리의 남자들, 특히 교회의 신부와도 너무나 자연스럽게 신체 접촉을 하는 태도는 그의 과거 행적을 짐작할 수 있게 했다. 자유를 찾아 이탈리아에 남았는데, 화산섬 스트롬볼리는 마치 수용소처럼 카린을 구속하고, 결국 그녀는 탈출을 결심하기에 이른다.

말하자면 로셀리니의 스트롬볼리는 자유를 억압하는 수용소의 은유인 셈이다. 섬은 멀리서 보면 시커먼 삼각형처럼 생겼다. 견고하고 검은 삼각형의 돌섬, 처음에 카린은 그곳에서 절망했는데, 어떡하든 저항하고, 벗어나려고 온 힘을 쏟는다. 탈출을 시도할 때, 화산의 정상 부근에서 뜨거운 검은 흙을 헤쳐 나가며 마지막 안간힘을 쓰는 카린의 모습은 절망을 넘어서려는 왜소한 인간의 간절한 몸짓으로 보인다. 카린이 스트롬볼리라는 '감옥'을 벗어날지, 영화는 분명하게 말하지 않는다. 하지만 도전하는 태도 자체를 찬양의 대상으로 조명하고 있다. 그래서인지 마지막 장면에는 종교적인 숭고함이 그려져 있다. 미국의 비평가 태그 갤러거의 말대로, 카린은 바로크 조각가 베르니니의 작품 〈테레사 성녀의 엑스타시〉 속 성녀처럼, '은총'을 받은 여성의 몸짓을 하고 있다.

한편 로셀리니로부터 '버림받은' 안나 마냐니는 가만히 있지 않았다. 거의 동시에 스트롬볼리 옆에 있는 불카노(Vulcano)섬에서 역시 화산섬의 배타주의에 맞서는 강인한 여성 역을 연기하며 영화를 만들었다. 당시는 이런 상황을 마냐니의 로셀리니에 대한 '전쟁'으로 봤다. 영화〈불카노〉(1950)는 기억 속에서 사라졌지만, 두 진영의 경쟁적인 영화 제작 덕분에 스트롬볼리를 포함한 '에올리에 제도'는 단번에 세상의 주목을 받을 수 있었다.

난니 모레티가 다시 찾은 스트롬볼리

난니 모레티는 1993년 마치 일기를 쓰듯 대단히 사적인 작품인 〈나의 아름다운 일기〉를 발표한다. 세 개의 에피소드 모음인데, '베스파' '섬들' '의사들'이란 소제목을 달고 있다. 두 번째 에피소드인 '섬들'의 배경이 시칠리아 북단의 에올리에 제도이다. 모레티는 시나리오 작업에 집중하기 위해 섬 리파리에 사는 친구 집을 방문한다. 친구는 제임스 조이스의 〈율리시스〉 전공 학자이고, 최근 30년간 TV를 보지 않을 정도로 문명과는 거리를 둔 인물이다. 조용한 섬, 학자 친구, TV가 없는 공간, 이 정도면 왠지 글쓰기가 제대로 진척될 것 같지 않은가? 하지만 모레티의 팬이라면 짐작하겠지만, 사정은 영 엉뚱한 방향으로 진행된다. 조용할 것 같은 리파리는 관광객들에 의해 점령당해, 도로에는 차들이 넘치고, 클랙슨 소리는 밤에도 빵빵거린다. 모레티는 친구와 함께 도망치듯 리파리를 떠난다. 그러면서 두 남자의 '에올리에 제도' 여행이 시작되는 것이다.

이들이 방문한 세 번째 섬이 스트롬볼리다. 모레티답게 여기의 이야기는 로셀리니의 〈스트롬볼리〉를 일부 패러디하고 있다. 척박했던 스트롬볼리는 로셀리니 덕분인지 어느덧 '영화의 섬'이 돼 있다. 시장은 만나자마자 영화에 대한 애정과 지식을 자랑한다. 두 남자가 조용히 머물 집을 직접 알아봐 준다며, 이곳저곳을 돌아다니는데, 주민들은 시장을 보면 아예 문을 열어줄 생각도 하지 않는다. 말하자면 시장만 '영화의 섬'이라는 이미지를 팔아, 업적을 쌓으려 하고, 주민들은 그런 허황된 개발계획이 싫은 것이다. 시장은 섬을 떠나려는 두 남자를 환송할 때도 자신의 영화 프로젝트를 설명하기 바쁘다. "음악은 엔니오 모리코네가 맡을 것이고, 촬영은 카메라의 대가인 비토리오 스토라로(베르톨루치의 촬영감독으로 유명)에게 맡길 것입니다. 어때요?" 두 남자는 뒤도 돌아보지 않고

스트롬볼리를 떠난다. 원시의 땅에 가까웠던 스트롬볼리는 로셀리니의 〈스트롬볼리〉에 의해 영화사에 남았는데, 이젠 영화가 이곳에서 '공해' 비슷한 처지가 되고 말았다.

〈스트롬볼리〉의 원시적 공간, 〈나의 즐거운 일기〉의 허황된 공간을 넘어, 스트롬볼리가 이탈리아의 고향처럼 묘사된 것은 마르코 툴리오 조르다나 감독의 〈베스트 오브 유스〉(2003)를 통해서다. 조르다나는 로셀리니의 흠모자로서, 리얼리즘 계보의 적자로 평가받는 감독이다. 〈베스트 오브 유스〉는 베르톨루치의 〈1900〉(1976)을 의식하여, 20세기 후반의 이탈리아 현대사를 그린 6시간짜리 대작이다(베르톨루치의 작품은 20세기 전반부의 역사극이다). 소위 '68세대'가 주인공인데, 이들이 1970년대 '테러의 정치 시대'를 넘어 현대에 이르기까지의 굴곡진 역사가 펼쳐진다.

의사인 니콜라(루이지 로 카시오)의 아내는 정치테러집단인 '붉은 여단'의 멤버가 되면서 가족이라는 세속과의 관계를 끊어버린다. 그의 형은 가족의 기대와는 달리 갑자기 진압경찰이 되고, 그러면서 역시 가족과 점점 멀어진다. 니콜라는 극좌(아내)와 극우(형) 사이에서, 가족이 무너지는 고통을 겪는다. 형은 점점 폭력적으로 변해가고, 가족들은 그의 변화에 놀라면서 걱정하고, 그러던 중 형은 충동적으로 자살하면서 가족과 영원한 이별을 한다. 10년이 지난 뒤, 니콜라는 형의 유복자가 살아 있다는 믿을 수 없는 소식을 듣는다. 그가 어머니를 모시고, 형의 아들을 보기 위해 찾아가는 곳이 스트롬볼리다.

스트롬볼리는 해변의 하얀 집들, 화산섬 기슭의 나무들, 맑고 푸른 바다가 어울려진 '상상 속의 고향'처럼 평화롭게 표현돼 있다. 형은 죽기 전에 연인이 있었는데, 그녀가 유복자와 함께 이곳에 살고 있었다. 어머니는 손자를 통해 죽은 큰아들의 모습을 본다. 큰아들은 문학을 전공하던 순진한 청년이었는데, 진압경찰이 된 것은 시대의 희생양이라고 어머니는 생각한다. 어머니는 스트롬볼리에 머물기로 마음먹는다. 그녀는 손자와 함께 스트롬볼리에서 여생을 보내는데, 그 모습은 죽은 아들을 되찾아, 다시 소년이 된 그 아들과 함께, 즐겁게 시간을 보내는 젊은 엄마처럼 보이기도 한다. 손자를 바라보는 할머니(아드리아나 아스티, 베르톨루치의 〈혁명전야〉의 주인공)의 커다란 눈동자에는 늘 행복과 슬픔의 눈물이 그렁그렁 맺혀 있다.

〈비거 스플래쉬〉, 판테레리아의 난민을 주목하다

에올리에 제도는 시칠리아 북단에 있다. 남단에도 유명한 섬이 세 개 있다. 최남단의 람페두사(Lampedusa), 바로 위의 리노사(Linosa), 그리고 튀니지에 더 가깝게 붙어 있는 판테레리아(Pantelleria) 등이다. 세 섬 모두 지중해 특유의 아름다움, 특히 아프리카와 가까운 데서 느껴지는 또 다른 이국정서 때문에 관광지로 유명하다. 그런데 2011년 아프리카와 중동에서 정치 민주화 바람이 불고, 또 불행하게도 내전이 벌어지면서 난민들이 급증했는데, 이들이 처음 도착하는 곳이 대개 시칠리아 남단의 바로 이 세 섬이다. 다시 말해 먼 과거에는 평범한 어촌이었고, 1960년대 경제발전 이후 관광지로 개발된 곳이 지금은 난민 문제의 중심에 놓여 있는 것이다.

2011년의 난민과 관련한 문제작이 〈테라페르마〉(엠마누엘레 크리알레제 감독, 2011)이다. 제목은 '땅끝'(Terraferma)이라는 의미다. 바다에서 보면 육지의 입구이기도 하다. 장소는 시칠리아 바로 아래에 있는 리노사 섬이다. 인구 4백 명 정도 되는 조그만 섬이고, 주민들은 이제 대부분 관광업에서 일한다. 일부 노인들이 아직 어업에 종사하고 있다. 20살 청년 필리포는 할아버지와 함께 고깃배 작업을 한다. 어느 날, 고기잡이 도중에 뗏목 위에 의지하고 있는 난민들을 만났는데, 접근하지 말고 기다리라는 해양경찰의 경고를 무시하고 이들을 구해준다.

난민들은 주로 이탈리아의 식민지였던 에티오피아, 에리트레아 출신들이다. 필리포 가족은 에리트레아 출신 임산부와 그의 어린 아들을 집에 숨긴다. 정치적 문제가 아니면 난민들은 대개 본국으로 추방됐는데, 임산부 가족은 불법 이주민이기 때문이다. 경찰의 수사는 점점 좁혀 오고, 필리포는 밤을 이용해 고깃배 속에 난민 가족을 싣고 달린다. 이들이 희망대로, 해양경찰의 경계를 뚫고 육지(테라페르마)에 도착할지는 알 수 없다. 다만, 배를 모는 필리포의 긴장되고 단호한 얼굴은 관객의 호응을 끌어낼 만큼 진정성으로 가득 차 있다. 그 밤의 불안한 항해에서 아프리카 현악기의 구슬프고 심장이 뛰는 듯한 빠른 박자의 연주는 필립포의 긴장된 마음을, 그리고 그를 응원하는 관객의 마음까지 그대로 표현하고 있다(베네치아영화제 심사위원특별상).

크리알레제 감독은 시칠리아 출신 부모의 아들이다. 그래서인지 그는 시칠리아와 그 주변에서 주로 영화를 만든다. 자신을 알린 〈레스피로〉(2002)는 이탈리아의 최남단인 람페두사섬이 배경이다. 그리스의 신화와 신화 같은 종교가 섞여 있는 람페두사섬에서의 어느 가족의 이야기다. 우울증을 앓는 어머니(발레리아 골리노)가 실종됐는데, 온 가족이 그녀를 찾는 과정은 마치 성모 마리아를 간절하게 원하는 신도의 마음처럼 표현하고 있다. 람페두사섬의 푸른 바다 아래, 성모의 조각처럼 숨어 있는 어머니를 찾는 장면은 서사의 논리를 깨는 감정이입의 압축적인 절정으로 남아 있다(칸 영화제 비평가주간 그랑프리). 〈레스피로〉의 람페두사는 신화와 종교가 공존하는 비현실의 공간인 것이다.

〈레스피로〉가 발표될 때만 해도 람페두사에서 난민 문제가 지금처럼 심각하지 않았다. 지금은 인구 6천 명인 이곳에 몇 배가 넘는 난민들이 살고 있다. 2011년 한때는 4만 명이 넘는 난민들이 몰려오기도 했다. 주민들의 거주환경도 심하게 파괴됐다. 그런데 놀라운 일은 당시에 람페두사 주민들이 〈테라페르마〉의 그 어부들처럼 휴머니즘을 발휘하여, 섬에 들어오는 모든 난민을 대부분 받기로 한 점이다(그래서 주민들은 매년 노벨평화상 후보에 거론되기도 했다). 지금은 그때와 비교하면 좀 변했다. 정치적 변화에 따라 상황이 엇갈린다. 하지만 난민이 원래의 거주민보다 훨씬 많이 있는 것은 여전히 팩트다.

루카 구아다니노의 〈비거 스플래쉬〉(2015)는 튀니지와 가까운 판테레리아 섬이 배경이다. 지중해의 절경으로 유명한 섬이다. 영화는 그 절경을 배경으로 한 심리 드라마다. 그런데 이곳에도 난민 문제는 간접적으로 표현돼 있다. 한쪽에는 휴양지를 찾아온 백인들의 사랑싸움이 있고, 또 한 쪽에는 목숨을 걸고 넘어온 유색인들의 생존투쟁이 있다. 그들이 닭장의 닭처럼 '취급' 되는 모습은 세상의 많은 관객에게 복잡한 감정이 들게 했을 것이다. 난민들의 눈에 낙원처럼 아름다운 판테레리아의 모습은 어떤 인상을 남겼을까?

다음엔 셰익스피어만큼이나 이탈리아를 좋아했던 미국의 소설가 헨리 제임스의 이탈리아를 여행하겠다. 제임스의 대표 소설 〈여인의 초상〉을 각색한 제인 캠피온의 〈여인의 초상〉(1996)이 좋은 길잡이가 될 것이다(로셀리니 관련 일화는 태그 갤러거가 쓴 〈The Adventures of Roberto Rossellini〉를 참조했다).

21. 헨리 제임스의 이탈리아

귀족적이고 미학적이며 노회한

제인 캠피온, 〈여인의 초상〉, 1996
피터 보그다노비치, 〈데이지 밀러〉, 1974
제임스 아이보리, 〈러브 템테이션〉, 2000
이언 소프틀리, 〈도브〉, 1997

"긴 여름 오후의 감미로움, 이것이 이탈리아의 색깔"

　헨리 제임스의 소설을 영화로 옮기는 것은 어쩌면 어리석은 일일 테다. 그의 수많은 '연애소설'들은 사랑의 탄생과 성숙, 그리고 배반 같은 표면의 이야기보다는 그 표면 아래의 마음의 '심연'에 집중하고 있어서다. 보기에 따라서는 인물들의 길고 긴 독백, 특히 '가리고 싶은' 독백의 기록이 제임스의 소설인데, 이걸 이미지로 표현하기란 여간 어렵지 않은 작업이기 때문이다. 제임스의 소설들은 20세기 초 '의식의 흐름' 수법을 도입한 제임스 조이스 등의 모더니스트들에게 영향을 미친 만큼 '심리의 풍경화'에 다름 아니다. 재능 있는 몇몇 감독들이 이런 '어리석은' 일에 도전했다. 이들 가운데 제인 캠피온의 〈여인의 초상〉(1996)은 헨리 제임스의 원작을 각색한 영화 가운데는 최고로 사랑받는 작품으로 남아 있다.

로마 통신원을 꿈꾼 헨리 제임스

　헨리 제임스의 소설 가운데 가장 영화로 많이 각색된 작품은 〈나사의 회전〉(1898)이다. 고딕(Gothic) 문학의 영향이 생생하게 남아 있는 '어린이-악마' 모티브의 단편소설이다. 순진무구한 존재의 상징인 어린이가 누군가에겐 악마일 수 있다는 환상이 순식간에 영국의 평화로운 전원마을을 지옥으로 만드는 공포의 드라마다. 영화와 소설에서 반복되는 어린이 주인공의 '악령' 이야기는 〈나사의 회전〉의 영향 아래 있다고 봐도 될 것이다. 그만큼 발표 당시에도 충격이었고, 지금도 여전히 그 충격은 온전히 전달된다. 소설 내용대로 각색한 〈나사의 회전〉(감독 벤 볼트, 1999)부터, '어린이 모티브'를 이용한 〈디 아더스〉(감독 알레한드로 아메나바르, 2001), 그리고 프리퀄 형식의 〈악몽의 별장〉(감독 마이클 위너, 1971) 등 여러 버전이 소개됐다.

소설 〈나사의 회전〉은 제임스의 후반기 작품이지만, 그 형식과 내용은 작가 특유의 멜로드라마이기보다는 그의 경력 초반부에 주로 이용했던 고딕 소설에 더욱 가깝다. 가장 각색이 많이 된 작품이지만 〈나사의 회전〉을 읽고, 또는 그와 관련된 영화를 보고 헨리 제임스의 예술 세계에 입문하는 건 자칫 잘못된 길에 들어선 느낌을 준다. 지금도 헨리 제임스가 문학사의 거장으로 평가된다면, 그건 오노레 드 발자크를 잇는 멜로드라마 전통의 소설가여서일 것이다(피터 브룩스 지음, 〈멜로드라마적 상상력〉). 헨리 제임스의 특기는 멜로드라마이고, 그가 펼친 형식은 의식의 독백이다. 그래서 제임스의 작품들은 현대 독자들에게도 '읽기'에 상당한 부담을 주기도 한다. 간혹 나른함의 만연체에 흐름을 놓치기도 할 것 같다. 만약 그런 나른함의 환상 속으로 여행하며 '느린' 쾌락을 느낀다면, 당신은 이미 제임스의 독자가 된 셈이다.

헨리 제임스는 미국 뉴욕의 전형적인 지식인 중산층 아들이다.

부친은 철학자였고, 제임스는 하버드 대학에서 법학을 전공했다. 어릴 때부터 부친을 따라 유럽을 여행하며, 구대륙에 대한 남다른 애정을 키웠다. 특히 영국, 프랑스, 그리고 이탈리아에 대한 사랑이 컸다. 이탈리아의 로마에선 평생 그곳에 거주하며 통신원으로 살 것을 고민했고, 파리에선 발자크의 소설에 매혹돼 프랑스 말을 맹렬하게 공부하기 시작했다. 결국에 삶의 후반부는 런던의 첼시에서 보냈다(그는 영국인으로 귀화했다). 신대륙 미국의 지식인이 매너와 전통으로 구축된 구대륙의 억압적인 관습에서 느끼고 경험했던 문화적 충돌이, 혹은 그 차이의 충돌이 빚은 트라우마가 그의 멜로드라마의 텃밭이다. 그래서인지 가장 많이 각색됐지만, 〈나사의 회전〉과 관련된 영화 가운데 제임스의 매력을 온전히 전달한 작품은 쉽게 발견하기 어렵다.

헨리 제임스에게 '성공'이라는 큰 행운을 안겨준 첫 장편 소설이 〈여인의 초상〉(1881)이다. 이 소설을 각색한 제인 캠피온의 영화 〈여인의 초상〉은 헨리 제임스에게 '영화적 명예'까지 선사했다. 남성 작가에 의해 세밀하게 서술된 여성의 정체성 찾기란 시도 자체가 신선했는데, 그 작품을 대표적인 여성 감독이 각색했으니, 영화계가 주목한 것은 당연한 일이었다. 영화 〈여인의 초상〉을 통해 발자크의 후계자로서의 제임스의 위상은 더욱 확산됐다. 〈여인의 초상〉은 제인 캠피온이 창작의 절정에 있을 때 발표됐다. 그는 바로 전 작품인 〈피아노〉(1993)로 칸영화제에서 여성 감독 최초로 황금종려상을 받았었다.

〈여인의 초상〉, 피렌체와 로마의 대조법

〈여인의 초상〉은 크게 세 도시에서 전개된다. 먼저 미국인 처녀 이사벨 아처(니콜 키드먼)가 런던 근교의 가든코트(허구의 지명)에 있는 친척 집을 방문하고, 이탈리아의 피렌체에서 미래의 남편 길버트 오스먼드(존 말코비치)를 만나고, 이후 남편과 로마에서 함께 사는 세 부분으로 구성된다. 곧 런던(근교)-피렌체-로마의 공간이동인 셈이다. 런던은 유럽에서 발견한 고향 같은 곳이며, 피렌체는 사랑의 낙원으로, 그리고 로마는 멜로드라마의 냉혹한 '현실원칙'이 전개되는 배경이 된다. 로마에서 이사벨은 결혼이라는 제도가 가진 '사회적 명령'의 위세 앞에 여성의 무력감을 통감한다.

영화에서 가장 밝고 흥분되는 부분은 역시 사랑의 시작을 알리는 피렌체다. 헨리 제임스의 멜로드라마라면 빠지지 않고 등장하는 악역인 음모가로 멀 부인(바바라 허쉬)이 소개되는데, 그의 계략에 따라 이사벨은 피렌체에 사는 미국인 길버트를 만난다. 멀 부인과 길버트에겐 이사벨의 돈이 필요하다(이것도 제임스 드라마의 공식). 미국을 상징하는 이사벨은 활기차고 진취적이고 정직한데, 유럽, 특히 이탈리아를 상징하는 길버트는 느리고 무관심하고 음모적인 인물로 그려진다(존 말코비치의 못된 모습을 상상하시라). 혹은 다른 잣대를 적용하여, 이사벨은 단순하고, 길버트는 복잡한 인물이라고도 설명할 수 있다. 길버트에겐 지적 세련미가 있고, 특히 아름다움을 보는 감식안이 있다. 헨리 제임스의 악인이 주로 그렇듯 길버트는 보통사람들과 다른 '재능'을 갖고 있다. 바로 이점이 지적 호기심이 넘치는 이사벨의 마음을 움직이게 했다.

특히 길버트의 집에 갔을 때 이사벨은 그의 품격 있는 취향에 반하고 만다. 방안의 의자, 책상, 양탄자, 그릇 등 그가 소유한 사물들은 그 자체로 예술품처럼 아름답게 다가온다. 이건 피렌체라는 도시의 매력이기도 하다. 말하자면 길버트가 피렌체인 셈이다. 피렌체의 길버트 집은 실제로는 피렌체 옆의 루카(Lucca)에 있는 유명한 건축물인 '판네르 궁전'(Palazzo Pfanner)에서 찍었다. 바로크 시절의 건물로, 화려한 외양뿐 아니라 정원의 아름다움으로 더 유명한 곳이다. 흥미로운 점은 이사벨에겐 사랑의 낙원처럼 보일지 모를 이 정원이 다른 사람에겐 억압의 상징일 수도 있는 것이다. 정원은 주로 프랑스식에 따라 나무와 꽃들이 수학적 구획에 맞춰 바둑판처럼 규격화돼 있기 때문이다.

길버트의 집만큼 강조된 곳이 피렌체 남단 카프라롤라(Caprarola)에 있는 '파르네제 궁전'(Palazzo Farnese)이다. 아마 제인 켐피온이 가장 정성을 들인 시퀀스일 것이다. 길버트는 이사벨의 잃어버린 양산을 손에 들고, 터널처럼 어두운 궁전의 긴 회랑에서 그녀에게 접근한다. 남성성을 상징하는 양산과 여성성을 상징하는 회랑이 묘한 긴장감을 몰고 오는 순간인 것이다. 회랑에서의 만남은 이사벨에 대한 길버트의 육체적 욕망으로 비유돼 있다. 길버트는 여기서 그녀의 마음을 뺏는다. "이탈리아의 긴 여름 오후가 우리를 기다려요. 온통 부드럽고 감미로운 것, 이것이 이탈리아의 색깔이요." 이것은 길버트의 색깔이기도 한데, 이사벨은 바로 이 색깔에 반하고 만다.

피렌체에 비해, 후반부의 로마는 폐쇄적으로 표현돼 있다. 주로 이들이 사는 집의 실내에서 이야기가 전개된다. 이사벨의 결혼생활이 출구 없는 막다른 골목처럼 보이기 때문일 테다. 이들이 사는 집은 로마 시내에 있는 '타베르나 궁전'(Palazzo Taverna)이다. 실내의 방들이 아주 크고, 벽은 대부분 벽화로 장식돼 있어, '장식 과잉'으로도 비치는 곳이다. 어쩌면 이사벨의 결혼생활 자체가 장식 과잉이다. 결혼은 어느덧 이탈리아 상층부 사람들에게 보여주어야만 하는 연극이 됐기 때문이다. 그 연극이 중단되면, 진취적인 미국인 여성에게 쏟아질 사회적 비난에 대해 이사벨은 너무나 잘 알고 있다.

　영화 〈여인의 초상〉은 헨리 제임스의 소설처럼, 캐릭터들 사이의 심리 싸움에 주목한다. 행위, 사건보다는 서로를 바라보는 시선, 제스처, 침묵 등을 더욱 강조하고 있다. 여느 멜로드라마처럼 화려한 수사법의 대사로 감정이 폭발하는 일이 별로 없다. 이사벨이 길버트를 믿지 않고 있다는 것은 우리 모두 알지만, 그런 사실을 언어로 표현하는 일은 거의 없다. 로마의 오래된 조각 앞에 서면, 영원 같은 침묵의 운명을 본능적으로 느낀다는 이사벨의 독백처럼, 캐릭터들의 마음은 베일에 가려진 채 표현된다. 이런 점이 〈여인의 초상〉의 매력이자, 대중적이지 않은 표현법이다.

〈데이지 밀러〉, 로마의 태양 아래의 멜로드라마

　헨리 제임스의 소설에는 작가의 분신이 종종 등장한다. 〈여인의 초상〉에선 이사벨의 친구인 여기자 헨리에타가 작가의 분신이다. 글 쓰는 사람이고, 제임스처럼 세계를 돌아다니며, 이름마저 헨리

(Henry)의 여성형인 헨리에타(Henrietta)이다. 소설에선 총기 있는 기자로 그려져 있는데, 영화에선 너무 평범하여 눈에 잘 띄지 않는다. 헨리 제임스의 청년 시절을 상상하기 좋은 작품은 그의 첫 출세작인 단편 〈데이지 밀러〉(1878)이다. 각색된 영화에서 데이지 밀러(시빌 셰퍼드)라는 미국 여성이 주인공인데, 그의 파트너이자 관찰자로 나오는 인물 프레더릭 윈터본(배리 브라운)은 헨리 제임스의 분신으로 해석된다. 작가처럼 미국에서 태어났지만, 유럽에서 더 오래 살아 두 문화를 잘 알고 있는데, 동시에 양쪽 어디에도 선뜻 끼지 못하는 성격을 갖고 있어서다. 이 소설의 주 무대는 로마다.

〈데이지 밀러〉는 '뉴 할리우드' 세대의 작가이자, 세련된 뉴요커를 대표하던 피터 보그다노비치에 의해 영화로 발표됐다(1974년). 세르비아계 미국인인 그는 마틴 스코세지, 브라이언 드 팔마, 마이클 치미노 등 뉴욕에서 성장한 영화인들과 교류하며 영화계에 입문했고, '독립영화계의 전설' 로저 코먼에 발탁되며 감독으로 데뷔했다. 〈데이지 밀러〉는 그의 첫 시대극이다. 역시 미국문화와 유럽문화 사이 충돌의 드라마다. 특히 유럽화돼 있는 상층부 미국인들로부터 차별받는 신흥계급 미국인의 갈등이 강조돼 있다. 헨리 제임스가 1877년 로마에 거주할 때, 관광객 신분으로 이탈리아에 온 미국의 신흥 부르주아들이 유럽에서 사실상 귀족처럼 살고 있던 정착 미국인들에게 차별과 무시를 당하는 광경을 보고 창작 모티브를 따온 작품이다.

미국인 처녀 데이지 밀러는 이사벨처럼 활기차고, 진취적이며, 무엇보다도 눈에 띄게 미인이다. 데이지의 미모에 반해 프레더릭은 접근하는데, 미국인 특유의 자유분방한 태도가 처음엔 매력이었지만 점점 부담으로 느껴지며 갈등이 잉태된다. 급기야 프레더릭의 귀족 같은 친척, 지인들은 데이지와의 만남 자체를 불쾌하게 여기기 시작한다. 쉬지 않고 말하고, 다른 남자들과 거리낌 없이 인사를 나누는 데이지는 이들에게 낯선 존재다. 로마의 명소인 '빌라 보르게제'(Villa Borghese) 공원처럼 공개된 장소나 다름없는 곳에서도 데이지는 여러 남자와 번갈아 가며 산책을 즐긴다. 심지어 늦은 밤에 단지 보고 싶다는 이유만으로 콜로세움을 다른 남자와 함께 방문하기도 한다(과거에 콜로세움은 매춘의 장소이기도 했다). 데이지는 달빛 아래의 콜로세움을 보기 위해선 다른 사람의 시선쯤은 무시해야 한다고 여긴다. 바로 이런 독립적인 태도가 데이지를 궁지 속으로 밀어 넣었고, 우유부단한 프레더릭은 통념의 금지에서 한 발짝도 더 나아가지 못한다.

〈데이지 밀러〉를 찍을 때 주연인 시빌 셰퍼드는 보그다노비치의 연인이었다. 로마의 활기찬 거리, 태양, 공원의 푸른 숲들은 그녀의 얼굴에서, 태도에서 더욱 빛이 나는데, 두 사람의 행복한 관계가 영향을 미쳤을 것 같다. 그런데 '영원한 도시' 로마는 데이지의 고통과는 상관없이 너무나 밝고 빛나게 그려져, 역설적으로 천진난만한 여성의 불행을 더욱 강조하는 것처럼 보인다. 지나치게 아름다운 로마의 풍경이 오히려 잔인하게 느껴지는 것이다.

헨리 제임스의 '3대 걸작'과 이탈리아

헨리 제임스는 이탈리아를 평생 14번 방문했고, 로마에서는 간

헐적이지만 제법 길게 거주했다. 그의 이탈리아 여정에서 가장 강조된 세 도시는 로마, 피렌체, 그리고 베네치아다. 단 하나의 도시만 강조하자면 역시 로마인데, 〈데이지 밀러〉, 〈여인의 초상〉, 그리고 말기의 '3대 걸작' 가운데 하나인 〈황금주발〉(1904)이 로마 배경의 작품이다. 보통 헨리 제임스의 '3대 걸작'은 순서대로 〈비둘기의 날개〉(1902), 〈대사들〉(1903), 그리고 〈황금주발〉을 말한다. 〈황금주발〉(The Golden Bowl)을 영화로 각색한 작품이 제임스 아이보리 감독의 〈러브 템테이션〉(2000)이다. 정확히 말하면 로마 인근의 고성(古城)들이 주요 배경이다. 런던에 사는 미국인 재벌의 상속녀는 순결하고 품위 있으며, 그의 이탈리아 연인인 귀족은 고성을 유지하기 위해 돈이 필요한데, 그에겐 이미 오래된 연인이 따로 있는 제임스 특유의 '상투적'인 삼각관계다.

감독 아이보리는 런던이 이성의 공간이라면, 로마의 고성은 감성의 공간으로 대조하고 있다. 런던의 공간은 주로 반듯하고 밝은데, 로마의 고성은 그림자가 깊고, 숨겨진 방도 많다. 영화의 이탈리아 시퀀스는 로마에서 약 60km 떨어진 아르솔리(Arsoli)의 '마시모 성'(Castello Massimo)에서 주로 찍었다. 중세 특유의 언덕 위에 있는 소박한 성으로, 주변의 야트막한 산들이 마치 정원처럼 펼쳐져 있는 곳이다. 〈러브 템테이션〉은 헨리 제임스의 전형적인 멜로드라마 결말을 제시한다. 여기의 악역은 우마 서먼이 연기한 로마 귀족의 비밀스러운 정부인데, 그는 단지 남자 곁에 머물기 위해 상속녀의 나이 든 부친과 결혼까지 한다. 곧 가족관계로 보면 이탈리아 귀족 남자의 장모가 됐다. 하지만 그런 음모는 반드시 대가를 치를 것이다.

'3대 걸작' 가운데 영화로서 가장 호평을 받은 작품은 〈비둘기의 날개〉(The Wings of the Dove)를 각색한 이언 소프틀리 감독의 〈도브〉(1997)이다. 역시 계략을 꾸미는 악역이 극을 주도하는데, 헬레나 본햄 카터가 그 역을 맡았다. 이 영화의 주요 배경은 런던과 베네치아다. 역시 런던은 현실, 베네치아는 환상으로 대조돼 있다. 런던에선 핏기없는 사람들이 베네치아에선 삶의 열기를 되찾기도 한다. 대운하, 곤돌라, 교회들, 가면들, 생선가게들처럼 베네치아의 알려진 특징들이 여기서도 소개되는데, 눈에 띄게 다른 점이라면 그런 풍경이 주로 '밤'에 펼쳐진다는 것이다. 밤에 등장하는 곤돌라, 조명에 비친 아름다운 건물들, 그런 야경 속에 들뜬 사람들의 흥분이 강조돼 있다.

헨리 제임스 특유의 악역은 결국 믿음을 저버리는 배신자다. 곧 '유다 콤플렉스'(작가 그레이엄 그린이 헨리 제임스의 악역에 붙인 명칭)가 제임스 악역의 특징이다. 계산하고, 음모를 꾸미고, 결국 신의를 저버리는 인물이다. 헬레나 본햄 카터가 맡은 역이다. 반대로 주역은 그 배신마저 용서하고 관용을 베푸는 자로 설정돼 있다. 제임스 자신은 이런 미덕을 타자에 대한 '친절'이라고 정의했는데, 〈도브〉의 주인공 여성(앨리슨 엘리엇)이 그런 미덕을 잘 표현하고 있다.

헨리 제임스는 작가로서의 대부분 삶을 런던에서 보냈다. 하지만 청년 시절 로마에서 보낸 경험 때문인지, 거의 정기적으로 이탈리아를 재방문했다. 그 경험은 고스란히 작품 속에 남아 있다. 내

생각에 이탈리아에 대한 제임스의 최고의 해석은 〈여인의 초상〉에 나오는 길버트 오스먼드 캐릭터 같다. 이탈리아의 긴 여름 오후의 나른한 매력을 알아보는 남자 말이다. 존 말코비치의 발군의 연기 때문인지 그의 심심하고 냉소적인 표정만 보면 이탈리아가, 특히 피렌체가 생각난다. 헨리 제임스의 작품 속 이탈리아는 길버트처럼 귀족적이고 미학적이지만 노회하기 때문이다. 이 책을 관통하는 감정도 귀족적이고 미학적이고 '노회'하기를 희망한다.

참고 도서

고다르, 장 뤽, 〈고다르 X 고다르〉, 박시찬 옮김, 이모션북스, 2010

곰브리치, 에른스트, 〈서양미술사〉, 백승길, 이종숭 옮김, 예경, 2003

괴테, 요한 볼프강 폰, 〈빌헬름 마이스터의 수업시대〉, 안삼환 옮김, 민음사, 1999

괴테, 요한 볼프강 폰, 〈젊은 베르테르의 슬픔〉, 박찬기 옮김, 민음사, 1999

괴테, 요한 볼프강 폰, 〈파우스트〉, 이인웅 옮김, 문학동네, 2006

괴테, 요한 볼프강 폰, 〈이탈리아 기행〉, 홍성광 옮김, 펭귄클래식, 2008

그람시, 안토니오, 〈그람시의 옥중수고 1-정치편〉, 이상훈 옮김, 거름, 1999

그람시, 안토니오, 〈그람시의 옥중수고 2-철학, 역사, 문화〉, 이상훈 옮김, 거름, 1999

기번, 에드워드, 〈로마제국쇠망사〉, 황건 옮김, 까치, 2010

긴스버그, 폴, 〈이탈리아 현대사〉, 안준범 옮김, 후마니타스, 2018

긴츠부르그, 나탈리아, 〈가족어 사전〉, 이현경 옮김, 돌베개, 2016

남인영, 〈파올로 타비아니〉, 본북스, 2015

노웰 스미스, 제프리, 〈루키노 비스콘티〉, 이영기 옮김, 컬처룩, 2018

니체, 프리드리히, 〈차라투스트라는 이렇게 말했다〉, 정동호 옮김, 책세상, 2000

니체, 프리드리히, 〈바그너의 경우·안티크리스트〉, 백승영 옮김, 책세상, 2002

니체, 프리드리히, 〈선악의 저편, 도덕의 계보〉, 김정현 옮김, 책세상, 2002

니체, 프리드리히, 〈비극의 탄생, 반시대적 고찰〉, 이진우 옮김, 책세상, 2005

단테, 〈새로운 인생〉, 박우수 옮김, 민음사, 2005

단테, 〈신곡: 지옥〉, 김운찬 옮김, 열린책들, 2009

들뢰즈, 질, 〈시네마 II, 시간-이미지〉, 이정하 옮김, 시각과언어, 2002

디킨스, 찰스, 〈이탈리아의 초상〉, 김희정 옮김, B612, 2013

라우드, 리차드, 〈장 뤽 고다르〉, 한상준 옮김, 예니, 1991

레비, 카를로, 〈그리스도는 에볼리에 머물렀다〉, 박희원 옮김, 북인더갭, 2019

레비, 프리모, 〈이것이 인간인가〉, 이현경 옮김, 돌베개, 2007

로젠봄, 조너선, 〈에센셜 시네마〉, 이두희, 안건영 옮김, 이모션북스, 2016

만, 토마스, 〈토니오 크뢰거, 베니스에서의 죽음〉, 안삼환 옮김, 민음사, 1998

만, 토마스, 〈마의 산〉, 홍성광 옮김, 을유문화사, 2008

만, 토마스, 〈파우스트 박사〉, 임홍배, 박병덕 옮김, 민음사, 2010

만, 토마스, 〈괴테와 톨스토이〉, 신동화 옮김, 도서출판 b, 2019

맥길리언, 패트릭, 〈히치콕〉, 윤철희 옮김, 그책, 2016

모란테, 엘사, 〈아서의 섬〉, 천지은 옮김, 문학과지성사, 2007

바르트, 롤랑, 〈사랑의 단상〉, 김희영 옮김, 문학과지성사, 1991

바르트, 롤랑, 〈롤랑 바르트가 쓴 롤랑 바르트〉, 이상빈 옮김, 강, 1997

바르트, 롤랑, 〈텍스트의 즐거움〉, 김희영 옮김, 동문선, 1997

바쟁, 앙드레, 〈영화란 무엇인가?〉, 박상규 옮김, 시각과언어, 1998

벅-모스, 수잔, 〈발터 벤야민과 아케이드 프로젝트〉, 김정아 옮김, 문학동네, 2004

베르가, 조반니, 〈말라볼리아가의 사람들〉, 김운찬 옮김, 문학동네, 2014

벤야민, 발터, 〈1900년경 베를린의 유년시절/ 베를린 연대기〉, 윤미애 옮김, 길, 2007

벤야민, 발터, 〈모스크바 일기〉, 김남시 옮김, 길, 2015

벤야민, 발터, 〈아케이드 프로젝트 1〉, 조형준 옮김, 새물결, 2005

벤야민, 발터, 〈아케이드 프로젝트 2〉, 조형준 옮김, 새물결, 2006

보드웰, 데이비드, 톰슨, 크리스틴, 〈세계영화사〉, 주진숙 옮김, 시각과언어, 2000

부르크하르트, 야콥, 〈이탈리아 르네상스의 문화〉, 이기숙 옮김, 한길사, 2003

브룩스, 피터, 〈멜로드라마적 상상력〉, 이승희 외 옮김, 소명출판, 2013

비스킨드, 피터, 〈헐리웃 문화 혁명〉, 박성학 옮김, 시각과언어, 2001

비에르크만, 스티그, 〈우디가 말하는 앨런〉, 이남 옮김, 한나래, 2006

비토리니, 엘리오, 〈시칠리아에서의 대화〉, 김운찬 옮김, 민음사, 2009

사비아노, 로베르토, 〈고모라〉, 박중서 옮김, 문학동네, 2009

사이드, 에드워드, 〈문화와 제국주의〉, 정정호, 김성곤 옮김, 창, 2011

사이드, 에드워드, 〈오리엔탈리즘〉, 박홍규 옮김, 교보문고, 2015

샤츠, 토머스, 〈할리우드 장르〉, 한창호, 허문영 옮김, 컬처룩, 2014

셰익스피어, 윌리엄, 〈오셀로〉, 최종철 옮김, 민음사, 2001

셰익스피어, 윌리엄, 〈로미오와 줄리엣〉, 최종철 옮김, 민음사, 2008

셰익스피어, 윌리엄, 〈베니스의 상인〉, 최종철 옮김, 민음사, 2010

스베보, 이탈로, 〈제노의 의식〉, 이진희 옮김, 느낌이있는책, 2009

스탕달, 〈스탕달의 이탈리아 미술 편력〉, 강주헌 옮김, 이마고, 2002

스탬, 로버트, 〈자기 반영의 영화와 문학〉, 오세필, 구종상 옮김, 한나래, 1998

시칠리아노, 엔초, 〈평전 파솔리니〉, 김정미 옮김, 자음과모음, 2005

실버, 알렌, 어시니, 제임스(엮음), 〈필름 느와르 리더〉, 장서희, 이현수 옮김, 본북스,
    2011

싱어, 벤, 〈멜로드라마와 모더니티〉, 이위정 옮김, 문학동네, 2009

에코, 움베르토, 〈장미의 이름〉, 이윤기 옮김, 열린책들, 2002

에코, 움베르토, 〈가짜 전쟁〉, 김정하 옮김, 열린책들, 2009

에코, 움베르토, 〈민주주의가 어떻게 민주주의를 해치는가〉, 김운찬 옮김, 열린책들,
    2009

에코, 움베르토, 〈세상의 바보들에게 웃으면서 화내는 방법〉, 이세욱 옮김, 열린책들,
    2009

이글턴, 테리, 〈셰익스피어 정치적 읽기〉, 김창호 옮김, 민음사, 2018

제임스, 헨리, 〈여인의 초상〉, 최경도 옮김, 민음사, 2012

제임스, 헨리, 〈데이지 밀러〉, 최인자 옮김, 펭귄클래식, 2009

제임스, 헨리, 〈비둘기의 날개〉, 조기준, 남유정 옮김, 아토북, 2022

조이스, 제임스, 〈젊은 예술가의 초상〉, 이상옥 옮김, 민음사, 2001

조이스, 제임스, 〈더블린 사람들〉, 이종일 옮김, 민음사, 2012

칼비노, 이탈로, 〈보이지 않는 도시들〉, 이현경 옮김, 민음사, 2007

케치치, 툴리오, 〈페데리코 펠리니〉, 한창호 옮김, 볼피, 2022

톰슨, 데이비드, 〈할리우드 영화사〉, 이상근 옮김, 까치, 2007

파베제, 체사레, 〈아름다운 여름〉, 김효정 옮김, 청미래, 2007

파졸리니, 피에르 파올로, 〈폭력적인 삶〉, 이승수 옮김, 민음사, 2010

프로이트, 지그문트, 〈꿈의 해석〉, 김인순 옮김, 열린책들, 1997

프로이트, 지그문트, 〈성욕에 관한 세 편의 에세이〉, 김정일 옮김, 열린책들, 2004

프로이트, 지그문트, 〈예술, 문학, 정신분석〉, 정장진 옮김, 열린책들, 2004

프로이트, 지그문트, 〈정신분석학의 근본개념〉, 윤희기 옮김, 열린책들, 2004

피란델로, 루이지, 〈나는 고 마티아 파스칼이오〉, 이윤희 옮김, 문학과지성사, 2010

피오리, 쥬세뻬, 〈안또니오 그람쉬〉, 김종법 옮김, 이매진, 2004

하스미 시게히코, 〈영화의 맨살〉, 박창학 옮김, 이모션북스, 2015

하우저, 아르놀트, 〈문학과 예술의 사회사 2-르네상스, 매너리즘, 바로끄〉, 반성완, 백
낙청 옮김, 창비, 2016

하우저, 아르놀트, 〈문학과 예술의 사회사 3-로꼬꼬, 고전주의, 낭만주의〉, 반성완, 백
낙청, 염무웅 옮김, 창비, 2016

한창호, 〈영화, 그림 속을 걷고 싶다〉, 돌베개, 2005

한창호, 〈영화, 미술의 언어를 꿈꾸다〉, 돌베개, 2006

한창호, 〈영화와 오페라〉, 돌베개, 2008

헤이워드, 수잔, 〈영화 사전 : 이론과 비평〉, 이영기, 최광열 옮김, 한나래, 2012

홀링데일, 레지날드, 〈니체, 그의 삶과 철학〉, 김기복, 이원진 옮김, 북캠퍼스, 2017

후퍼, 존, 〈이탈리아 사람들이라서〉, 노시내 옮김, 마티, 2017

Bencivenni, Alessandro, *Luchino Visconti*, Il Castoro, Milano, 1995

Bogdanovich, Peter, *This Is Orson Welles*, Da Capo, Cambridge, 1998

Bondanella, Peter, *Il cinema di Federico Fellini*, Guaraldi, Rimini, 1994

Bondanella, Peter, *Italian Cinema from Neorealism to the Present*, Continuum, New York,
1990

Braudy, Leo, Cohen, Marshall(ed.), *Film Theory and Criticism*, Oxford University Press,
Oxford, 2004

Brody, Richard, *Everything Is Cinema: The Working Life of Jean-Luc Godard*, Metropolitan
Books, New York, 2008

Brunetta,, Gian Piero, *Storia del cinema italiano 1895-1945*, Editori Riuniti, Roma, 1979

Brunetta, Gian Piero, *Storia del cinema italiano dal 1945 agli anni ottanta*, Editori
Riuniti, Roma, 1982

Brunetta, Gian Piero, *Storia del cinema italiano vol. I, II, III, IV*, Editori Riuniti, Roma,
1993

Brunette, Peter, *The Films of Michelangelo Antonioni*, Cambridge University Press,
Cambridge, 1998

Capra, Frank, *The Name Above the Title*, Da Capo, Cambridge, 1997

De Bernardinis, Flavio, *Nanni Moretti*, Il Castoro, Roma, 2005

Edwards, Gwynne, *The Discreet Art of Luis Bunuel*, Marion Boyars, London, 1982

Farber, Manny, *Negative Space*, Da Capo, Cambridge, 1998

Ferrero, Adelio, *Il cinema di Pier Paolo Pasolini*, Marsilio, Venezia, 1977

Ferroni, Giulio, *Storia della letteratura italiana, Vol. III(Dall'Ottocento al Novecento)*, Einaudi, Torino, 1991

Ferroni, Giulio, *Storia della letteratura italiana, Vol. IV(Il Novecento)*, Einaudi, Torino, 1991

Forgacs, David, Lumley, Robert(ed.), *Italian Cultural Studies*, Oxford University Press, Oxford, 1996

Frank Gado, *The Passion of Ingmar Bergman*, Duke University Press, Durham, 1986

Frayling, Christopher, *Sergio Leone: Something to Do with Death*, University of Minnesota Press, Minneapolis, 2012

Gallagher, Tag, *The Adventures of Roberto Rossellini*, Da Capo, Cambridge, 1998

Gledhill, Christine(ed.), *Home is Where the Heart Is: Studies in Melodrama and the Woman's Film*, bfi, London, 1987

Houston, Penelope, *Keepers of the Frame*, bfi, London, 1994

Klinger, Barbara, *Melodrama and Meaning: History, Culture, and the Films of Douglas Sirk*, Indiana University Press, Bloomington, 1994

Lawrence, D. H., *D. H. Lawrence and Italy*, Penguin Classics, London, 2008

Marcus, Millicent, *Italian Film in the Light of Neorealism*, Princeton University Press, Princeton, 1986

McBride, Joseph, *Orson Welles*, Da Capo, Cambridge, 1996

Miccichè, Lino, *Cinema italiano: gli anni '60 e oltre*, Marsilio, Venezia, 1995

Miccichè, Lino, *Visconti e il neorealismo*, Marsilio, Venezia, 1998

Miccichè, Lino, *Luchino Visconti, Un profilo critico*, Marsilio, Venezia, 2002

Murri, Serafino, *Pier Paolo Psolini*, Il Castoro, Milano, 1994

Nichols, Bill(ed.), *Movies and Methods vol. I*, University of California Press, Berkeley, 1976

Rondolino, Gianni, *Luchino Visconti*, UTET, Torino, 2003

Rondolino, Gianni, *Roberto Rossellini*, Il Castoro, Milano, 1995

Rossellini, Roberto, *Il mio metodo. Scritti e interviste*, Marsilio, Venezia, 2006

Schwartz, Barth David, *Pasolini Requiem*, The University of Chicago Press, Chicago, 2017

Socci, Stefano, *Bernardo Bertolucci*, Il Castoro, Milano, 2008

Tassone, Aldo, *I film di Michelangelo Antonioni*, Gremese, Roma, 2002

Tinazzi, Giorgio, *Michelangelo Antonioni*, Il Castoro, Milano, 2013

Verdone, Mario, *Federico Fellini*, Il Casoro, Milano, 1994

Wollen, Peter, *Signs and Meaning in the Cinema*, Indiana University Press, Bloomington, 1972

Wood, Robin, *Hitchcock's Film Revisited*, Columbia University Press, New York, 1989

Wood, Robin, *Ingmar Bergman*, Wayne State University Press, Detroit, 2013

찾아보기

트립 투 이탈리아 1

발행일   2023년 4월 27일 초판

지은이   한창호
펴낸이   한창호

디자인   여상우
인쇄   다라니인쇄
제본   제이엠플러스

펴낸곳   볼피출판사
주소   경기도 김포시 김포한강11로 328, 더리버뷰 509호
전화   031-982-9540
팩스   031-982-9542
이메일   volpibooks@gmail.com
출판등록   2020년 2월 27일 제409-2020-000014호

값 20,000원
ISBN 979-11-979808-1-7   03920

✽잘못된 책은 구입하신 곳에서 바꾸어 드립니다.